Elisabeth Peinsipp-Byma

AF239011

Leistungserhöhung durch Assistenz in interaktiven Systemen zur Szenenanalyse

Karlsruher Schriften zur Anthropomatik
Band 2
Herausgeber: Prof. Dr.-Ing. Jürgen Beyerer

Lehrstuhl für Interaktive Echtzeitsysteme
Universität Karlsruhe (TH)

Fraunhofer-Institut für Informations- und Datenverarbeitung IITB
Karlsruhe

Leistungserhöhung durch Assistenz in interaktiven Systemen zur Szenenanalyse

von
Elisabeth Peinsipp-Byma

universitätsverlag karlsruhe

Dissertation, Universität Karlsruhe (TH)
Fakultät für Informatik, 2007

Impressum

Universitätsverlag Karlsruhe
c/o Universitätsbibliothek
Straße am Forum 2
D-76131 Karlsruhe
www.uvka.de

Universitätsverlag Karlsruhe 2007
Print on Demand

ISSN: 1863-6489
ISBN: 978-3-86644-149-1

Leistungserhöhung durch Assistenz in interaktiven Systemen zur Szenenanalyse

zur Erlangung des akademischen Grades eines

Doktors der Ingenieurwissenschaften / Doktors der Naturwissenschaften

der Fakultät für Informatik
der Universität Fridericiana zu Karlsruhe (TH)
vorgelegte
Dissertation
von
Elisabeth Peinsipp-Byma
aus Fürstenfeld/Steiermark (Österreich)

Tag der mündlichen Prüfung:	25. April 2007
Erster Gutachter:	Prof. Dr. Max Syrbe
Zweiter Gutachter:	Prof. Dr. Alfred Schmitt

Danksagung

Die vorliegende Arbeit entstand am Fraunhofer-Institut für Informations- und Datenverarbeitung in Karlsruhe. Der Betreuer meiner Arbeit war Herr Professor Dr. Max Syrbe, welcher mein Interesse an der Anthropotechnik förderte und mir nahe brachte, wissenschaftlich klar zu formulieren und dabei „den roten Faden zu finden und nicht mehr zu verlieren". Ihm gilt der allergrößte Dank. Vielen Dank auch an Herrn Professor Dr. Alfred Schmitt, der das Korreferat meiner Arbeit übernahm und mir wichtige Hinweise zum Gelingen der Doktorarbeit gab.

Ein großes Dankeschön gilt meinem Kollegen Dr. Jürgen Geisler, welcher mich motiviert hat, die Promotion zu wagen und mir von Anfang an als fachlich kompetenter Diskussionspartner zur Verfügung stand.

Herzlichen Dank auch an alle nachstehenden Kollegen, die für das Gelingen meiner Arbeit unverzichtbaren Beitrag geleistet haben: Dr. Wilfried Schumacher, der mein Interesse für das Thema Mensch-Maschine-Systeme weckte und mir als Lektor zur Seite stand; Christine Harrer, welche mich unermüdlich mit Literatur versorgte; Dr. Rainer Schönbein, der mir praktische Tipps zur Promotion gab; Sandro Leuchter, welcher mich mit seinem Wissen zu Aufgabenbeschreibungsmethoden unterstützte; Ernst-Josef Blum, welcher mit dem kritischen Auge des MMI-Fachmanns meine Arbeit las; Dr. Martin Ruckhäberle, der als fachfremder Wissenschafter mein Skript auf Verständlichkeit prüfte; Yvonne Fischer, welche nicht nur Versuchsperson für Experimente war, sondern sich auch der anthropotechnischen Untersuchung heute verfügbarer Bildauswertesysteme widmete; meinem „ERDAS-Support" Thomas Partmann, welcher mich ebenfalls als Versuchsperson unterstützte; meinen weiteren Versuchspersonen Ralf Eck, Lothar Berger, Thomas Bader, Matthias Ochs und Matthias Berard; Christine Spalek, welche mich beim graphischen Design unterstützte; Igor Friedrich, welcher das Bildauswertesystem ERDAS um die von mir konzipierten Assistenten erweiterte und Susanne Eckel, welche die letzte Durchsicht meines Skripts übernahm und dabei alle mathematischen Formulierungen kritisch prüfte.

Vielen Dank auch an meine Eltern, die mir so oft und selbstverständlich zur Seite standen - sei es, um Schreibfehler in meinem Manuskript zu finden oder um im Urlaub die Kinder zu unterhalten, damit ich mich dem Schreiben meiner Arbeit widmen konnte. Und „last but not least" herzlichen Dank an meinen Ehemann Max und unsere Kinder Maximilian und Moritz, die gute vier Jahre lang Verständnis dafür hatten, dass die Abende, Wochenenden und Ferien weitgehend nicht mehr ihnen gehörten, sondern der vorliegenden Arbeit.

Anhänge

Verzeichnisse

1 Einleitung

1.1 Motivation

In vielen Bereichen bearbeiten heute Menschen Aufgaben unter Nutzung eines computergestützten Systems, wobei der Mensch und das technische System im Zusammenwirken als Mensch-Maschine-System bezeichnet werden. Durch die Nutzung des computergestützten Systems wird der Mensch jedoch nicht nur unterstützt, sondern auch zusätzlich gefordert: Neben der Bearbeitung seiner Hauptaufgabe, beispielsweise dem Erstellen eines Textdokuments oder der Analyse eines Bildes, muss er nun auch die Nebenaufgabe *Systembedienung* bearbeiten. Durch die parallele Bearbeitung der Haupt- und Nebenaufgabe kommt es zu einer Doppelbelastung des Menschen, welche sich bei einer ungünstigen Aufgabenteilung zwischen dem Menschen und dem computergestützten System negativ auf die Leistung für die Hauptaufgabe auswirken kann.

Das oben geschilderte Problem tritt in großer Breite bei der interaktiven Szenenanalyse auf. Szenenanalyse ist die Erkennung der Objekte und ihrer Beziehungen in einer Szene. Szenenanalyse auf Basis des unmittelbaren Bildes wird vom Menschen bereits von Kindheit an erlernt und ist eine von ihm gut beherrschte Fähigkeit. Die Bearbeitung vieler aktueller Aufgabenstellungen erfordert vom Menschen die Szenenanalyse anhand des mittelbaren Bildes. Beispiele für solche Aufgabenstellungen sind die Analyse landwirtschaftlicher Nutzflächen, die Kartenerstellung und -aktualisierung in der Kartographie, die Gebietsanalyse zur Regionalplanung, die bildgestützte Diagnose in der Medizin und die Überwachung von Verkehr und zu sichernden Einrichtungen. Bei der Bearbeitung solcher Aufgaben wird der Mensch von technischen Systemen unterstützt: Sensoren bilden die Szene ab, Signalverarbeitungssysteme erzeugen mittelbare Bilder und computergestützte Systeme zur Signalauswertung stellen dem Menschen die abgebildete Szene dar und unterstützen ihn bei der visuellen Analyse des mittelbaren Bildes zur Ableitung der benötigten Szeneninformation. Abbildung 1.1 stellt den Menschen als Auswerter der Szene über den direkten Informationsfluss (unmittelbares Bild) dem Menschen als Auswerter der Szene über den indirekten Informationsfluss (mittelbares Bild) gegenüber.

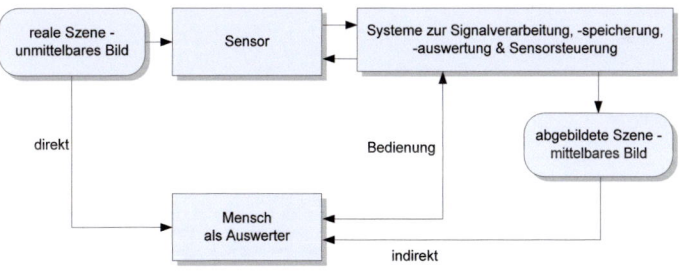

Abbildung 1.1. Der Mensch als Auswerter der Szene über den direkten Informationsfluss sowie als Auswerter der Szene, aufgenommen durch einen bildgebenden Sensor und dargestellt am computergestützten Signalauswertesystem. Die Systembedienung führt zu einer zusätzlichen Belastung des Menschen.

Auf der einen Seite hebt der Einsatz der technischen Systeme die Raum-/Zeitbindung auf und erweitert die Sinnesorgane des Menschen. Der Mensch kann nun an Orte sehen, die er sonst nicht betrachten könnte und er kann Spektralbereiche wahrnehmen, die ihm ansonsten verschlossen blieben. Auf der anderen Seite muss der Mensch als Bildauswerter nun nicht nur seine Hauptaufgabe *Visuelle Bildanalyse* zur Ableitung der benötigten Szeneninformation, sondern auch die Nebenaufgabe *Systembedienung* bearbeiten. Durch die parallele Bearbeitung der beiden Aufgaben, welche um die perzeptiven und kognitiven Ressourcen des Menschen konkurrieren, kommt es zu einer erhöhten Belastung des Bildauswerters. Dies kann zu seiner Überlastung und dadurch zu einer Reduktion seiner Leistung für die Hauptaufgabe führen. Um die Leistung wieder zu erhöhen, muss der Mensch entlastet werden. Dies ist auf zwei Arten zu erreichen: durch die Optimierung der Mensch-Maschine-Schnittstelle (siehe [Geisler 2006]) oder indem dem Menschen durch Assistenz besonders belastende Aufgabenteile abgenommen werden.

In dieser Arbeit wird die gezielte Entlastung des Menschen durch Assistenz, insbesondere im Hinblick auf eine Leistungssteigerung bei der interaktiven computergestützten Szenenanalyse anhand des mittelbaren Bildes betrachtet. Dieser Aufgabenbereich wird auch als interaktive bildgestützte Szenenanalyse oder interaktive Bildauswertung bezeichnet. Die Bearbeitung von Aufgaben aus diesem Bereich wird von Bildauswertern an speziell dafür ausgelegten computergestützten Systemen, sogenannten Bildauswertesystemen, durchgeführt.

1.2 Problemstellung und Zielsetzung

Für die interaktive bildgestützte Szenenanalyse steht heute eine leistungsstarke bildgebende Technik zur Verfügung. Sensoren aus unterschiedlichen Spektralbereichen, ggf. auch luft- und satellitengestützt, liefern hochaufgelöste Bilder von großer räumlicher Abdeckung. Eine leistungsfähige Datenübertragungstechnik ermöglicht den schnellen Transfer der Daten vom Sensor zum Bildauswerter. Dies stellt den Bildauswerter vor die Situation, dass er immer größere Bilddatenmengen immer schneller auszuwerten hat. Hinzu kommt, dass er auf Grund des Einsatzes unterschiedlicher Sensortypen die Interpretation eines immer größeren Spektrums an Bildsignaturen (Objektdarstellung im Bild) beherrschen muss. Zur Aufbereitung und Analyse des auszuwertenden Bildmaterials stehen dem Bildauswerter technisch hochwertige Bildschirmarbeitsplätze als Bildauswertesysteme zur Verfügung, welche einen sehr hohen Umfang an Funktionen bieten.

Nach Goodstein und Rasmussen [Goodstein 1981] wird zwischen drei Ebenen des menschlichen Verhaltens unterschieden (siehe Abbildung 1.2).

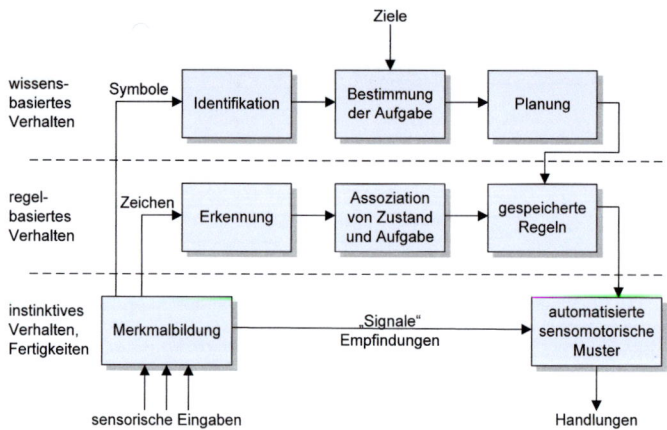

Abbildung 1.2: Das 3-Ebenen-Modell des menschlichen Verhaltens nach Goodstein und Rasmussen.

Fertigkeitsbasiertes (instinktives) Verhalten ist gekennzeichnet durch kurze Bearbeitungszeit und die fehlende Notwendigkeit von Entscheidungsprozessen. Regelbasiertes Verhalten benötigt eine höhere Bearbeitungszeit und beruht auf dem Wiedererkennen bekannter Situationen; die vorgegebene Aufgabe wird mittels gelernter Regeln und Handlungsfolgen bearbeitet. Wissensbasiertes Verhalten benötigt eine noch längere Bearbeitungszeit und wird in unbekannten Arbeitssituationen beobachtet. Es umfasst die Identifikation der Ziele und Aufgaben sowie die Planung der Problemlösung. Wie [Fischer 2005] in ihrer Untersuchung am Beispiel des als repräsentativ geltenden Bildauswertesystems *ERDAS Imagine* der Fa. Leica Geosystems feststellte, sind Bildauswertesysteme mit ihrem funktions- und nicht aufgabenorientierten Aufbau und der daraus resultierenden ungünstigen Aufgabenteilung zwischen dem Bildauswerter und dem Bildauswertesystem anthropotechnisch so schlecht gestaltet, dass der Bildauswerter bei der Aufgabenbearbeitung oftmals in der wissensbasierten Ebene agieren muss.

Zwar ist es dem Bildauswerter möglich, sich durch intensives Training für ausgewählte Aufgaben ein regelbasiertes, eventuell sogar fertigkeitsbasiertes Verhalten anzueignen. Auf Grund der hohen Komplexität der Bildauswertesysteme ist jedoch davon auszugehen, dass der Bildauswerter bei fast allen neuen Aufgaben und oftmals bereits bei neuen Aufgabenausprägungen, z.B. der Auswertung eines neuen Objekttyps, zumindest im Teilaufgabenbereich in der wissensbasierten Verhaltensebene agieren muss. Durch die hohe Komplexität der heutigen Bildauswertesysteme ist auch die Einarbeitung in diese sehr aufwendig und es fällt dem Bildauswerter schwer, sich nach längerer Arbeitspause oder wenn er über längere Zeit eine gewisse Auswerteaufgabe nicht bearbeitet hat, sich wieder im System zurechtzufinden. Bei jenen Teilaufgaben, bei denen der Bildauswerter auf Grund der ungünstigen Aufgabenteilung zwischen Mensch und computergestütztem System jedoch kognitiv überlastet ist, da bei der Systemgestaltung die stark begrenzten Ressourcen seines Kurzzeitgedächtnisses nicht berücksichtigt wurden, wird der Bildauswerter unabhängig vom Trainingsstand immer wieder überlastet werden.

Trotzdem die EN ISO DIN 9241-10 von 1996 mit dem Titel „Grundsätze der Dialoggestaltung" für Bildschirmarbeitsplätze an erster Stelle die Aufgabenangemessenheit fordert, treten, wie bereits in Abschnitt 1.1 erwähnt, die oben geschilderten Probleme nicht nur im Bereich der interaktiven bildgestützten Szenenanalyse auf. In vielen Bereichen, in denen der Mensch im Zusammenwirken mit einem computergestützten System Aufgaben bearbeitet, muss er auf der einen Seite seine Hauptaufgabe bearbeiten und auf der anderen Seite ein stark funktionslastiges System bedienen, welches nicht aufgabengerecht gestaltet ist. So weisen beispielsweise [Geis & Hartwig 1998] darauf hin, dass ein hoher Anteil aller Benutzbarkeitsprobleme darauf zurückzuführen ist, dass die Dialoggestaltung nicht auf die Aufgabe und deren Bearbeiter zugeschnitten ist. Auch [Bödcher et al. 2004] betonen, dass die Effektivität und Effizienz eines computergestützten Systems nicht vom Funktionsumfang, sondern von seiner nutzer- und aufgabenorientierten Auslegung bestimmt werden. Eine nutzer- und aufgabenorientierte Systemauslegung setzt jedoch nach [Sheridan 2002] und [Grote et al. 1998] eine bestmögliche Aufgabenteilung zwischen dem Menschen und dem computergestützten System unter Berücksichtigung deren gegenläufiger Eigenschaften voraus, insbesondere unter Berücksichtigung der Leistungsgrenzen des menschlichen Kurzzeitgedächtnisses (siehe [Balzert 2001] und [Geisler 2006]). Doch trotz der zitierten Hinweise und Empfehlungen werden heute auf Grund des Mangels an Methoden, welche bereits beim Systementwurf Rückschlüsse auf die Eignung der konzipierten Aufgabenteilung zwischen dem Menschen und dem computergestützten System erlauben, Systeme entwickelt, welche den Menschen durch eine ungünstige Aufgabenteilung stark belasten bzw. sogar überlasten und dadurch seine Leistung im Hinblick auf die Hauptaufgabe reduzieren.

Bisher erfolgt die Aufgabenteilung zwischen dem Menschen und dem computergestützten System, indem dem computergestützten System alle Aufgaben zugewiesen werden, welche automatisierbar bzw. in Algorithmen umsetzbar sind, und dem Menschen sowohl die Aufgaben, welche zusätzlich zur Erledigung der Hauptaufgabe erforderlich sind, als auch jene, die zur Bedienung des computergestützten Systems notwendig sind. Um noch vor der Implementierung eines konzipierten Mensch-Maschine-Systems abschätzen zu können, ob die geplante Aufgabenteilung und der daraus resultierende Arbeitsablauf zur Bearbeitung der Hauptaufgabe gut geeignet sind, werden heute ausschließlich qualitative Daten erhoben, indem das zur Aufgabenbearbeitung geplante Vorgehen im Rahmen einer heuristischen Evaluierung anhand von Layout- und Dialogskizzen mit Ergonomieexperten oder den zukünftigen Systemnutzern diskutiert wird. Dieses Vorgehen spiegelt aber ausschließlich das subjektive Empfinden der in die Diskussion einbezogenen Personen wider und liefert keine objektive Aussage über die tatsächlich zu erwartende Belastung bzw. Leistung des Menschen bei der Bearbeitung der betrachteten Hauptaufgabe.

Um die tatsächlich zu erwartende Leistung des Menschen für die Hauptaufgabe unter Einsatz des konzipierten computergestützten Systems zu ermitteln, werden heute die als kritisch erachteten Systemkomponenten simuliert oder sogar implementiert und im Rahmen von Experimenten untersucht, in welchen Versuchspersonen ausgewählte Aufgaben unter Nutzung dieser Komponenten bearbeiten. Dieses Vorgehen, welches beispielsweise in [Eckstein & Irvine 2001], [Dzindolet et al. 2002] und [Berger et al. 2005] beschrieben wird, ist zeit- und kostenintensiv und nicht für eine gezielte Systemoptimierung geeignet. Auf Grund des hohen Zeit- und Kostenaufwands werden solche Untersuchungen auch nur sehr selten und wenn, nur für wenige ausgewählte Systemkomponenten durchgeführt. Zudem liefern diese Untersuchungen zwar objektive Leistungsmaße, sie geben aber keine objektiven Hinweise auf die Belastungsart oder -höhe, die der Mensch durch die Bearbeitung der Aufgabe erfährt.

In der vorliegenden Arbeit soll am Beispiel der Bearbeitung von Aufgaben aus dem Bereich der interaktiven bildgestützten Szenenanalyse die Leistung eines Mensch-Maschine-Systems für die Hauptaufgabe durch den Einsatz von Assistenz erhöht werden, indem Assistenzfunktionen dem Menschen, hier dem Bildauswerter, Teile besonders belastender Aufgaben abnehmen. Eine gezielte Leistungserhöhung durch eine Entlastung des Menschen mittels Assistenzfunktionen setzt jedoch die Kenntnis voraus, bei welchen Teilaufgaben der Mensch eine besonders hohe Belastung erfährt. Da die oben geschilderten Vorgehensweisen zur effizienten Ermittlung stark belastender Teilaufgaben nicht geeignet sind, ist ein Ziel dieser Arbeit, eine Methode zur quantitativen Aufgabenbeschreibung zu finden, die objektive Messgrößen liefert, welche die Identifikation stark belastender Teilaufgaben auf theoretischer Basis ermöglichen. Die gesuchte Methode ist so zu wählen, dass sie nicht nur Rückschlüsse auf stark belastende Teilaufgaben erlaubt, sondern im Hinblick auf eine gezielte Entwicklung von Assistenzfunktionen auch Hinweise auf die Art und Höhe der Belastung gibt. Hierbei sind die Leistungsgrenzen des Menschen, insbesondere die seines Kurzzeitgedächtnisses, zu berücksichtigen.

Im Weiteren ist in dieser Arbeit ein Weg aufzuzeigen, um bei Teilaufgaben, welche als stark belastend identifiziert werden, die Aufgabenteilung zwischen dem Menschen und dem computergestützten System gezielt so zu verschieben, dass Assistenzfunktionen jene Aufgaben übernehmen, welche für den Menschen besonders stark belastend sind. So sollen die Assistenzfunktionen dem Menschen Systembedienungsaufgaben abnehmen und ihn bei kognitiv stark belastenden Abschnitten seiner Hauptaufgabe *Visuelle Bildanalyse* unterstützen. Dabei ist zu berücksichtigen, dass beim Einsatz von Assistenzfunktionen von diesen zwar Teilaufgaben übernommen werden, zur Bedienung bzw. Überwachung dieser Funktion jedoch neue Teilaufgaben entstehen können.

Im Gegensatz zum heutigen Vorgehen wird in dieser Arbeit angestrebt, die mögliche Entlastung des Menschen durch die als geeignet identifizierten Assistenzfunktionen bereits in der Entwurfsphase zu überprüfen. Dazu soll mit der in dieser Arbeit zu findenden quantitativen Aufgabenbeschreibungsmethode eine Teilaufgabe, bei deren Bearbeitung der Mensch durch den Assistenzeinsatz entlastet werden soll, zweimal quantitativ beschrieben werden - einmal unter der Annahme, dass die konzipierten Assistenzfunktionen bereits zur Verfügung stehen. Der Vergleich der quantitativen Aufgabenbeschreibungen, zuerst erstellt für die betrachtete Teilaufgabe, die ohne

Assistenzunterstützung bearbeitet wird, und danach für jene, bei welcher der Einsatz der konzipierten Assistenzfunktionen angenommen wird, soll Rückschlüsse auf den Grad der Entlastung des Menschen durch den Einsatz der Assistenzfunktionen ermöglichen. Es wird gefordert, dass Assistenzfunktionen, welche sich bei diesem Vorgehen als entlastend herausstellen, eine Leistungserhöhung für die Hauptaufgabe nach sich ziehen und damit eine effiziente Unterstützung des Bildauswerters darstellen.

Weiteres Ziel dieser Arbeit ist die Konzeption einer aufgabenorientierten und nach anthropotechnischen Erkenntnissen gestalteten Assistenz, in welche die als entlastend ermittelten Assistenzfunktionen eingebettet werden. Diese soll dem Bildauswerter einen aufgabenorientierten Zugang zum Bildauswertesystem ermöglichen und ihn, abhängig von der durchzuführenden Aufgabe und deren Ausprägung, durch geeignete Assistenzfunktionen entlasten. Es ist anzunehmen, dass der Bildauswerter auf diese Weise immer öfter in der regel- bzw. sogar fertigkeitsbasierten Verhaltensebene agieren kann und seine Leistung bei der Bearbeitung seiner Hauptaufgabe *Visuelle Bildanalyse* deutlich steigt.

Das im Rahmen dieser Arbeit zu entwickelnde Vorgehen zur gezielten Entlastung des Menschen durch Assistenzeinsatz unter Nutzung der zu findenden Methode zur quantitativen Aufgabenbeschreibung sowie die daraus erwartete Leistungserhöhung für die zu bearbeitende Hauptaufgabe ist durch empirische Untersuchungen zu validieren.

1.3 Gliederung und Kapitelübersicht

Die vorliegende Arbeit gliedert sich in sieben Kapitel. In Kapitel 2 wird im ersten Schritt der Stand der Forschung zu Mensch-Maschine-Systemen vorgestellt. Hauptaugenmerk gilt hier dem Menschen bei der Aufgabenbearbeitung im Zusammenwirken mit einem computergestützten System, den Leistungsgrenzen des Menschen sowie dem Zusammenhang von Belastung, Beanspruchung und Leistung. Speziell wird auf die Bearbeitung von Aufgaben aus dem Bereich der interaktiven bildgestützten Szenenanalyse sowie die dazu kommerziell verfügbaren Bildauswertesysteme und deren anthropotechnische Eigenschaften eingegangen. Der Stand zu Technik und Forschung wird durch die Übersicht zu Assistenztypen, die zur Unterstützung des Menschen bei der Aufgabenbearbeitung durch ein Mensch-Maschine-System bereits heute eingesetzt werden, sowie die bereits heute verfügbare und zukünftig geplante Unterstützung des Menschen bei der interaktiven bildgestützten Szenenanalyse vervollständigt. Abgeschlossen wird Kapitel 2 durch die aus dem Stand von Forschung und Technik abgeleiteten Forderungen an ein Vorgehen bei der zukünftigen Assistenzentwicklung und -integration, insbesondere für die interaktive Szenenanalyse.

Um die Leistung des Menschen bei der Aufgabenbearbeitung im Zusammenwirken mit einem computergestützten System zu steigern, gilt es, ihn bei jenen Teilaufgaben zu entlasten, bei denen er eine besonders hohe Belastung erfährt. Eine Ermittlung solcher Teilaufgaben erfordert die quantitative Beschreibung der Aufgabe einschließlich der Ableitung von Messgrößen, welche einen Hinweis auf besonders belastende Aufgabenabschnitte geben. Kapitel 3 geht daher auf das Vorgehen bei der Erstellung und Analyse von Aufgabenbeschreibungen ein und gibt eine Übersicht über gängige Methoden zur Aufgabenbeschreibung. Im Folgenden wird die in dieser Arbeit entwickelte Methode zur quantitativen Aufgabenbeschreibung beschrieben und ihr Einsatz für zwei Teilaufgaben aus dem Bereich der interaktiven bildgestützten Szenenanalyse dargestellt.

In Kapitel 4 wird die Konzeption einer Assistenz vorgeschlagen, welche die Entlastung des Bildauswerters durch den Einsatz von Assistenzfunktionen und eine daraus resultierende Leistungserhöhung für die Hauptaufgabe zum Ziel hat. Nach einer Übersicht über das zur Konzeption und Implementierung der Assistenz notwendige Domänenwissen wird am Beispiel der in Kapitel 3 als stark belastend identifizierten Teilaufgaben ein Vorgehen zur gezielten Verschiebung der

1. Einleitung

Aufgabenteilung zwischen dem Bildauswerter und dem computergestütztem System durch den Einsatz von Assistenzfunktionen aufgezeigt. Im Anschluss wird die theoretische Überprüfung der Entlastung des Bildauswerters durch die konzipierten Assistenzfunktionen beschrieben. Abschließend werden in Kapitel 4 Überlegungen zum Einsatz weiterer Assistenztypen für die interaktive bildgestützte Szenenanalyse aufgeführt. Auf die Implementierung der in Kapitel 4 konzipierten Assistenz geht Kapitel 5 ein.

In Kapitel 6 wird die empirische Untersuchung zur Validierung des in dieser Arbeit entwickelten Vorgehens zur gezielten Entlastung des Menschen durch Assistenzeinsatz unter Nutzung der in dieser Arbeit entwickelten und in Kapitel 3 vorgestellten neuen Methode zur quantitativen Aufgabenbeschreibung beschrieben. In Kapitel 7 werden die Ergebnisse der vorliegenden Arbeit zusammengefasst und ein Ausblick auf mögliche weiterführende Arbeiten gegeben.

Im Anschluss an den Anhang, in dem zusätzliche Informationen zu ausgewählten Kapiteln zu finden sind, werden im Begriffsverzeichnis die verwendeten Begriffe zu den Themen „Assistenz", „Aufgabe" und „Szenenanalyse" beschrieben, im Abkürzungsverzeichnis die verwendeten Abkürzungen erläutert und im Literaturverzeichnis die zitierte Literatur aufgeführt.

2 Stand von Forschung und Technik

2.1 Mensch-Maschine-Systeme

2.1.1 Phänomene und Begriffe

Ein Mensch-Maschine-System, im Weiteren kurz als MMS bezeichnet, ist ein anthropotechnisches System, in welchem der Mensch zielgerichtet mit einem technischen System zusammenwirkt, damit bestimmte Aufgaben (Hauptaufgaben) bestmöglich bearbeitet werden [Johannsen 1993]. Durch den Einsatz des technischen Systems, wobei in dieser Arbeit speziell computergestützte Systeme betrachtet werden, erfährt der Mensch auf der einen Seite Unterstützung, wird aber auf der anderen Seite durch die Systembedienung (Nebenaufgabe) auch belastet. Im Weiteren erfolgt die Beschreibung der Phänomene, Wirkungsbeziehungen und Begriffe für die Aufgabenbearbeitung durch ein MMS, insbesondere im Hinblick auf die Bearbeitung von Aufgaben aus dem Bereich der interaktiven bildgestützten Szenenanalyse. Einen Überblick über die Zusammenhänge der Phänomene und Wirkungsbeziehungen eines MMS nach [Syrbe 2004], angepasst an die Bearbeitung von Aufgaben aus diesem Bereich, gibt Abbildung 2.1.

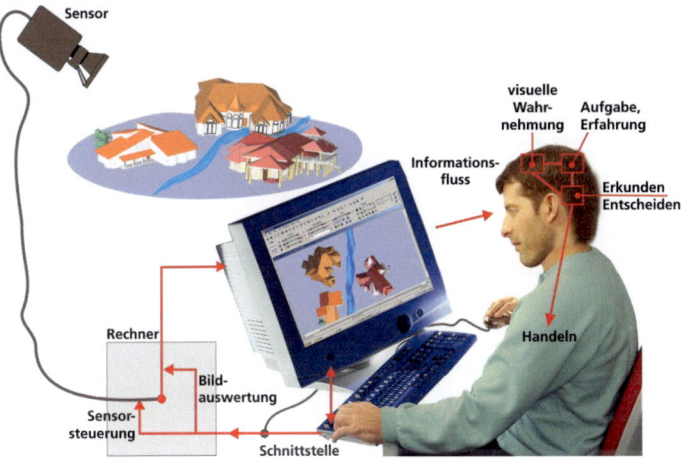

Abbildung 2.1: Phänomene und Wirkungsbeziehungen in einem MMS bei der Bearbeitung von Aufgaben aus dem Bereich der interaktiven bildgestützten Szenenanalyse nach [Geisler & Peinsipp-Byma 2005].

Durch die Aufgabe werden das globale Ziel und der Zweck der zu verrichtenden Arbeit vorgegeben (DIN 33400). Die insgesamt notwendigen Aufgaben zur Bearbeitung einer Gesamtaufgabe durch ein MMS werden im Rahmen seiner anthropotechnischen Gestaltung zwischen dem Menschen und der Maschine bzw. dem computergestützten System aufgeteilt. Als Anhaltspunkt für diese Aufgabenteilung dienen die gegenläufigen Fähigkeiten dieser beiden Teilsysteme. Der Mensch zeichnet sich besonders durch seine hochausgebildete Sensorik, seine Improvisationsfähigkeit sowie seine Fähigkeit aus, unscharf definierte Probleme zu lösen. Seine Schwächen sind vielfach gerade die Stärken des Computers. Zu nennen sind hier die Geschwindigkeit, exakte Wiederholung ohne Ermüdung und Lösung sehr komplexer Probleme, wobei die Technik als Problemlöser allerdings nur dann besser abschneidet, wenn die Probleme eindeutig beschreibbar und damit auf Basis von Algorithmen lösbar sind. Basierend auf dem Prinzip der MABA-MABA-

Liste nach Fitts, welche Aufgaben nach dem Prinzip „men are better at - machines are better at" auf Grund von Leistungsvorteilen dem Menschen oder der Maschine zuteilt, entstanden MABA-MABA-Listen, welche entsprechende Aufgabenteilungen zwischen dem Menschen und dem Computer beschreiben. Eine sehr umfangreiche MABA-MABA-Liste ist in [Shneiderman & Plaisant 2005] nachzulesen, eine weniger umfangreiche Liste aus [Charwat 1994] zeigt Tabelle 2.1.

Aufgaben	Überlegenheit	
	Mensch	Computer
Schätzen	x	
Vorhersagen	x	
Ergänzen unvollständiger Informationen (durch Ausnutzen von Assoziationen)	x	
Finden neuer Lösungswege (Kreativität)	x	
Situationsangepasstes, flexibles Verhalten	x	
Taktisches Entscheidungsvermögen	x	
Erfassen mit hoher Datenrate		x
Reduzierung erfasster Daten durch schnelle Routineprozeduren in Form von: • Arithmetischen Berechnungen • Vergleichen (A < B) • Logischen (Booleschen) Verknüpfungen		x
Speichern, Ordnen und Zugreifen auf große Datenmengen		x
Präzise Wiederholung (Reproduzierbarkeit)		x
Schnelles Reagieren auf spontane Ereignisse, sofern die Reaktion vorprogrammierbar ist		x

Tabelle 2.1: Übersicht über gegenläufigen Eigenschaften von Mensch und Computer bei der Aufgabenbearbeitung.

Bei der Gestaltung eines MMS sind jedoch in erster Linie nicht die Aufgaben entsprechend den Zuordnungen aus MABA-MABA-Listen zwischen Mensch und Maschine zu verteilen, sondern das Zusammenspiel zwischen den beiden Systemkomponenten bei der Aufgabenerfüllung durch das Gesamtsystem zu optimieren ([Sheridan 2002], [Grote et al. 1998]). Dies bedeutet, dass die Aufgabenteilung zwischen dem Menschen und der Maschine, hier dem computergestützten System, mit dem Ziel der bestmöglichen Leistungserbringung für die Hauptaufgabe erfolgen soll, wobei bei der Aufgabenzuordnung selbstverständlich auf die gegenläufigen Eigenschaften von Mensch und Maschine Rücksicht zu nehmen ist.

Die Verrichtung der dem Menschen zugeordneten Aufgaben erfordert von ihm Tätigkeiten, welche sich nach [Charwat 1994] wiederum aus Handlungen, Operationen, Bewegungen und Muskelaktionen zusammensetzen. Tabelle 2.2 beschreibt die Hierarchieebenen dieser Aufgabengliederung und veranschaulicht die Gliederungsebenen durch Beispiele. Es ist darauf zu verweisen, dass Charwat unter der Ebene der Operationen bzw. Elementaraufgaben nur mehr die physiologischen Anteile betrachtet. Zur Durchführung von Operationen sind jedoch nicht nur Bewegungen, gegliedert in Muskelaktionen, sondern auch kognitive Prozesse erforderlich.

Aufgaben werden, beispielsweise zu Analysezwecken, in Teilaufgaben zerlegt. Teilaufgaben sind Aufgabenabschnitte unterschiedlicher Größe, welche vom Menschen in Abhängigkeit von ihrer Größe eine Menge von Operationen, Handlungen oder sogar Tätigkeiten erfordern.

Gliederung			Beispiele	
			Büro	Bildauswertung
Aufgabe	Definiert das globale Ziel und den Zweck der Arbeit (DIN 33400) sowie die dazu erforderliche Kompetenzen.	*Psychologie*	Einkaufen	Bildgestützte Ermittlung der Parkplatzbelegung in einem Stadtteil
Tätigkeit	Arbeit, deren Durchführung beobachtbar ist und dem Verrichten der Aufgabe dient oder dazu beiträgt. Tätigkeiten liefern das Arbeitsergebnis.		Entwerfen eines Briefs	Zählen der Fahrzeuge auf einem abgebildeten Parkplatz
Handlung	Kleinste (psychologische) Einheit willensmäßig (bewusst) gesteuerter sensomotorischer oder intellektueller Abläufe, die auf ein Ziel ausgerichtet und durch ein Motiv angestoßen werden.		Heraussuchen einer Adresse	Entdecken eines Fahrzeugs im Bild
Operation	Unselbständige Teilhandlung, die isoliert für sich betrachtet, kein bewusstes Ziel erkennen lässt. Operationen werden auch als Elementaraufgaben bezeichnet.		Tippen eines Wortes	Markieren der Fahrzeugsignatur im Bild
Bewegung	Zusammenhängende, meist unbewusst erfolgende Regulation der Motorik.	*Physiologie*	Anschlagen einer Taste	Bewegen der Maus
Muskelaktion	An- bzw. Entspannen von Muskelpaaren		Krümmen eines Fingerglieds	Bewegen der Unterarm- und Handmuskulatur

Tabelle 2.2: Gliederung der Aufgabe in ihre Tätigkeiten, Handlungen, Operationen, Bewegungen und Muskelaktionen nach [Charwat 1994] mit Beispielen aus dem Büro, erweitert um Beispiele aus der Bildauswertung.

Bei der Aufgabenbearbeitung durch ein Mensch-Maschine-System entsteht ein Informationsfluss zwischen dem Menschen und dem interaktiven System (siehe Abbildung 2.2 nach [Syrbe 2004]).

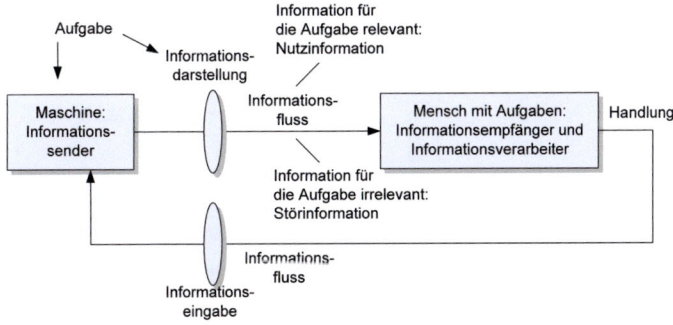

Abbildung 2.2: Der Informationsfluss zwischen dem Menschen und dem interaktiven System nach [Syrbe 2004].

Interaktive Systeme haben zwei Schnittstellen zum Menschen: die Darstellung der Information, welche durch den Menschen wahrgenommen und entsprechend seiner Aufgabe von ihm verarbeitet wird (siehe auch Abbildung 2.3), und die Informationseingabe, welche durch die Handlungen des Menschen erfolgt. Information, die dem Menschen dargestellt wird, ist Nutzinformation, wenn sie für die Aufgabenbearbeitung von Relevanz ist, und Störinformation, wenn sie für die Aufgabenbearbeitung keine Relevanz besitzt. Störinformation belastet unnotwendiger Weise die Sinne und die Kognition des Menschen und wird im ungünstigsten Fall sogar mit Nutzinformation verwechselt [Syrbe 2004]. Konventioneller Weise erfolgt bei interaktiven computergestützten Systemen die Informationsdarstellung über einen Monitor und die Informationseingabe über Maus und Tastatur. Die Interaktion zwischen Mensch und System, welche über die Informationsdarstellung und -eingabe erfolgt, wird als Dialog bezeichnet. Durch den Dialog bilden der Mensch und das interaktive System sich gegenseitig beeinflussende Einheiten.

Die vom interaktiven computergestützten System optisch dargestellte Information wird vom Menschen visuell wahrgenommen. Wahrnehmung ist der Prozess der Aufnahme von Reizen aus der Umwelt durch die Sinne und deren stufenweise Verarbeitung im Menschen bis zur Erkennung und Interpretation der Reizbedeutung. Auf der Wahrnehmung bzw. Informationsaufnahme baut die Informationsverarbeitung auf. Wie die Informationsaufnahme ist auch die Informationsverarbeitung ein stufenweiser Verarbeitungsprozess. Die Prozesskette der Informationsaufnahme und -verarbeitung wird durch das in Abbildung 2.3 dargestellte Stufenmodell von Charwat beschrieben.

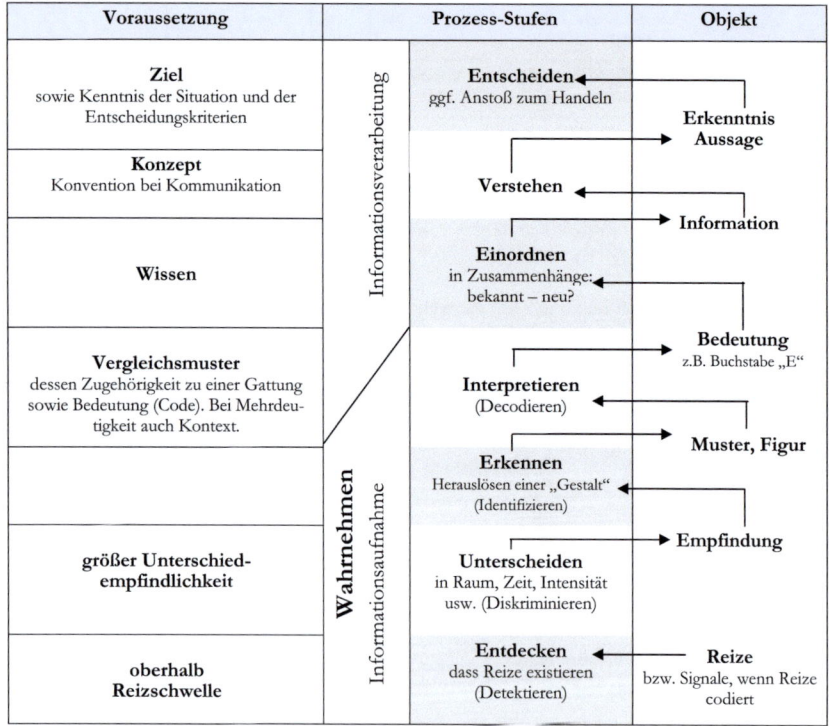

Abbildung 2.3: Das Stufenmodell aus [Charwat 1994] gliedert die Informationsaufnahme und -verarbeitung durch den Menschen.

Die sieben Prozess-Stufen Entdecken, Unterscheiden, Erkennen, Interpretieren, Einordnen, Verstehen und Entscheiden lassen sich im menschlichen Wahrnehmungsprozess ausmachen, jedoch nicht mit solch ausgeprägten Grenzen [Charwat 1994]. Sie hängen von der Erfahrung des Menschen ab und werden im Folgenden genauer beschrieben.

Auf der Stufe des *Entdeckens* wird der Mensch gewahr, dass ein oder mehrere Reize existieren. Für das Entdecken eines Reizes ist seine Unterscheidbarkeit vom Rauschen maßgebend. Zu dieser objektiv notwendigen Voraussetzung kommen subjektive. Es sind dies u.a. die Aktiviertheit des Menschen (siehe auch Abbildung 2.4 auf S. 12), seine Erfahrung, die von ihm bedachten Folgen einer evtl. falschen Entscheidung und die Häufigkeit des Auftretens von Reizen. Der Sehbereich, in welchem dem Menschen das Entdecken optischer Reize möglich ist, heißt Gesichtsfeld. Auf der Stufe des *Unterscheidens* hält der Mensch mehrere, in ihrer Ausprägung (z.B. in Form und Größe) und/oder Lage verschiedene Reize auseinander und löst einen bestimmten Reiz oder eine Reizkombination aus der Gesamtheit der Reize seines Umfeldes heraus. Reizentdeckung und -unterscheidung werden unter dem Begriff Perzeption zusammengefasst. Auf der Stufe des *Erkennens* ordnet der Mensch dem Wahrgenommenen eine im Gedächtnis gespeicherte Form oder ein Muster zu. Auf der Stufe des *Interpretierens* wird dem Erkannten im semantischen Sinn Bedeutung zugewiesen. Eine zutreffende Interpretation erfordert, das Erkannte zusammen mit seinem Umfeld (Kontext) und mit Gedächtnisinhalten zu betrachten. Mit dem *Interpretieren* wird der Prozess der Wahrnehmung abgeschlossen. Auf der Stufe des *Einordnens* kann der Mensch aufgrund seines Wissens feststellen, ob das Interpretierte für ihn relevant ist und damit Nutz- oder Störinformation darstellt. Auf der Stufe des *Verstehens* gelangt der Mensch zu Erkenntnissen. Diese bilden die Basis für das Entscheiden hinsichtlich des weiteren Vorgehens. Auf der Stufe des Entscheidens wird festgelegt, ob die erkannte Information eine Tätigkeit nach sich zieht.

Durch die Bearbeitung der ihm gestellten Aufgabe wird der Mensch belastet (siehe Tabelle 2.3).

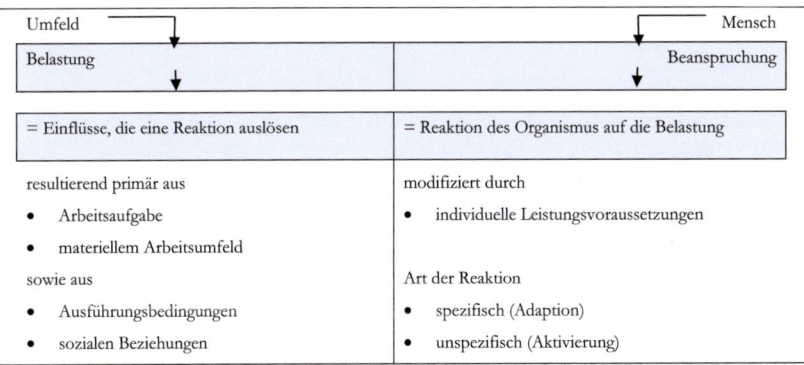

Umfeld		Mensch	
Belastung		Beanspruchung	
= Einflüsse, die eine Reaktion auslösen		= Reaktion des Organismus auf die Belastung	
resultierend primär aus		modifiziert durch	
• Arbeitsaufgabe		• individuelle Leistungsvoraussetzungen	
• materiellem Arbeitsumfeld			
sowie aus		Art der Reaktion	
• Ausführungsbedingungen		• spezifisch (Adaption)	
• sozialen Beziehungen		• unspezifisch (Aktivierung)	

Tabelle 2.3: Übersicht über den Zusammenhang zwischen der Belastung und der daraus resultierenden Beanspruchung des Menschen aus [Syrbe 2004].

Dabei wird zwischen physischer und informatorischer Belastung unterschieden. Physische Belastung liegt vor, wenn der Mensch körperlich gefordert wird, beispielsweise beim Heben von Lasten. Informatorische Belastung liegt vor, wenn, wie bei der Aufgabenbearbeitung durch ein MMS üblich, Wahrnehmungs-, Aufmerksamkeits-, Gedächtnis- oder Denkleistungen gefordert sind. Im Fall der interaktiven bildgestützten Szenenanalyse erfährt der Bildauswerter maßgeblich informatorische Belastung, und zwar sowohl durch das Bearbeiten der Hauptaufgabe *Visuelle Bildanalyse* als auch durch die zur Bearbeitung der Hauptaufgabe notwendige Nebenaufgabe *Systembedienung*. Wie stark der Mensch informatorisch belastet werden kann und wie er auf informatorische Überlastung reagiert, beschreiben Modelle der menschlichen Informationsverarbeitung (siehe Abschnitt 2.1.2, S. 13 f.). Zusätzliche Belastung erfährt der Mensch bei der Aufgabenbearbeitung durch die Ausführungsbedingungen und die sozialen Beziehungen, welche in seinem Arbeitsumfeld herrschen. Die Höhe der Belastung ergibt sich aus der Belastungsdauer sowie der Belastungsintensität.

Die unmittelbare Auswirkung der Belastung auf den Menschen ist die Beanspruchung. Wie stark die Beanspruchung eines Menschen durch die auf ihn einwirkende Belastung ist, hängt von seinen individuellen Leistungsvoraussetzungen ab. Der Mensch reagiert auf Belastung durch Adaption, also Anpassung an die Aufgabe und ihre Randbedingungen, sowie durch Aktivierung. Aktivierung führt im ersten Schritt zu einem Ansteigen der Leistung, bei weiter steigender Aktivierung kommt es jedoch zu einer Hyperaktivierung, was ein drastisches Sinken der Leistung nach sich zieht (*Yerkes-Dodson-Regel* nach Radl [Syrbe 2004], siehe auch Abbildung 2.4).

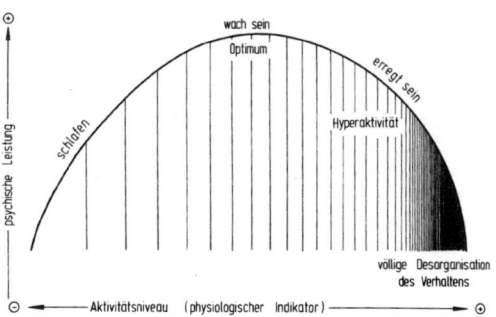

Abbildung 2.4: Zusammenhang zwischen dem Aktivitätsniveau und der psychischen Leistung nach der Yerkes-Dodson-Regel.

Die Belastung beansprucht den Menschen und wirkt sich damit auf den Grad der von ihm erbrachten Aufgabenerfüllung aus. Der Grad der Aufgabenerfüllung wird durch die erzielte Leistung L angegeben, welche sich aus der Anzahl der zu bearbeitenden Teilaufgaben A, der Anzahl der nicht bearbeiteten Teilaufgaben A_n, der Anzahl der falsch bearbeiteten Teilaufgaben A_f sowie der Zeit t, die der Mensch für die Aufgabenbearbeitung aufwenden muss, ableitet. Zur Berechnung der Leistung L wird die Berechnungsformel 2.1 vorgeschlagen, wobei die Leistung sowohl für die Gesamtaufgabe (global) als auch für die zur Bearbeitung der Gesamtaufgabe notwendigen Teilaufgaben (lokal) bestimmt werden kann (siehe auch Abbildung 2.5, S. 13).

$$L = \frac{A - A_n - A_f}{t}$$

Formel 2.1

Abbildung 2.5 (aus [Syrbe & Beyerer 2007]) zeigt folgende in diesem Abschnitt beschriebenen Zusammenhänge in graphischer Form auf:

- die Aufgabenteilung zwischen dem Menschen und dem computergestützten System,

- die daraus resultierende Belastung des Menschen,

- die aus der Belastung resultierende Beanspruchung des Menschen und

- die vom MMS erbrachte Leistung sowohl für die Teilaufgaben (lokal) als auch für die Gesamtaufgabe (global).

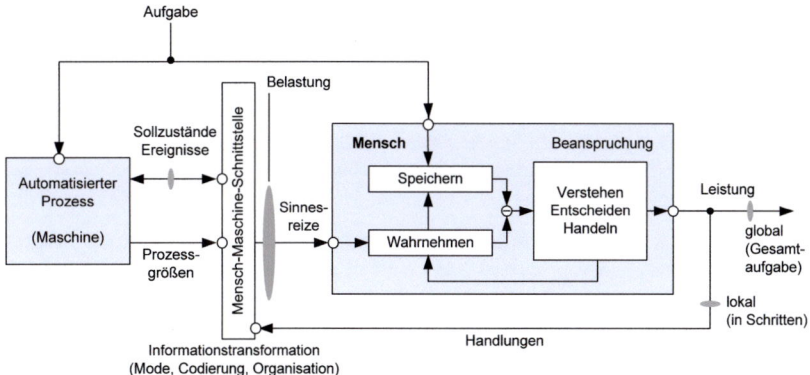

Abbildung 2.5: Die Belastung des Menschen beansprucht diesen, resultiert maßgeblich aus der (den) ihm zugeordneten Aufgabe(n) und beeinflusst seine Leistung.

2.1.2 Modelle der menschlichen Informationsverarbeitung

Bei Anwendungen, bei denen der Mensch mehrere Aufgaben gleichzeitig erfüllen soll, muss er einen hohen Strom an konkurrierenden Informationen wahrnehmen und verarbeiten. So auch bei der interaktiven bildgestützten Szenenanalyse, wo sowohl das Bild als auch die Bedienschnittstelle Informationsquellen darstellen, deren Informationsströme miteinander konkurrieren, was für den Menschen eine hohe Belastung darstellt und ihn stark beansprucht (siehe Abbildung 2.6).

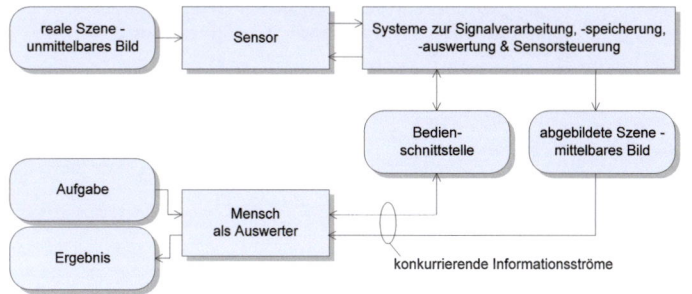

Abbildung 2.6: Bei der Bearbeitung von Aufgaben aus dem Bereich der interaktiven bildgestützten Szenenanalyse muss der Mensch einen hohen Strom konkurrierender Informationen verarbeiten.

Rückschlüsse auf das Verhalten und die Leistungsgrenzen des Menschen bei der Verarbeitung eines Informationsstroms ermöglichen Modelle, welche die Eigenschaften des Menschen bei der Verarbeitung eines Informationsstroms entsprechend den Eigenschaften eines informationsverarbeitenden Systems beschreiben. Eine Übersicht über solche Modelle gibt [Geisler 2006]. In der vorliegenden Arbeit werden folgende drei Modelle der menschlichen Informationsverarbeitung genauer betrachtet, welche die in vielen Einzelexperimenten beobachteten Gesetzmäßigkeiten zusammenfassen:

2. Stand von Forschung und Technik

- das 1981 veröffentlichte *Modell der Informationsverarbeitung des menschlichen Gedächtnisses* (MIMG) von Schumacher [Schumacher 1981], welches das Verhalten des Menschen bei der Verarbeitung hoher Informationsströme beschreibt,

- das 1983 veröffentlichte *Model Human Processor* (MHP) von Card, Moran und Newell [Card et al. 1983], welches „das System Mensch" durch ein sensorisches, kognitives und motorisches Teilsystem mit Prozessoren und Speichern sowie deren Leistungsdaten quantitativ beschreibt und

- das im Rahmen dieser Arbeit entstandene *Extended Model Human Processor* (EMHP), welches die beiden oben genannten Modelle zusammenfasst und damit die Engpässe des Menschen bei der Informationsverarbeitung deutlich macht.

Im Weiteren werden die drei oben aufgeführten Modelle im Detail beschrieben.

2.1.2.1 Modell der Informationsverarbeitung des menschlichen Gedächtnisses (MIMG)

Das *Modell der Informationsverarbeitung des menschlichen Gedächtnisses* aus [Schumacher 1981] stellt das Verhalten des Menschen bei der Verarbeitung eines hohen Forderungsstroms dar (siehe Abbildung 2.7). Als Forderung wird in [Schumacher 1981] eine Information bezeichnet, welche eine Tätigkeit nach sich zieht und damit den Menschen belastet, wobei Schumacher sein Modell aus Experimenten ableitete, welche ausschließlich diesen Informationstyp behandelten.

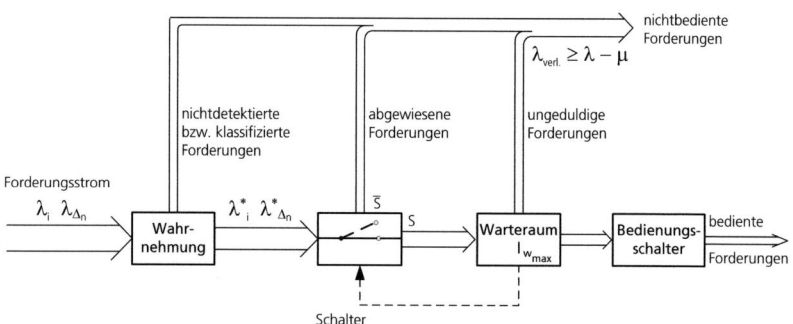

Abbildung 2.7: Das *Modell der Informationsverarbeitung des menschlichen Gedächtnisses* als Bediensystem bei gleichrangigen Forderungen [Schumacher 1981].

Schumacher beschreibt im MIMG den Menschen als Bediensystem, welches aus Bedienstellen bzw. Prozessoren begrenzter Leistung besteht, wobei er in seinen Experimenten zwei Fälle von Forderungsströmen berücksichtigte: den „poissonverteilten Forderungsstrom" (exponentiell verteilte Forderungen), welcher sich nach [Schumacher 1981] als praxisrelevant erwiesen hat, sowie den Fall eines gleichverteilten Forderungsstroms. Der bildhafte Forderungsstrom mit der mittleren Intensität λ und der momentanen Intensität λ_{Δ_n} trifft zuerst auf die menschliche Wahrnehmung, welche als eine erste Bedienstelle betrachtet wird. Hier können Verluste durch Nichtentdeckung der Information entstehen. Laut Schumacher kann hier auch Information verloren gehen, wenn eine Forderung nicht als solche „klassifiziert" (bewertet) wird. Eine Nichtklassifikation bedeutet nach dem Stufenmodell von [Charwat 1994] (Abbildung 2.3, S. 10), dass die Information als nicht relevant eingeordnet bzw. verstanden wird und daraus die Entscheidung ihrer Abweisung resultiert, was eine Abweisung durch die Wahrnehmung in Zweifel stellt. Der eventuell reduzierte Forderungsstrom mit der nun mittleren Intensität λ^* bzw. momentanen Intensität $\lambda^*_{\Delta n}$ trifft im Weiteren auf einen virtuellen Schalter. Abhängig von der Schalterstellung treten nun die Forderungen in den Warteraum, der dem Kurzzeitgedächtnis entspricht, ein oder werden abgewiesen (abgewiesene Forderungen) und gehen damit für eine Bedienung verloren. Die Stellung des Schalters wird von der Warteraumkapazität $l_{W_{max}}$ und der Belegung des Warteraums gesteuert. Die im Warteraum befindlichen Forderungen unterliegen einer weiteren möglichen Verlustquelle. Sie können vergessen werden oder müssen zu lange auf eine Bedienung warten, verlieren dadurch an Relevanz und verlassen den Warteraum ohne Bedienung (ungeduldige Forderungen). Die eigentliche Bearbeitung der Forderungen erfolgt durch einen sogenannten Bedienungsschalter, der als zweite Bedienstelle betrachtet wird.

Durch seine Experimente konnte Schumacher zudem folgende Verhaltensstrategien des Menschen beim Abweisen von Forderungen nachweisen:

- Die „Strategie der Abweisung einzelner Forderungen bei belegtem Warteraum" tritt ein, wenn Forderungen den Warteraum bis zu einer gewissen oberen Grenze füllen und abgearbeitet werden müssen. Forderungen, die auf einen solcherweise belegten Warteraum treffen, werden abgewiesen (siehe abgewiesene Forderungen im MIMG entsprechend Abbildung 2.7).

- Als „Strategie des kontinuierlichen Gedächtnisses" wird jene Situation bezeichnet, in der neue Forderungen alte Forderungen verdrängen (Bumpout-Effekt). Diese Strategie entspricht dem Vergessen und tritt ein, wenn mit der Einspeicherung von neuen Forderungen die Warteraum-Kapazität überschritten wird. Dieser Effekt wird im MIMG (Abbildung 2.7) nicht explizit dargestellt.

- Die „Strategie der plötzlichen Verluste aller wartenden Forderungen" tritt ein, wenn im Warteraum eine enorm hohe Anzahl von Forderungen aufgebaut wird. Bei fortschreitender Überlastung tritt eine „Kapitulation" vor der Aufgabe ein. Alle Forderungen werden aus dem Warteraum „gelöscht" (verdrängt), ein Neuanfang beginnt. Auch dieser Effekt wurde im MIMG (Abbildung 2.7) nicht explizit dargestellt.

2.1.2.2 Model Human Processor (MHP)

Card, Moran und Newell stellen in [Card et al. 1983] das *Model Human Processor* vor, das den Menschen entsprechend eines Computer-Systems durch Speicher, Prozessoren und deren Leistungsdaten beschreibt (siehe Abbildung 2.8). Ziel dieses Modells ist, die Einbindung des Menschen in ein MMS zu erleichtern. Das Modell umfasst ein perzeptives, ein kognitives und ein motorisches Teilsystem. Die Prozessoren der Teilsysteme verarbeiten Informationen, wobei für jeden Prozessor seine Zykluszeit τ angegeben wird, welche jene Zeit darstellt, die zur Verarbeitung einer Informationseinheit benötigt wird. Die Speicher werden durch ihre Speicherkapazität μ, die Kodierungsform κ der gespeicherten Informationen und die Verfallskonstante δ beschrieben. Die Verfallskonstante δ gibt den Zeitraum an, in dem die Wahrscheinlichkeit größer als 50% ist, dass die Information noch gespeichert ist. Der Wertebereich und der Mittelwert der Parameter τ, μ, κ und δ, welche das MHP quantitativ beschreiben, werden durch die Schreibweise x = a [b ~ c] angegeben. Damit wird für den jeweiligen Parameter x ausgedrückt, dass $b \leq x \leq c$, wobei der Parameter x im Mittel den Wert a annimmt.

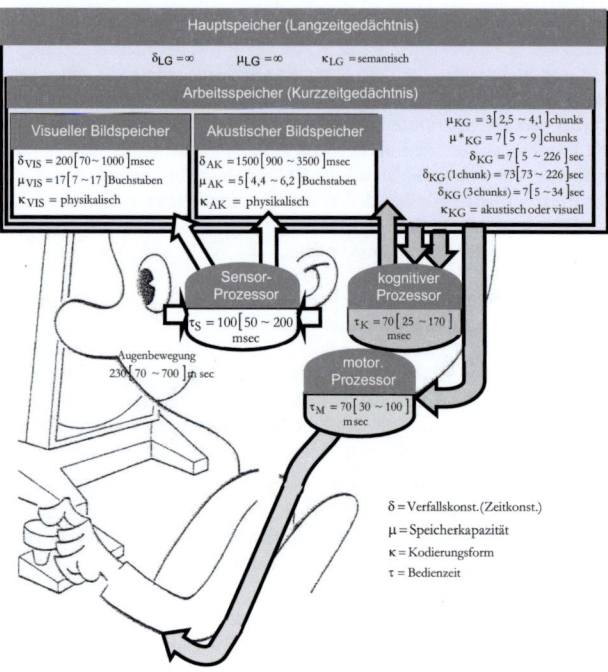

Abbildung 2.8: Das *Model Human Processor* aus [Card et al. 1983].

[Card et al. 1983] betrachten zwei Sinnesorgane, das visuelle und das auditive Sinnesorgan. Da in dieser Arbeit das Hauptaugenmerk auf der Verarbeitung von optisch dargestellter Information liegt, wird hier bei der Beschreibung des MHP nur auf das visuelle und nicht auf das auditive Sinnesorgan eingegangen.

Der visuelle Anteil des perzeptiven Teilsystems besteht aus einem Sinnesorgan, dem Auge, und einem dazugehörigen Speicher. Teil des Auges ist die Retina. Sie reagiert sensibel auf die Intensität, Wellenlänge und räumliche Verteilung von Licht und bildet die vom Menschen betrachtete Umwelt ab. Lediglich ein kleiner Teil der Retina, die Fovea, kann sichtbare Information scharf abbilden. Sie umfasst nur 2% des knapp 180° umfassenden Gesichtsfelds. Der restliche Teil des Gesichtsfelds dient dem Peripheriesehen. Alle 230 msec bewegt sich das Auge und betrachtet den neuen Bereich ca. 70 bis 700 msec. Während der Augenbewegung selbst erfolgt keine Wahrnehmung. Ist ein relevanter Bereich 30° oder mehr von der Fovea entfernt, erfolgt automatisch eine Kopfbewegung durch den motorischen Prozessor. Dem Auge selbst wird ein visueller Prozessor zugeordnet, er wandelt die bildhafte Information (optische Reize bzw. Signale, siehe Abbildung 2.3, S. 10) mit einer Prozessorzeit τ_S ca. alle 100 msec in interne Information. Der visuelle Bildspeicher speichert die vom Auge aufgenommene Information in physikalischer Form. Seine Kapazität μ_{VIS} wird im Mittel mit 17 Buchstaben angegeben. Zwar wird die Kodierungsform des visuellen Bildspeichers als physikalisch angegeben, seine Kapazitätsangabe erfolgt jedoch in Buchstaben. Grund dafür ist, dass das MHP aus vielen Experimenten abgeleitet wurde, in denen als Informationskodierung Buchstaben verwendet wurden, und daher die daraus abgeleitete Bildspeicherkapazität nur in Buchstaben angeben werden kann. Wird die vom sensorischen Teilsystem bereitgestellte Information nicht nach ca. 200 msec (δ_{VIS} ~ 200 msec) abgerufen, geht sie verloren.

Das kognitive Teilsystem empfängt die symbolisch kodierte Information im Arbeitsspeicher (Kurzzeitgedächtnis) und benutzt semantisch gespeicherte Information aus dem Hauptspeicher (Langzeitgedächtnis) zur Entscheidung hinsichtlich der weiteren Handlungen. Hier bleibt offen, an welcher Stelle die im visuellen Bildspeicher physikalisch gespeicherte Information in symbolische und anschließend in semantische Information gewandelt wird. Als Speicherkapazität für das kognitive Teilsystem wird als quantitative Größe der Chunk genutzt, wobei ein Chunk eine logische Einheit bezeichnet. Als Erläuterung für die logische Einheit Chunk sei folgendes Beispiel genannt: Die Buchstabenkette MWB umfasst als drei logische Einheiten (Chunks) die Buchstaben M, W und B. Im Gegensatz dazu stellt die Buchstabenkette BMW für jemanden, der die Autofirma BMW kennt, nur eine logische Einheit, also einen Chunk, dar.

Bei der Speicherkapazität des Kurzzeitgedächtnisses wird zwischen µ und µ* unterschieden. Unter dem Bezeichner µ wird die Kapazität des Kurzzeitgedächtnisses ohne die Nutzung des Langzeitgedächtnisses verstanden, unter dem Bezeichner µ* die Kapazität des Kurzzeitgedächtnisses unter Nutzung des Langzeitgedächtnisses. Um den Unterschied zwischen µ und µ* zu verdeutlichen, seien folgende Beispiele genannt: Dem Menschen wird eine ununterbrochene Reihe von einfachen Informationen, z.B. Buchstaben oder Zahlen, dargestellt. Stoppt die Darstellung und muss der Mensch die letzten wahrgenommenen Buchstaben oder Zahlen nennen, so hängt der Umfang der gemerkten Informationen ausschließlich von der Kapazität µ des Kurzzeitgedächtnisses ab. Wird einem Menschen jedoch eine Kombination einfacher Informationen kurz dargestellt (z.B. eine Zahlenkombination) und soll sich der Mensch diese merken, bis sie wieder abgerufen wird, so nutzt er hierbei auch das Langzeitgedächtnis. In diesem Fall ist die Speicherkapazität größer, sie wird mit µ* bezeichnet. Die Speicherkapazität des Kurzzeitgedächtnisses wird angegeben mit µ = 3 Chunks und µ* = 7 Chunks. Demnach hat das Kurzzeitgedächtnis des Menschen eine äußerst geringe Speicherkapazität.

Auch bei der Verfallszeit von Informationen, die im Kurzzeitgedächtnis gehalten werden, wird differenziert. Sie wird sowohl für einen als auch für drei Chunks genannt. So kann sich der Mensch eine logische Einheit im Mittel 73 Sekunden und drei logische Einheiten im Mittel 7 Sekunden lang merken. Daraus ist abzuleiten, dass der Mensch zwar bis zu sieben Chunks im Kurzzeitgedächtnis halten kann, die Speicherzeit für diese Informationsmenge jedoch geringer als 7 Sekunden sein kann. Zur Verarbeitung eines Chunks benötigt der kognitive Prozessor im Mittel 70 msec.

Das motorische Teilsystem führt die vom kognitiven Prozessor beschlossene Reaktionen aus, wobei die Taktrate des motorischen Prozessors (τ_M) zwischen 30 und 100 msec liegt und besagt, wie lange es dauert, um eine Muskelbewegung durchzuführen (z.B. um auf eine Taste zu drücken; siehe auch „Bewegung" in Tabelle 2.2, S. 9). Das motorische Teilsystem besitzt im Gegensatz zum perzeptiven und kognitiven Teilsystem keinen Speicher.

Neben den quantitativen Werten für das perzeptive, kognitive und motorische Teilsystem des Menschen umfasst das MHP weitere Erkenntnisse zum Verhalten des Menschen bei der Informationsverarbeitung. Diese Erkenntnisse sowie Beispiele für die Berechung der Bearbeitungszeit für einfachste Aufgaben, sogenannte Elementaraufgaben bzw. Operationen (siehe ebenfalls Tabelle 2.2, S. 9), sind in Anhang A (S. 148) aufgeführt.

2.1.2.3 Extended Model Human Processor (EMHP)

Das MIMG aus [Schumacher 1981] beschreibt das Verhalten des Menschen bei der Verarbeitung eines hohen Informationsstroms. Das MHP aus [Card et al. 1983] beschreibt den Menschen als

Informationsverarbeiter durch Prozessoren und Speicher sowie deren Leistungsdaten. Durch das Zusammenführen der beiden Modelle in ein Bedien- bzw. Warteschlangen-Modell, wie es zur Berechnung von Bedienleistungen von Computern verwendet wird [Syrbe 1995], entstand im Rahmen dieser Arbeit das erweiterte Modell *Extended Model Human Processor*. Dieses beschreibt das Verhalten des Menschen bei der Bearbeitung eines Informationsstroms in Abhängigkeit von seinen perzeptiven und kognitiven Leistungsgrenzen und macht dadurch als den Engpass des Menschen bei der Informationsverarbeitung seine Perzeption, aber vor allem sein Kurzzeitgedächtnis deutlich. Das Modell EMHP ist in Abbildung 2.9 dargestellt und wird im Anschluss erläutert.

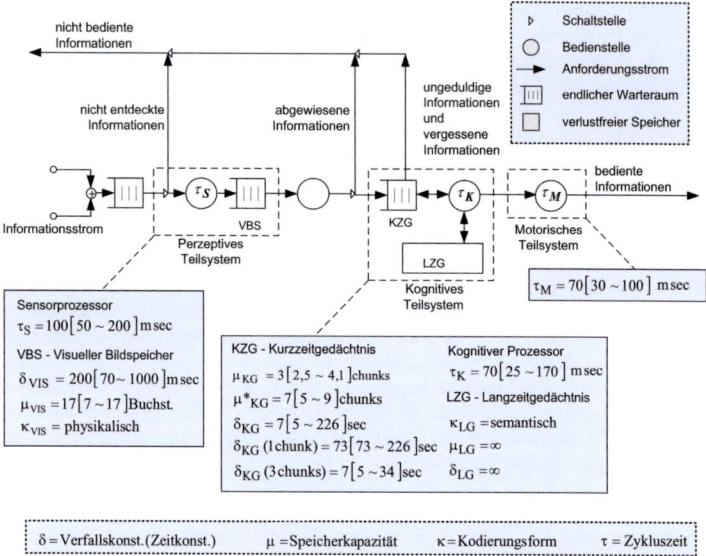

Abbildung 2.9: Die Zusammenführung des MHP [Card et al. 1983] und des MIMG [Schumacher 1981] mündet in einem erweiterten Modell der menschlichen Informationsverarbeitung, dem *Extended Model Human Processor* (EMHP). Durch dieses werden die Engpässe des Menschen bei der Informationsverarbeitung besonders deutlich.

Bei der Bearbeitung von Aufgaben an einem Bildschirmarbeitsplatz erzeugt das visuelle Sinnesorgan (Auge) des Menschen ca. alle 100 msec ein internes Abbild der optisch dargebotenen Information. Wechselt die dargebotene Information häufiger, als das Auge Bilder „aufnehmen" kann, also häufiger als alle 100 msec, so geht dem Menschen dargebotene Information als nicht entdeckte Information verloren. Im Bereich der interaktiven bildgestützten Szenenanalyse könnte es somit beispielsweise bei der Videobildauswertung zu einem solchen Informationsverlust kommen.

Der visuelle Bildspeicher wird im EMHP als Warteschlange repräsentiert, er hält die vom Sinnesorgan erfasste Information bis zu 200 msec in physikalischer Form. Ein Prozessor wandelt diese Information in symbolische Information, welche danach dem Kurzzeitgedächtnis zur Verfügung steht. Ist die Kapazität des Kurzzeitgedächtnisses, welche mit maximal 7 Chunks äußerst gering ist, bereits ausgeschöpft, wird die ankommende Information entweder abgewiesen oder sie wird aufgenommen und dafür andere Information aus dem Kurzzeitgedächtnis verdrängt (vergessen).

Information, welche in das Kurzzeitgedächtnis aufgenommen wurde, wird vom kognitiven Prozessor unter Nutzung von Information aus dem Langzeitgedächtnis verarbeitet. Wird Information, die sich im Kurzzeitgedächtnis befindet, nicht nach einer gewissen Zeit „betrachtet" (aktiviert), geht sie verloren, d.h. sie wird vom Menschen vergessen. Beträgt z.B. die momentane Speichermenge im Kurzzeitgedächtnis einen Chunk, so wird die Information erst nach 73 Sekunden vergessen, beträgt sie drei Chunks, so wird die Information bereits nach sieben Sekunden vergessen. Zwar kann, wie bereits bei der Vorstellung des MHP in Abschnitt 2.1.2.2 (S. 15 f.) erwähnt, das Kurzzeitgedächtnis bis zu sieben Chunks speichern, es gibt aber keine Aussage, wie lange bzw. wie kurz diese Informationsmenge gemerkt werden kann.

Aber nicht nur Information, die von außen an das Kurzzeitgedächtnis herangetragen wird, benötigen dessen Speicherkapazität. Auch aus dem Langzeitgedächtnis aktivierte Information und im Rahmen der Aufgabenbearbeitung erzeugte Information benötigt Speicherplatz im Kurzzeitgedächtnis. Außerdem konnte [Geisler 2006] nachweisen, dass nicht nur neu eingegangene bzw. noch nicht verarbeitete sowie aktuell bearbeitete Information Speicherplatz benötigt, sondern auch Information, welche bereits betrachtet und nicht mehr benötigt wird. Um aufzuzeigen, welche Information sich aktuellerweise im Kurzzeitgedächtnis aufhält und um das Vergessen von Information nachzuweisen, wendet Geisler sogenannte Durchsatztafeln an, in denen die vom Menschen im Kurzzeitgedächtnis gespeicherten Informationen in einer Warteschlange mit begrenzter Länge gehalten werden, wobei die Positionen der Informationen in der Warteschlange ihrem Aktivierungsgrad entsprechen. Werden neue Informationen, welche auf den Menschen zukommen, als wichtiger erachtet als aktuell im Kurzzeitgedächtnis gehaltene Informationen, so werden die als weniger wichtig erachteten Informationen als „ungeduldige Informationen" vergessen. Hier wird in [Geisler 2006] darauf verwiesen, dass Information nur dann als wichtig eingestuft werden kann, wenn sie zuvor vom Kurzzeitgedächtnis als solche klassifiziert wurde.

Fazit ist, dass das Kurzzeitgedächtnis des Menschen mit maximal sieben Chunks eine äußerst geringe Speicherkapazität (Warteschlangenlänge) besitzt. Dies gilt insbesondere unter dem Aspekt, dass, wie im letzten Absatz beschrieben, bei der Informationsverarbeitung durch den kognitiven Prozessor eine hohe Menge an Informationen im Kurzzeitgedächtnis gehalten werden muss. Wird das Kurzzeitgedächtnis durch eine zu hohe Informationsmenge überlastet, kann jedoch nicht vorhergesagt werden, wie der Mensch reagiert. Entweder weist er neu eintreffende Informationen ab oder er stößt bereits im Kurzzeitgedächtnis verfügbare Informationen ab. Wenn die Belastung zu groß wird, kann der Mensch, wie in den in [Schumacher 1981] beschriebenen Experimenten nachgewiesen, auch die Strategie wählen, alle bis dahin im Kurzzeitgedächtnis gehaltenen Forderungen, d.h. Informationen, welche bearbeitet werden müssen, in einer Art „Kapitulation" zu verdrängen bzw. zu ignorieren (bewusstes Vergessen), um mit der Bearbeitung seiner Aufgabe von vorne zu beginnen. Unabhängig davon, in welcher der oben genannten Formen der Mensch auf eine Überlastung seines Kurzzeitgedächtnisses reagiert, es wird entsprechend der Leistungsdefinition nach Formel 2.1 (S. 12) in jedem Fall zu einer Reduktion seiner Leistung führen.

Zwar könnte der Mensch, um während der Aufgabenbearbeitung mehr Informationen halten zu können, als es ihm die geringe Speicherkapazität seines Kurzzeitgedächtnisses ermöglicht, Informationen ins Langzeitgedächtnis aufnehmen. Dies würde jedoch bedeuten, dass er sich mit jeder dieser Informationen längere Zeit auseinandersetzen muss (siehe Anhang A, S. 148, Pkt. 2), was wiederum eine höhere Bearbeitungszeit und damit nach Formel 2.1 (S. 12) wiederum eine geringere Leistung für die zu bearbeitende Aufgabe nach sich zieht.

2.1.3 Unterstützung des Menschen durch Assistenz

Soll der Mensch auf der einen Seite eine komplexe Hauptaufgabe bearbeiten und auf der anderen Seite als Nebenaufgabe ein stark funktionslastiges System bedienen, muss er einen hohen Strom an konkurrierenden Informationen verarbeiten, was, wie im vorherigen Abschnitt 2.1.2 (S. 13 f.) aufgezeigt, den Menschen stark belastet und seine Leistung im Hinblick auf die Hauptaufgabe reduziert. Um dem entgegenzuwirken werden unterstützende Verfahren eingesetzt, welche nach [Timpe 2002] die Aufgabenerfüllung eines Operateurs in einem MMS dadurch fördern, indem sie für die Zielerreichung notwendige Teilaufgaben innerhalb seiner Gesamtaufgabe übernehmen. Dabei wird zwischen zwei Arten von Unterstützung unterschieden: der Hilfe, welche ausschließlich wissensbasiert unterstützt, und der Assistenz, die zusätzlich den Kontext der Aufgabe (Aufgabenausprägung) berücksichtigt, welcher das aktuelle Umfeld bzw. die aktuelle Situation der durchzuführenden Teilaufgabe beschreibt. Dazu verfügt Assistenz über ein sogenanntes Domänenwissen, auf dessen Grundlage eine Beurteilung des Kontexts erfolgt (siehe auch Abschnitt 4.2, S. 87 f.). Ziel einer Assistenz ist, dem Menschen in Abhängigkeit vom ermittelten Kontext geeignete Unterstützung zu ermöglichen. Neben wissens- und kontextbasierten Verfahren werden auch benutzerbasierte Verfahren zur Unterstützung des Menschen bei der Mensch-Maschine-Interaktion eingesetzt. Diese berücksichtigen zusätzlich ein Benutzerprofil, welches Aspekte wie häufig bearbeitete Aufgaben oder bevorzugte Systemeinstellungen eines Systemnutzers beschreibt. Benutzerprofile werden in der Literatur auch als Benutzermodelle bezeichnet [Kobsa 2004].

Der Einsatz von Assistenz wird gerade dann als besonders sinnvoll erachtet, wenn der Mensch auf Grund seiner Arbeitssituation hoch beansprucht ist oder unter Zeitdruck steht [Rohman 1997]. Dies gilt auch für die interaktive Szenenanalyse, bei welcher der Bildauswerter durch die parallele Bearbeitung der Hauptaufgabe *Visuelle Bildanalyse* und der Nebenaufgabe *Systembedienung* eine hohe Belastung erfährt. Die Einbettung einer Assistenz in den Ablauf der interaktiven bildgestützten Szenenanalyse zur Unterstützung des Bildauswerters bei der Aufgabenbearbeitung zeigt Abbildung 2.10.

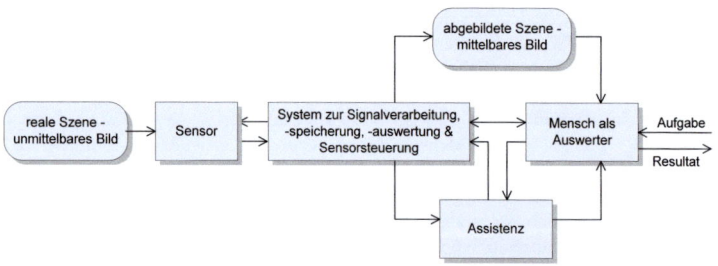

Abbildung 2.10: Der Mensch wird bei der Bearbeitung von Aufgaben aus dem Bereich der bildgestützten Szenenanalyse an einem computergestützten System durch Assistenz unterstützt.

Die Umsetzung von Assistenz erfolgt durch eine Menge von Assistenzfunktionen. Assistenzfunktionen sind computergestützte Funktionen, die den Menschen kontextabhängig unterstützen. Abhängig von der Form der Unterstützung, die eine Assistenzfunktion bietet, wird sie einem der folgenden Assistenztypen zugewiesen:

(1) Assistenz, die dem Menschen eigenständig Teilaufgaben abnimmt,

(2) informierende Assistenz, die durch Informationen zur Situation unterstützt,

(3) beratende Assistenz, die hinsichtlich des weiteren Vorgehens berät,

(4) intervenierende Assistenz, die von geplanten Aktionen abrät und

(5) kommandierende Assistenz, die geplante Aktionen verhindert.

Die oben unter (2) bis (5) genannten Assistenztypen, deren Unterscheidung nach [Kraiss 1998] erfolgt, unterstützen den Menschen, aber sie belasten ihn auch, da der Mensch die von den Assistenzfunktionen erhaltenen Informationen oder Ratschläge zuerst bewerten muss und letztendlich seine Aufgabe doch selbst durchführen muss. Zu bevorzugen ist daher eine Assistenz vom ersten der oben genannten Assistenztypen, die dem Menschen in Abhängigkeit vom Kontext eigenständig Teilaufgaben abnimmt.

Da eine Assistenz oftmals mehrere Assistenzfunktionen umfasst, die unterschiedlichen Assistenztypen zugehören, wird zur einfacheren Verständlichkeit für den Systemnutzer ihm gegenüber eine Menge von Assistenzfunktionen, die ihn bei einer bestimmten Teilaufgabe unterstützen, als Assistent bezeichnet. Ein Beispiel für einen Assistenten ist ein sogenannter Wizard. Dieser ermöglicht es dem Menschen, im Rahmen eines Dialogs, der über mehrere Dialogseiten gehen kann, seine Ziele und den Bearbeitungskontext schrittweise zu beschreiben, sodass der Assistent basierend auf dem Domänenwissen, welches in einer Wissensbasis vorliegt, und der im Rahmen des Dialogs ermittelten Kontextinformation dem Menschen die Bearbeitung ausgewählter Teilaufgaben abnehmen kann. Während des Arbeitens mit dem Wizard berät dieser den Menschen in Abhängigkeit vom bis dahin ermittelten Kontext hinsichtlich des weiteren Vorgehens. Wizards werden heute beispielsweise bei der Installation und Konfiguration von Software eingesetzt. Abbildung 2.11 zeigt als Beispiel eine Dialogseite des Druckerinstallations-Assistenten von *Microsoft Windows*, welcher als Wizard realisiert ist.

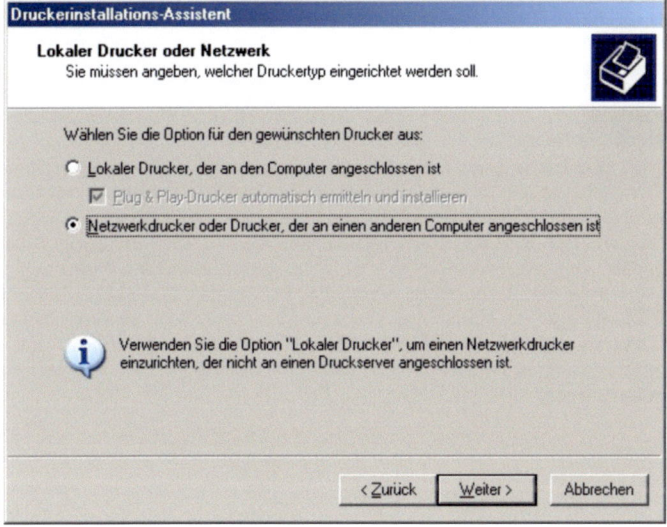

Abbildung 2.11: Der Druckerinstallations-Assistent von *Microsoft Windows* arbeitet als Wizard.

Nach [Wooldridge et al. 1995] werden Assistenten auch als Agenten bezeichnet, wenn sie folgende Eigenschaften besitzen: sie agieren (1) *autonom*, indem sie Aufgabenteile eigenständig ausführen und weitgehend unabhängig von Benutzereingriffen arbeiten, (2) *proaktiv*, indem sie Aktionen (beispielsweise das Bearbeiten einer Teilaufgabe) aufgrund eigener Initiativen auslösen, (3) *reaktiv*, indem sie auf Änderungen der Umgebung reagieren und (4) *sozial*, indem sie mit anderen Agenten bzw. Assistenten kommunizieren. Zur Implementierung solcher Agenten stehen heute unterschiedliche Entwicklungs- und Laufzeitumgebungen zur Verfügung. Diese werden als Agentenplattformen bezeichnet. Eine Übersicht über Java-basierte Agentenplattformen gibt [Knublauch et al. 2000].

2. Stand von Forschung und Technik

Gegenstand der Forschung sind lernende Agenten. Sie lernen aus den Handlungen des System-benutzers oder werden durch diesen trainiert. Ein Beispiel für einen Agenten, welcher den Sys-tembenutzer bei der Bedienung eines computergestützten Systems unterstützen soll und sich noch im Forschungsstadium befindet, ist der *Agent zur Bedienung technischer Systeme* [Huber 2003]. Dieser erhält die Benutzerziele via Spracheingabe und setzt diese, abhängig von der Situation, in den besten Lösungsweg um. Kennt der Agent das vom Systemnutzer vorgegebene Ziel nicht, so muss der Systemnutzer das System trainieren und dabei dem System den Lösungsweg zum ge-wünschten Ziel beibringen. Dies setzt jedoch voraus, dass der Systemnutzer zum einen zu diesem Zeitpunkt die Zeit zum Trainieren des Systems aufwenden kann und zum anderen ihm ein kor-rekter Lösungsweg bekannt ist; im günstigsten Fall sollte ihm der beste Lösungsweg bekannt sein. Ein weiterer Nachteil des in [Huber 2003] vorgeschlagenen Vorgehens ist, dass der Systemnutzer für den Fall, dass der Agent das ihm genannte Ziel nicht kennt, nicht weiß, ob dem Agenten das Ziel unter einem anderen Begriff bekannt ist oder ob der Agent das Ziel wirklich nicht kennt. Aus diesem Grund werden lernende Agenten zur Unterstützung des Systemnutzers im Hinblick auf eine Leistungssteigerung als nicht geeignet angesehen. Im Gegenteil, falsche Schlussfolgerun-gen oder ineffizient gelernte Lösungswege führen zu einer Leistungsreduktion des Menschen bei der Aufgabenbearbeitung. Ein Beispiel für einen heute bereits eingesetzten agentenbasierten As-sistenten ist der *Office-Assistent* von *Microsoft*, welcher auf Grund der Interaktionsfolgen eines Sys-temnutzers auf dessen Bedürfnisse bei der Computer-Bedienung schließt und ihm dementspre-chend Informationen anbietet. Auf Grund der häufig falschen Schlüsse belastet dieser Assistent allerdings oftmals mehr als er entlastet.

Zur Visualisierung von Assistenten werden heute Figuren oder Tiere nachgebildet und diese Nachbildungen zur Darstellung der assistierenden Softwarekomponente gegenüber dem Benut-zer eingesetzt. Eine solche Darstellung nutzt auch der oben beschriebene *Office-Assistent*. Dabei kann der Systemnutzer des *Office-Assistenten* unter verschiedenen Nachbildungen wählen (siehe Abbildung 2.12). Ziel der Entwickler ist, auf diese Weise eine persönliche Verbindung zwischen dem Systemnutzer und dem Assistenten herzustellen. Dies wird aber keineswegs als leistungser-höhend erachtet. Zum einen verdeckt die Nachbildung einen Bereich des Bildschirms und damit unter Unständen für den Systemnutzer notwendige Information. Ganz besonders störend sind jedoch die Bewegungen der Figur- bzw. Tiernachbildung während einer Aufgabenbearbeitung, welche der Mensch ungestört durchführen möchte, da der Assistent auf diese Weise den Bearbei-ter von seiner eigentlichen Aufgabe ablenkt, somit eine Belastung für ihn darstellt und dadurch seine Leistung reduziert.

Abbildung 2.12: Eine Auswahl an Figuren- und Tiernachbildungen, welche der Systemnutzer von *MS-Office* als Vi-sualisierung der Schnittstelle zum *Office-Assistent* wählen kann.

2.2 Interaktive bildgestützte Szenenanalyse

Im vorhergehenden Abschnitt 2.1 wurde die Aufgabenbearbeitung und Leistungserbringung durch ein Mensch-Maschine-System sowie der Einsatz von Assistenz zur Unterstützung des Menschen aus einer allgemeinen Sicht betrachtet. In diesem Abschnitt wird speziell auf die Aufgabenbearbeitung in der interaktiven bildgestützten Szenenanalyse, insbesondere im Bereich der Fernerkundung und der Boden-/Bodenüberwachung eingegangen. Viele Menschen bearbeiten heute an einem Bildschirmarbeitsplatz Aufgaben aus diesem Bereich, wobei u.a. [Albertz 2001], [Hoffman & Markman 2001] und [Lillesand & Kiefer 2000] eine Übersicht über solche Aufgaben und deren Bearbeitung geben. Zu einem gewissen Grad lassen sich die in diesem Abschnitt zusammengefassten Erkenntnisse auch auf andere Anwendungsfelder der Bildauswertung übertragen, beispielsweise auf die medizinische Bildauswertung.

2.2.1 Phänomene und Begriffe

Interaktive bildgestützte Szenenanalyse ist die Erkennung der Objekte und ihrer Beziehungen auf Basis des mittelbaren Bildes (siehe Abschnitt 1.1, S. 1 f.) und hat zum Ziel, Informationen über Objekte oder Situationen in bestimmten geographischen Gebieten auf Basis von boden-, luft- und raumgestützten Bildern zu ermitteln. Sie wird auch als Bildauswertung bezeichnet. Die Erläuterung der Phänomene und Begriffe für die interaktive bildgestützte Szenenanalyse erfolgt im Weiteren anhand des Prozessablaufs, welcher mit der Szenenauswahl beginnt und mit der Beschreibung der Objekte oder der Situation von Interesse abschließt. Abbildung 2.13 zeigt diesen Prozessablauf, der auf einem Ablaufmodell für die automatische bildgestützte Szenenanalyse aus [Pinz 1994] basiert. Die Zustände zwischen den Prozessen werden nach [Pinz 1994] als Repräsentationsebenen bezeichnet.

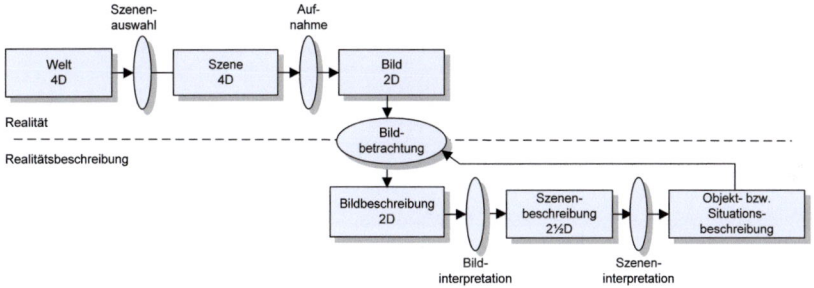

Abbildung 2.13: Angelehnt an das Ablaufmodell zur automatischen bildgestützten Szenenanalyse (automatische Bildauswertung) aus [Pinz 1994] eine Beschreibung der Prozesse und Repräsentationsebenen, welche für die interaktive bildgestützte Szenenanalyse eine zentrale Rolle spielen.

Die Szenenauswahl wird durch das Interesse an Objekten oder Situationen an einem bestimmten Ort auf dieser Welt festgelegt und legt das Interessensgebiet, welches auch als Szene bezeichnet wird, sowie das Zeitintervall bzw. den Zeitpunkt fest, an dem eine Beobachtung der Szene erwünscht ist. Die Welt hat vier Dimensionen: drei Raumdimensionen und die Zeit. Sie besteht aus Objekten, diese sind nach [Volkslexikon 1981] allgemeine Gegenstände eines Interesses (beispielsweise Häuser und Bäume). Die Objekte besitzen Eigenschaften (Attribute) und räumliche sowie zeitliche Beziehungen (Relationen). Beispiele für Objektattribute sind ihre Lage, Form, Größe, Farbe und Textur. Die Szene ist ein Ausschnitt der Welt, hat ebenfalls vier Dimensionen und umfasst eine Gesamtheit von Objekten [Iwainsky & Wilhelm 1994]. Eine Szene wird, bei Betrachtung zu einem definierten Zeitpunkt, auf drei Raumdimensionen reduziert. Sie kann durch die in ihr enthaltenen Objekte und die zwischen den Objekten bestehenden Relationen (räumlich, zeitlich) beschrieben werden. Situationen können wiederum aus den in der Szene befindlichen Objekten, der Ausprägung ihrer Objektattribute und den Relationen zwischen Objekten abgeleitet werden.

Während der Bildaufnahme erfolgt die Abbildung der Szene innerhalb des relevanten Zeitintervalls oder zum Interessenszeitpunkt. Zur Abbildung bzw. Aufnahme der Szene wird ein bildgebender Sensor eingesetzt. Er bildet die räumliche Szene in ein 2-dimensionales Bild oder in eine Sequenz von 2-dimensionalen Bildern ab. Die Abbildung der Szene wird sowohl durch das Abbildungssystem und dessen Parametrierung als auch durch eine Vielzahl wechselnder Randbedingungen wie z.b. Emission, Reflexion, Brechung, Verdeckung und Bewegung bestimmt.

Das vom Sensor aufgenommene Bild wird im Fall der interaktiven bildgestützten Szenenanalyse vom Menschen unter Nutzung eines Bildauswertesystems analysiert. Dies geschieht durch drei aufeinander folgende Prozesse: Im Rahmen der Bildbetrachtung nimmt der Mensch das Bild wahr und erzeugt über die Perzeption eine interne 2-dimensionale Bildbeschreibung. Die Bildinterpretation hat die Rekonstruktion einer Szene auf Grund des wahrgenommenen Szenenabbilds zum Ziel. Da der Mensch durch Schattenwurf, Verdeckung und Perspektive einen räumlichen Eindruck der Szene bekommt [Mallot 2000], der jedoch nicht einer vollständigen 3-dimensionalen Szenenbeschreibung entspricht, wird von einer 2½-dimensionalen Szenenbeschreibung gesprochen. Stehen dem Menschen neben dem Bild noch weitere Informationen zur Verfügung, beispielsweise Höheninformation oder weitere Bilder, so lässt sich daraus unter günstigen Umständen eine 3-dimensionale Szenenbeschreibung ableiten. Ziel der bildgestützten Szenenanalyse ist jedoch nicht die Rekonstruktion der Szene, sondern die Ermittlung von Informationen über Objekte bzw. Situationen von Interesse, welche sich in der Szene befinden. Das interne Szenenabbild wird daher im Rahmen der Szeneninterpretation entsprechend der Aufgabenstellung gezielt weiter analysiert. Um aus dem zweidimensionalen Bild die benötigten Informationen zu den Objekten bzw. der Situation von Interesse abzuleiten, muss der Mensch evtl. mehrfach die Prozesse Bildbetrachtung, Bildinterpretation und Szeneninterpretation durchlaufen. Diese drei Prozesse entsprechen den in [Charwat 1994] beschriebenen Phasen Wahrnehmung (Informationsaufnahme) und Informationsverarbeitung (siehe Abbildung 2.3, S. 10). Das iterative Durchlaufen der Prozesse mit dem entsprechend der Aufgabe vorgegebenen Ziel der Ermittlung von Informationen zu den Objekten bzw. der Situation von Interesse stellt die Bearbeitung der Hauptaufgabe *Visuelle Bildanalyse* dar.

Literaturrecherchen zeigen, dass sich die Fachgebiete *Künstliche Intelligenz, Maschinensehen* und *Automatisches Bildverstehen* mit den Prozessen der visuellen Informationsaufnahme und -verarbeitung durch den Menschen viel stärker auseinandersetzen (siehe beispielsweise [Anderson 2000], [Mallot 2000], [Marr 1980] und [Pinz 1994]) als der Fachbereich der interaktiven bildgestützten Szenenanalyse. Die hohe Motivation, ein lückenloses Wissen über die Abläufe bei der bildgestützten Szenenanalyse durch den Menschen zu erlangen, resultiert aus der Annahme, dass basierend auf diesem Wissen hochleistungsfähiges maschinelles Sehen entwickelt werden kann. [Hoffman & Markman 2001] weisen allerdings darauf hin, dass der Bildauswerter dabei eine sowohl notwendige als auch kritische Rolle innehat, solange auf Grund der Leistungsgrenzen heute verfügbarer Algorithmen (siehe Tabelle 2.1, S. 8) eine automatische Analyse von komplexen Luft- und Satellitenbildern nicht möglich ist (siehe Abschnitt 2.4, S. 36 f.). Der Bildauswerter muss daher nach bester Möglichkeit durch das computergestützte System unterstützt werden.

2.2.2 Aufgabenbearbeitung

Abbildung 2.13 gab eine Übersicht über die Prozesse und Repräsentationsebenen, welche für die interaktive bildgestützte Szenenanalyse eine zentrale Rolle spielen. Die Zuständigkeiten für die Prozesse in diesem Ablauf sind verschiedenen Zuständigkeitsbereichen (Rollen) zugeordnet.

Die Szenenauswahl fällt in den Zuständigkeitsbereich des Auftraggebers, welcher Informationen über Objekte oder eine Situation in einem bestimmten geographischen Gebiet benötigt. Die Bildaufnahme oder allgemeiner die Beschaffung der benötigten Daten wird von speziell dafür ausgebildeten Fachleuten durchgeführt. Die Aufgabe des Bildauswerters ist die interaktive bildgestützte Szenenanalyse (Bildauswertung), welche die in Abschnitt 2.2 (S. 23 f.) im Detail beschriebene Hauptaufgabe *Visuelle Bildanalyse* zur Ermittlung von Informationen über die Objekte oder die Situation von Interesse zum Ziel hat und die dazu notwendige Nebenaufgabe *Systembedienung* erfordert. Der Bildauswertung geht eine Arbeitsvorbereitung voraus, in welcher sich der Bildauswerter in seine Bildauswerteaufgabe einarbeitet. Abbildung 2.14 gibt einen Überblick über den Arbeitsablauf, der zur Bearbeitung der vom Auftraggeber formulierten Aufgabe notwendig ist, in Form eines UML-Aktivitätsdiagramms (siehe auch Abschnitt 3.2.1.4, S. 46 f.), wobei UML die Abkürzung für die Bezeichnung *Unified Modeling Language* ist.

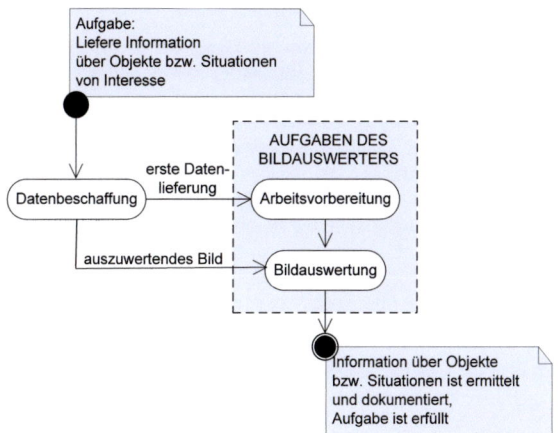

Abbildung 2.14: Arbeitsablauf von der Aufgabenstellung, formuliert durch den Auftraggeber, bis hin zur Informationsgewinnung durch den Bildauswerter. Die „erste Datenlieferung" umfasst Material (beispielsweise Karten), anhand dessen sich der Bildauswerter in die Aufgabe einarbeiten kann.

Die Aufgabe des Bildauswerters wird aus den Fragen des Auftraggebers zu den Objekten bzw. zur Situation von Interesse abgeleitet. Tabelle 2.4 gibt eine Übersicht über die (1) möglichen Fragestellungen eines Auftraggebers, (2) die vom Bildauswerter zu ermittelnden Informationen, durch welche die Fragestellungen des Auftraggebers beantwortet werden, und (3) die daraus für den Bildauswerter abgeleiteten Aufgaben. Die Aufgabe des Bildauswerters wird durch Vorgaben des Auftraggebers hinsichtlich der Orts-, Zeit-, Erkennungs- und Analysegenauigkeit präzisiert.

Fragestellung	Beispiel für eine Fragestellung	zu ermittelnde Informationen	abgeleitete Aufgabe
Wo ist ein Objekt bzw. eine Situation von Interesse?	Wo steht ein Fahrzeug?	Objekt- bzw. Situationslokalisierung	Entdecken
Wann tritt das Ereignis von Interesse ein?	Wann steht das Fahrzeug an dieser Stelle?	Zeitpunkt	Zeitmessung
Was ist das für ein Objekt bzw. eine Situation?	Welchen Fahrzeugtyp hat das Fahrzeug?	Objekt- bzw. Situationsbezeichnung	Erkennen
Wie ist ein Objekt bzw. eine Situation von Interesse?	Wie groß ist das Fahrzeug?	Objekt- bzw. Situationsbeschreibung	Analyse

Tabelle 2.4: Übersicht über den Zusammenhang zwischen den möglichen Fragestellungen des Auftraggebers mit Beispielen, der entsprechend der jeweiligen Fragestellung zu ermittelnden Informationen sowie der dazu vom Bildauswerter durchzuführenden Aufgabe.

Im Rahmen der Datenbeschaffung werden sowohl Daten für die Arbeitsvorbereitung als auch für die Bildauswertung beschafft. Die zu beschaffenden Daten sind die Grundlage, auf welcher die Informationen vom Bildauswerter für den Auftraggeber ermittelt werden. Bilder, welche je nach Aufgabe und Verfügbarkeit der Sensorik von boden-, luft- oder raumgestützten Sensoren in unterschiedlichen Spektralbereichen aufgenommen werden, stellen die zentrale Informationsquelle für die Aufgabenbearbeitung dar. Zu den Bildern gehören Sensorparameter, welche über die Parametereinstellung des Sensors zum Bildaufnahmezeitpunkt informieren, und der geographische Bezug des Bildes. Ergänzend kann die Beschaffung zusätzlicher Daten sinnvoll sein. Zu nennen sind u.a.

- Karten, welche eine Übersicht über das Interessensgebiet (die Szene) geben,
- Informationen über das Interessensgebiet,
- Informationen über die Objekte bzw. Situation von Interesse,
- Höhendaten und
- Wetterdaten.

Die Aufgabe des Bildauswerters ist die Ableitung der vom Auftraggeber benötigten Informationen aus den beschafften Daten, insbesondere aus dem zur Verfügung gestellten Bild. Um das Bild entsprechend seiner Aufgabe bestmöglich auswerten zu können, arbeitet sich der Bildauswerter während der Arbeitsvorbereitung in die Aufgabe ein. Dabei macht er sich vertraut mit

- dem Interessensgebiet,
- den Objekten bzw. der Situation von Interesse sowie
- dem Aufnahmesensor und der Parametrierung des auszuwertenden Bildes.

In welchem Umfang eine Arbeitsvorbereitung notwendig ist, hängt von den bereits erworbenen Fähigkeiten des Bildauswerters ab (siehe auch Anhang B, S. 149 f., und Abschnitt 4.1, S. 85 f.). In welchem Umfang eine Arbeitsvorbereitung möglich ist, hängt von den zeitlichen Randbedingungen und den verfügbaren Daten und Informationen ab.

Die Aufgabenvorbereitung erfolgt zeitlich parallel zu jener Phase, in welcher das auszuwertende Bild von der Datenbeschaffungsstelle akquiriert wird. Ist die Arbeitsvorbereitung abgeschlossen und liegt das auszuwertende Bild vor, beginnt der Bildauswerter mit seiner Hauptaufgabe, der *Visuellen Bildanalyse*, wobei er das Bild gezielt nach den zu liefernden Informationen analysiert und dabei, wie in Abschnitt 2.2.1 (S. 23 f.) erläutert wurde, iterativ die in Abbildung 2.13 (S. 23) dargestellten Prozesse Bildbetrachtung, Bildinterpretation und Szeneninterpretation durchläuft. Dabei muss der Bildauswerter Reize aus dem optisch dargestellten Bild wahrnehmen, die daraus abgeleiteten Informationen unter Nutzung von Informationen aus dem Langzeitgedächtnis mit dem Wissen über die Aufgabe bzw. das durch die Aufgabe vorgegebene Ziel verarbeiten und neue Information generieren. Abhängig von der Aufgabe bzw. des zur Aufgabenerfüllung notwendigen Arbeitsablaufs muss er sich die neu generierte Information unterschiedlich lange merken. Zur Durchführung seiner Hauptaufgabe nutzt der Bildauswerter ein Bildauswertesystem, wobei er auch bei der Bearbeitung der Nebenaufgabe *Systembedienung* optisch dargestellte Informationen wahrnehmen, diese unter Nutzung von Informationen aus dem Langzeitgedächtnis verarbeiten und sich die daraus abgeleiteten Informationen ebenfalls in Abhängigkeit vom Arbeitsablauf unterschiedlich lange merken muss. Da die Speicherkapazität des Kurzzeitgedächtnisses sehr gering ist und mehrere Informationen zudem nur kurz gemerkt werden können (siehe *Model Human Processor* in Abschnitt 2.1.2.2, S. 15 f.), steht der Bildauswerter bei der Aufgabenbearbeitung vor einer großen Herausforderung. Abbildung 2.15 zeigt den Bildauswerter bei der Bearbeitung von Bildauswerteaufgaben am Bildauswertesystem, wobei er durch die Bearbeitung der beiden um die geringen Ressourcen seines Kurzzeitgedächtnisses konkurrierenden Aufgaben *Visuelle Bildanalyse* und *Systembedienung* eine hohe Belastung erfährt.

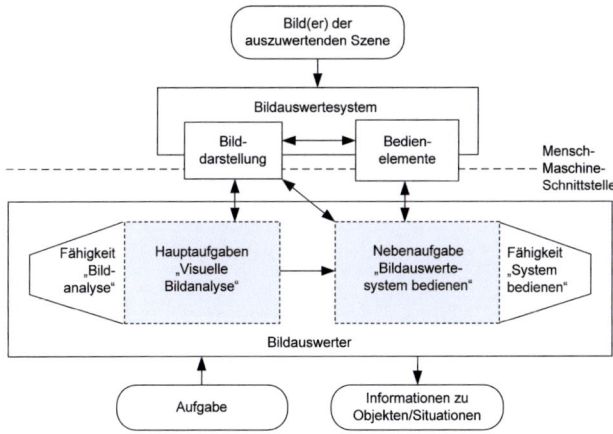

Abbildung 2.15: Im Rahmen der Bildauswertung extrahiert der Bildauswerter unter Einsatz eines Bildauswertesystems Informationen über Objekte bzw. Situationen in der realen Welt aus einem oder mehreren Bildern der beobachteten Szene, wobei er durch die parallele Bearbeitung der Hauptaufgabe *Visuelle Bildanalyse* und der Nebenaufgabe *Systembedienung* eine hohe Belastung erfährt. Um die Bildauswerteaufgabe durchführen zu können, muss er bestimmte Fähigkeiten besitzen.

Um seine Aufgabe so effektiv und effizient als möglich bearbeiten zu können, muss der Bildauswerter dementsprechende Fähigkeiten besitzen, welche ebenfalls in Abbildung 2.15 aufgeführt sind. Zur Bearbeitung der Hauptaufgabe *Visuelle Bildanalyse* muss der Bildauswerter die Fähigkeit besitzen, relevante Bildsignaturen gezielt wahrnehmen und korrekt interpretieren zu können. Eine Beschreibung dieser Fähigkeiten ist in Anhang B (S. 149 f.) zu finden. Zur Bearbeitung der Nebenaufgabe *Systembedienung* muss der Bildauswerter die Fähigkeit besitzen, das Bildauswertesystem im Hinblick auf die geforderte Hauptaufgabe so gut als möglich nutzen zu können. Eine Übersicht über heute verfügbare Bildauswertesysteme, insbesondere ihren Funktionsumfang sowie ihre anthropotechnischen Eigenschaften, gibt der folgende Abschnitt.

2.3 Interaktive Systeme zur bildgestützten Szenenanalyse (Bildauswertesysteme)

Zur Bearbeitung von Aufgaben aus dem Themenbereich der interaktiven bildgestützten Szenenanalyse stehen speziell dafür ausgestattete leistungsfähige computergestützte Systeme, sogenannte Bildauswertesysteme, zur Verfügung. Damit diese zur Bearbeitung eines großen Aufgabenspektrums eingesetzt werden können, besitzen sie einen hohen Funktionsumfang. Dies erfordert vom Bildauswerter ein sehr umfangreiches Systemwissen, insbesondere das Wissen über die Bedienung des Systems im Hinblick auf die zu bearbeitende Aufgabe. Im Weiteren werden dem Leser die Möglichkeiten, die dem Bildauswerter durch die Nutzung eines Bildauswertesystems zur Verfügung stehen, aber auch die Herausforderungen, vor denen der Bildauswerter durch dessen Einsatz und Bedienung steht, näher gebracht. Dazu wird zunächst in Abschnitt 2.3.1 der Aufbau und Funktionsumfang von Bildauswertesystemen nach [Walther 2003] beschrieben und im Anschluss in Abschnitt 2.3.2 die Untersuchungsergebnisse aus [Fischer 2005] zu den anthropotechnischen Eigenschaften dieser Systeme vorgestellt.

2.3.1 Aufbau und Funktionsumfang

Ein Bildauswertesystem ist ein speziell für die Bildauswertung ausgelegter Bildschirmarbeitsplatz. Abbildung 2.16 zeigt eine Vereinfachung des Diagramms aus Abbildung 2.15, wobei das Bildauswertesystem mit seiner Mensch-Maschine-Schnittstelle zum Bildauswerter und seiner Schnittstelle zum Dateisystem farblich hervorgehoben ist.

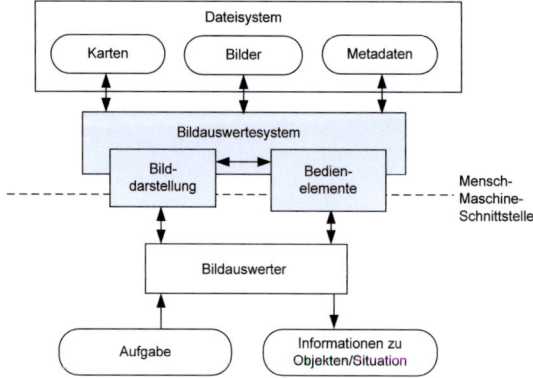

Abbildung 2.16: Farblich hervorgehoben das Bildauswertesystem mit seiner Mensch-Maschine-Schnittstelle zum Bildauswerter sowie seiner Schnittstelle zum Dateisystem.

In ein Bildauswertesystem werden vom Bildauswerter über die Dateischnittstelle maßgeblich Bilder, Karten, und Metadaten eingelesen, wobei Metadaten zusätzliche Informationen zu Bildern und Karten enthalten, beispielsweise die Sensorparameter Bildauflösung oder Frequenzbereich, in dem ein Bild aufgenommen wurde. Die Ergebnisse einer Bildauswertung sind Informationen über die Objekte bzw. Situation von Interesse (siehe Tabelle 2.4, S. 26), wobei die Bildauswerteergebnisse durch Texte, aufbereitete Bilder, erstellte Karten bzw. Skizzen oder tabellarisch erfasste Objektdaten dokumentiert werden. Soweit dies vom Bildauswertesystem unterstützt wird, wird der Bildauswerter die Ergebnisse einer Bildauswertung als Rasterbilder, Vektordaten (Vektoren oder Punktkoordinaten mit Attributen) oder in Tabellenform speichern. Textuelle Informationen über Objekte und Situationen werden in der Regel mittels eines Textverarbeitungsprogramms, welches am Bildauswertesystem zur Verfügung steht, erstellt.

Die Schnittstelle zwischen dem Bildauswerter und dem Bildauswertesystem besteht aus zwei Komponenten: der Informationsdarstellung, welche die Bilddarstellung und die Bedienelemente des Bildauswertesystems umfasst, sowie der Informationseingabe, welche konventionellerweise über die Bedienelemente aber auch über die Bilddarstellung mittels Maus und Tastatur erfolgt. Spezielle Bildauswertesysteme ermöglichen die Informationseingabe auch mittels Sprache [Geisler & Eck 1999], diese stehen jedoch erst als Labormuster zur Verfügung. Wie bereits erwähnt, dient die Bilddarstellung sowohl zur Darstellung von Bildern, Karten und Skizzen als auch zur Informationseingabe in das Bildauswertesystem. Beispielsweise kann über eine Interaktion mit der Bilddarstellung der dargestellte Bildbereich verschoben oder ein bestimmter Bildbereich vermessen werden. Die Bedienelemente ermöglichen dem Bildauswerter den Zugriff auf eine große Anzahl von Funktionen. Als typische Bedienoberfläche für ein Bildauswertesystem zeigt Abbildung 2.17 die Oberfläche des Bildauswertesystems *ERDAS Imagine* der Fa. Leica Geosystems, beispielhaft konfiguriert zur Lagevermessung des Karlsruher Schlosses.

Abbildung 2.17: Werkzeugleiste (oben) und Bilddarstellung mit Menü- und Symbolleisten (unten) des Bildauswertesystems *ERDAS Imagine* der Fa. Leica Geosystems

Im Weiteren wird eine Übersicht über den Funktionsumfang von Bildauswertesystemen zur interaktiven bildgestützten Szenenanalyse gegeben. Die Übersicht basiert auf der in [Walther 2003] beschriebenen Analyse sieben kommerziell verfügbarer Bildauswertesysteme, welche für die Luft- und Satellitenbildauswertung eingesetzt werden, teilweise aber auch für andere Bildauswerteaufgaben (z.B. medizinische Bildauswertung) geeignet sind. Analysiert wurden die Systeme *ERDAS Imagine, Halcon, Paragon Imaging ELT5500, Geomedia, ENVI, ZI Imaging, Paint Shop Pro* und *Photoshop*. Die in diesen Bildauswertesystemen verfügbaren Funktionen können nach den Themen Datenmanagement, GIS-Funktionalität (GIS: Geographisches Informationssystem), Bilddarstellung,

Inspektionswerkzeuge, Bildbearbeitung, Bildverarbeitung und Unterstützung gruppiert werden. In genau dieser Reihenfolge werden die Funktionen im Weiteren beschrieben.

Datenmanagement
Das Datenmanagement behandelt die Datenein- und -ausgabe vom bzw. ins Dateisystem. Die Eingangsdaten werden nach manueller Auswahl aus dem Dateisystem in das Bildauswertesystem eingelesen, die Ausgangsdaten werden nach der Bildauswertung im Dateisystem gespeichert. Manche Systeme besitzen einfache Datenbanken zur Bilddatenarchivierung. Datenformatwandler erlauben das Konvertieren der Bilder von einem Bilddatenformat in ein anderes.

GIS-Funktionalität
Geographische Informationssysteme (GIS) dienen dazu, Daten, die in einem einheitlichen geometrischen Bezug vorliegen, gemeinsam zu verwalten, anzuzeigen und zu verarbeiten. Liegen Bilddaten mit einer Referenz zu einem geographischen Koordinatensystem vor, können im Weiteren aus diesen Bildern Szeneninformationen mit absolutem Bezug ermittelt werden. Spezielle GIS-Funktionen sind u.a. die Ermittlung von Koordinaten sowie das Messen von Strecken und Flächen in Einheiten gebräuchlicher Maßsysteme.

Karten sind die Datenbasis jedes GIS. Sie stehen als Rasterdaten oder Vektordaten zur Verfügung. Während Rasterdaten wie ein Bild matrizenförmig aufgebaut sind und alle topologischen Informationen in einem Bild darstellen, wird bei Vektordaten für jeden Datentyp (z.B. Straßen, Flüsse, Städte etc.) eine eigene Datenebene, deren Fachbezeichnung Vektorlayer ist, erstellt. Diese Vektorlayer werden zur Darstellung übereinander gelegt, wobei die dabei gewählte Reihenfolge die Sichtbarkeit der unterschiedlichen Datentypen bestimmt. Funktionsmächtige GIS-basierte Bildauswertesysteme bieten auch die Möglichkeit der Kartenerstellung und -aktualisierung.

Bilddarstellung
Die Bilddarstellung dient der Visualisierung von Bildern, aber auch der von Karten und Skizzen. Die Darstellung des Bildes erfolgt häufig in einer automatisch für die Visualisierung optimierten radiometrischen Form. Dazu werden radiometrische Bildbearbeitungsfunktionen (siehe unten) eingesetzt. Stehen mehrere Bilder zur Verfügung, können diese, wenn sie zueinander geometrisch in Bezug stehen, mit spezialisierten Bilddarstellungstechniken angezeigt werden. Beispiele dafür sind (1) die Stereobilddarstellung, welche zwei Bilder bestimmter unterschiedlicher Blickwinkel auf eine Szene voraussetzt und unter Nutzung geeigneter Sehhilfsmittel einen räumlichen Eindruck der Szene ermöglicht, (2) die Flicker-Darstellung, welche das Umschalten der Sichten auf übereinander gelegte Bilder ermöglicht und (3) die Multicursor-Darstellung, welche über einen sogenannten Referenzcursor in referenzierten Bildern die Koordinate mit dem selben geometrischen Wert ausweist.

Inspektionswerkzeuge
Inspektionswerkzeuge stehen dem Bildauswerter meist über eine Bedienleiste zur Verfügung. Sie umfassen die grundlegenden Bildauswertefunktionen wie Bildmanipulation (z.B. Lupenfunktion, Verschieben und Drehen), Messwerkzeuge und Bildaufbereitung (z.B. Falschfarbendarstellung, Helligkeit und Kontrast).

Bildbearbeitung
Bei der Bildbearbeitung werden die Intensitätsdaten des Eingangsbildes transformiert, wobei Bildverbesserungsverfahren die Bildintensitätsdaten radiometrisch verändern, d.h. ihre Intensitätswerte in neue Intensitätswerte transformieren und Bildentzerrungsverfahren die Lage der Intensitätswerte verändern. Zu den Bildentzerrungsverfahren zählen die Referenzierungsverfahren, welche entweder Bild und Karte in Bezug setzen (Georeferenzierung) oder zwei Bilder zueinander (Bildreferenzierung). Wird auf Basis einer Georeferenzierung ein Bild geometrisch umgerechnet, sodass es lagerichtig über der Karte liegt, nennt man dies Georektifizierung.

Bildverarbeitung

Durch Bildverarbeitungsverfahren bzw. -algorithmen werden aus Bildern Informationen abgeleitet. Die Verfahren werden über Eingabeschnittstellen manuell parametriert und die Verarbeitungsergebnisse über die Bilddarstellung dargestellt. In ausgewählten Systemen stehen heute Bildverarbeitungsverfahren zur Bildsegmentierung zur Verfügung. Sie unterstützen den Bildauswerter bei der Gruppierung von Bereichen gleicher Textur oder Tönung und werden beispielsweise zur Landschaftsklassifikation eingesetzt. Die Entwicklung von Bildverarbeitungsverfahren, die beispielsweise Karten und Skizzen automatisch erstellen oder den Bildauswerter bei der Objektentdeckung und -erkennung unterstützen, ist zur Zeit noch Forschungsgegenstand (siehe Abschnitt 2.4, S. 36).

Unterstützung

Folgende Hilfen stellen nahezu alle der heute verfügbaren Bildauswertesysteme zur Verfügung: Die kontextsensitive Hilfe, die Informationen zur Bedienoberfläche liefert und beim Überfahren von Bedienelementen mit der Maus die Funktionalität der Bedienelemente durch wenige Textelemente erläutert. Der Suchindex, welcher eine schlagwortbasierte Suche ermöglicht (Online-Hilfe), Tutorials, welche den Bildauswerter mit den Bedienoberflächen und der programmeigenen Menüführung vertraut machen, und Hilfeseiten, welche die Wirkungsweise von Funktionen in Form von Text bis hin zu Bildbeispielen erläutern. Benutzerprofile, auch als *Preferences* bezeichnet, erlauben die benutzerspezifische Systemeinstellung einschließlich der benutzerindividuellen Anpassung der Bedienoberfläche. Angepasst werden können u.a. Symbolleisten, Menüpositionen, Statusleisten und -ausgaben.

Erlernen und Beherrschen des Funktionsumfangs

Auf Grund der hohen Komplexität von Bildauswertesystemen bieten die Vertreiber Schulungskurse für Bildauswerter mit unterschiedlichen Erfahrungsebenen an. Zusätzlich werden im Rahmen von Wartungsverträgen Telefon- und E-Mail-Hotlinedienste (Online-Support) bereitgestellt, welche Fragen zur Systemnutzung und der dazu notwendigen Bedienung beantworten. Über die Wartung erfolgt auch die Information über Bugfixes (Fehlerbehebung) und Updates.

2.3.2 Anthropotechnische Eigenschaften

Zur Bearbeitung bei der in Abschnitt 2.2.2 (S. 25 f.) beschriebenen Hauptaufgabe *Visuelle Bildanalyse* setzt der Bildauswerter ein Bildauswertesystem ein, dessen Aufbau und Funktionsumfang in Abschnitt 2.3.1 (S. 28 f.) beschrieben wurde. Im Rahmen einer in [Fischer 2005] beschriebenen anthropotechnischen Untersuchung von Bildauswertesystemen am Beispiel des marktführenden Systems *ERDAS Imagine* der Fa. Leica Geosystems, im Weiteren der Einfachheit halber mit ER-DAS bezeichnet, welches hinsichtlich seiner Bedienung nach Angaben von professionellen Bildauswertern für heute verfügbare Bildauswertesysteme repräsentativ ist, wurden Aussagen zur anthropotechnischen Auslegung von Bildauswertesystemen gewonnen. Die der Untersuchung zu Grunde gelegte Aufgabe war das Entdecken, Erkennen und Analysieren von Objekten (siehe auch Tabelle 2.4, S. 26).

Im ersten Schritt wurde der bei der Bearbeitung von Aufgaben aus dem Bereich der interaktiven bildgestützten Szenenanalyse durchgeführte Arbeitsablauf ermittelt. Abbildung 2.18 stellt diesen in Form eines UML-Aktivitätsdiagramms in stark vereinfachter Form dar. Er gliedert sich in eine Vorphase, in der das System für die Durchführung der Bildanalyseaufgabe voreingestellt wird, eine Hauptphase, in welcher der Bildauswerter seiner eigentlichen Hauptaufgabe *Visuelle Bildanalyse* unter Nutzung des Bildauswertesystems und der damit verbundenen Nebenaufgabe *Systembedienung* nachkommt, und die Abschlussphase, in welcher der Bildauswerter die erarbeiteten Ergebnisse entsprechend der Vorgaben des Auftraggebers aufbereitet und speichert.

2. Stand von Forschung und Technik

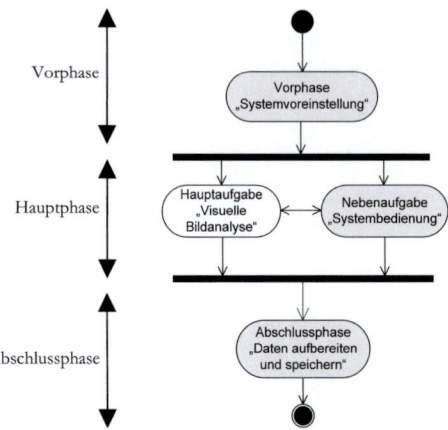

Abbildung 2.18: Grobstrukturierung des Arbeitsablaufs zur interaktiven bildgestützten Szenenanalyse (Bildauswertung) in Form eines UML-Aktivitätsdiagramms.

Im Arbeitsablaufdiagramm aus Abbildung 2.18 sind die der Hauptaufgabe *Visuelle Bildanalyse* zuzuordnenden Aktivitäten weiß und die der Nebenaufgabe *Systembedienung* zuzuordnenden Aktivitäten grau gefärbt. Bereits das Verhältnis der grau gefärbten Aktivitäten zu den weiß gefärbten Aktivitäten lässt vermuten, dass zur Bearbeitung der Nebenaufgabe, verglichen mit der Bearbeitung der Hauptaufgabe, ein unverhältnismäßig hoher Aufwand erforderlich ist. Dabei gilt zu bedenken, dass zum einen durch die parallele Bearbeitung der Haupt- und Nebenaufgabe der Bildauswerter eine hohe informatorische Belastung erfährt und zum anderen die für die Nebenaufgabe aufzuwendende Leistung für die Hauptaufgabe verloren geht.

In der Vorphase legt der Bildauswerter die grundlegenden Systemeinstellungen fest. Diese umfassen u.a. die Einstellung des Ein- und Ausgabeverzeichnisses und die Konfigurierung der Bilddarstellung. Die Einstellmöglichkeiten in der dabei zu nutzenden Einstellungsumgebung sind in Kategorien gegliedert, wobei deren Gliederung nicht aufgabenbezogen ist und die in Kategorien gegliederten Einstellmöglichkeiten umfangreich und innerhalb ihrer Kategorie unstrukturiert angeordnet sind. Zudem sind die Einstellmöglichkeiten oftmals nicht intuitiv nutzbar. Dazu kommt, dass durch die undifferenzierte Kodierung der Einstellmöglichkeiten ein Wiederfinden der Einstellungen nicht garantiert ist. Abbildung 2.19 zeigt beispielhaft einen Ausschnitt der ERDAS-Bedienoberfläche für die Systemeinstellungen, hier als *Preferences* bezeichnet.

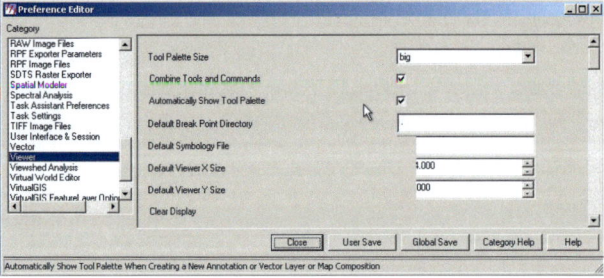

Abbildung 2.19: Bedienoberfläche zur Einstellung des Eingangs- und Ausgangsverzeichnisses sowie weiterer Einstellungen der Bilddarstellung.

An die Vorphase schließt sich die Hauptphase an, in der sich der Bildauswerter der Hauptaufgabe *Visuelle Bildanalyse* zuwendet. Während dieser Phase muss er immer wieder das System bedienen, beispielsweise um das Bild zu verschieben, zu vergrößern, zu verkleinern, oder um die entdeckten Objekte im Bild zu markieren und diesen den erkannten Objekttyp zuzuweisen. Die Funktionsvielfalt, welche dem Bildauswerter während der *Visuellen Bildanalyse* ohne Rücksicht auf seine eigentliche Hauptaufgabe angeboten wird, hat u.a. zur Folge, dass eine große Fläche des Bildschirms für die Bedienoberfläche benötigt wird und damit die Fläche für die Hauptaufgabe des Bildauswerters stark reduziert wird (siehe Abbildung 2.17, S. 29).

Ein weiteres Beispiel für einen Bedienoberflächenaufbau von ERDAS während der Bearbeitung der Hauptaufgabe *Visuelle Bildanalyse* zeigt Abbildung 2.20. Die Abbildung zeigt eine Situation beim bildgestützten Zählen unterschiedlicher Fahrzeugtypen auf Parkplätzen, wie sie im Rahmen einer Verkehrsanalyse vorkommen kann. Der eigentliche Bilddarstellungsbereich wird von zwei Bedienoberflächen überdeckt: Die Bedienoberfläche rechts im Hintergrund ermöglicht den Zugriff auf Funktionen zum Entdecken und Erkennen und muss daher während der ganzen Bearbeitungszeit verfügbar sein. Die Bedienoberfläche im Vordergrund zeigt eine Attributetabelle, in welche die erkannten und gezählten Fahrzeuge eingetragen werden. Sie muss nur während des Eintragvorgangs geöffnet sein. Die Abbildung macht deutlich, dass die Attributetabelle während des eigentlichen Entdeckungs-, Erkennungs- und Zählvorgangs geschlossen sein muss, da sie den Bildauswerter während dieser Arbeitsphase bei der Bearbeitung seiner eigentlichen Hauptaufgabe zu sehr stört, weil sie große Teile des auszuwertenden Bildes überdeckt.

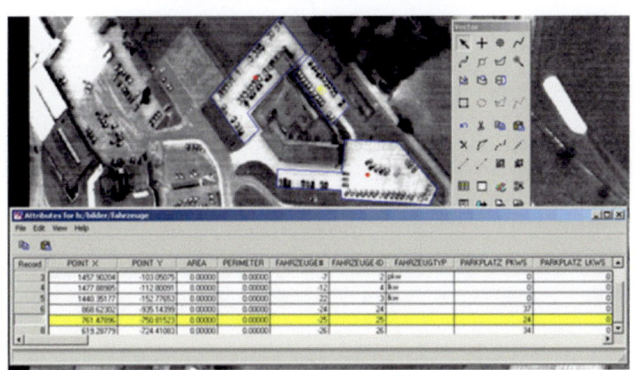

Abbildung 2.20: Bei der Durchführung der Aufgabe „Entdecken, erkennen und zählen von Fahrzeugen" ist ein Großteil der Bilddarstellung durch Bedienelemente des Bildauswertesystems verdeckt.

Auch sind Funktionen, welche eine Systembedienung bis in drei Menütiefen verlangen, keine Seltenheit. Ein Beispiel dafür zeigt Abbildung 2.21: Um die Darstellung eines Radar-Bildes für die visuelle Analyse durch den Menschen zu verbessern, wird eine speziell dafür entwickelte radiometrische Bildbearbeitungsfunktion angewendet. Dazu ist über die Schaltfläche „Radar" das Radarmenü auszuwählen, in diesem wiederum der Druckknopf „Radar Interpreter…", wodurch eine weitere Menüauswahl zur Verfügung gestellt wird, in welcher der Druckknopf „Adjust Brightness…" ausgewählt werden muss. Die anschließend dargestellte Bedienoberfläche zur Funktionsparametrierung erfordert die Eingabe mehrerer Parameter, wobei einige davon keineswegs selbsterklärend sind. Die in jeder Bedienoberfläche über den Druckknopf *Help* angebotene Hilfe erläutert oftmals nicht die Bedeutung der auszuwählenden Bedienelemente und anzugebenden Parameter, sondern geht ausschließlich auf die Bedienung der Oberfläche ein.

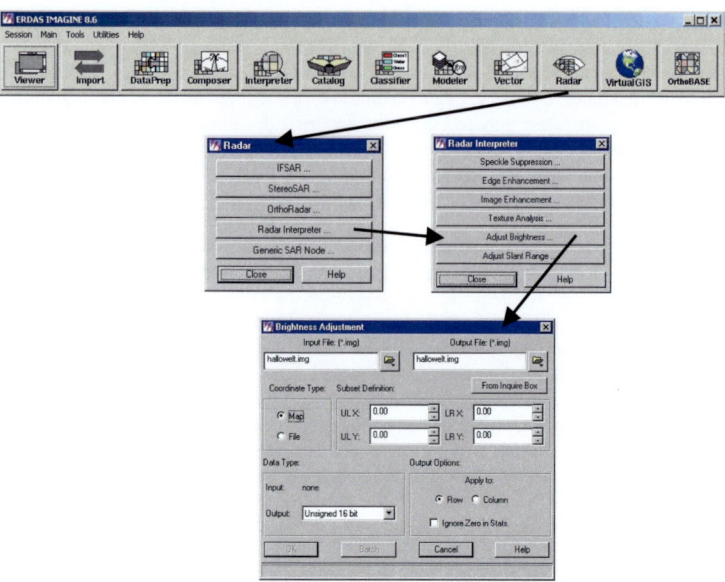

Abbildung 2.21: Beispiel für die Folge der Bedienoberflächen, die zur Anwendung einer Filterfunktion, welche sensorbedingte Intensitätsungenauigkeiten eines Radarbildes ausgleicht, aufzurufen und zu bedienen ist.

Eine Folge des großen und nicht gut strukturierten Funktionsumfangs ist, dass der Bildauswerter die Funktionen, die er für die aktuelle Aufgabe benötigt, nicht intuitiv findet. Dies ist insbesondere der Fall, wenn er die Aufgabe selten oder noch nie durchgeführt hat, aber auch, wenn sich der Aufgabenkontext bzw. die Aufgabenausprägung geändert hat. In der Bildauswertung wird der Aufgabenkontext bzw. die Aufgabenausprägung durch die Parameter festgelegt, welche die Aufgabe beeinflussen. Dies sind der bildgebende Sensor, das damit aufgenommene Bild, die auszuwertenden Objekte und das Gebiet, in dem sich diese befinden.

Da auch die dem Bildauswerter verfügbaren Unterstützungsmöglichkeiten (siehe Abschnitt 2.3.1, S. 28) nicht aufgabenorientiert gestaltet sind, ist es trotz deren Einsatz schwer, die für die Aufgabenbearbeitung am besten geeigneten Funktionen sowie deren günstigste Parametereinstellungen zu finden. Außerdem muss in Betracht gezogen werden, dass der Bildauswerter auf Grund der enorm hohen Funktionsvielfalt sowie der Komplexität der einzelnen Funktionen evtl. nicht die Motivation oder die Zeit hat, die am besten geeigneten Funktionen zu suchen.

In der Hauptphase erfährt der Bildauswerter bereits durch die parallele Bearbeitung der Hauptaufgabe *Visuelle Bildanalyse* und der Nebenaufgabe *Systembedienung* eine hohe kognitive Belastung, die auf Grund der engen Leistungsgrenzen seines Kurzzeitgedächtnisses (siehe *Model Human Processor*, Abschnitt 2.1.2.2, S. 15) eine große Herausforderung für ihn darstellen. Diese Belastung ist auf Grund der oben geschilderten und äußerst ungünstigen anthropotechnischen Auslegung des Bildauswertesystems jedoch weit höher als notwendig.

In der Abschlussphase, welche sich an die Hauptphase anschließt, werden die erzielten Bildauswerteergebnisse aufbereitet und gespeichert, sodass sie außerhalb des Systems zur weiteren Analyse zur Verfügung stehen. So ist es beispielsweise möglich, die Bildauswerteergebnisse der im Rahmen einer Verkehrsanalyse durchgeführten Zählung von Fahrzeugen unterschiedlichen Typs in formatierten Text zu konvertieren und als solchen zu speichern, sodass die Daten anschließend mit einem Tabellenkalkulationsprogramm weiter analysiert werden können. Aber auch beim abschließenden Aufbereiten und Speichern der Bildauswerteergebnisse ist das Vorgehen arbeitsaufwendig, je nach Anforderung unterschiedlich und lässt ein intuitives Vorgehen nicht zu.

Zusammenfassend ist bei kritischer Betrachtung der Bearbeitung von Bildauswerteaufgaben durch den Bildauswerter an einem Bildauswertesystem festzustellen, dass der Bildauswerter durch das Bildauswertesystem zwar eine große Menge an Funktionen zur Verfügung gestellt bekommt, diese jedoch auf Grund der nicht aufgabenbezogenen Funktionsstrukturierung sowie der undifferenzierten Kodierung der unterschiedlichen Funktionen keineswegs effizient nutzen kann. Selbst ein Experte muss bei einem Aufgabenwechsel wieder nach den geeigneten Funktionen suchen und darüber nachdenken, welche Funktionsparametrierung im Fall der zu bearbeitenden Aufgabe die geeignetste ist. Auch erfordern die komplexen Funktionsstrukturen eine hohe Anzahl von Operationen bei der Bearbeitung einzelner Aufgabenabschnitte. Somit resultiert die anthropotechnisch ungünstige Gestaltung in einer aufwendigen Systembedienung, welche den Bildauswerter, insbesondere wenn sie parallel zur Durchführung der Hauptaufgabe *Visuelle Bildanalyse* bearbeitet werden muss, auf Grund der stark beschränkten Ressourcen seines Kurzzeitgedächtnisses kognitiv sehr stark belastet und wahrscheinlich oftmals sogar überlastet.

Bearbeiten Anfänger oder auch Fortgeschrittene eine Aufgabe, stellt sich oft die Frage, welche Funktionen für welche Aufgabe einzusetzen sind. Durch die nicht aufgabenbezogene Organisation der Interaktionselemente ist die kontextsensitive Hilfe mit ihrer Beschränkung auf die Darstellung von wenigen Wörtern oftmals unzureichend, um ein Verständnis zu vermitteln, welche Funktion sich hinter dem Eingabeelement verbirgt. Ergänzend steht der Suchindex zur Verfügung. Dieser führt jedoch nicht immer schnell und vor allem direkt zum Ziel. Oftmals müssen unterschiedliche Suchbegriffe oder Suchbegriffskombinationen ausprobiert werden, bis auf Grund der daraufhin angebotenen Beschreibungen von Funktionsalternativen die tatsächlich benötigte Funktion gefunden wird. Ist es auf Basis der bisher beschriebenen Alternativen nicht möglich, die für die Aufgabenbearbeitung benötigte Funktion zu finden oder deren Bedienung zu verstehen, gibt es die Möglichkeit, auf den Online-Support zurückzugreifen. Dies setzt jedoch voraus, dass mit dem Vertreiber des Bildauswertesystems ein kostenintensiver Wartungsvertrag abgeschlossen wurde. Tutorials sind sehr hilfreich, um einen Einblick in die Funktionsweise des Bildauswertesystems zu bekommen. Zum Durcharbeiten von Tutorials benötigt der Bildauswerter jedoch viel Zeit. Tutorials sind daher eine Art von Unterstützung, die nur außerhalb der eigentlichen Aufgabenbearbeitung genutzt werden kann. Dasselbe gilt für persönliche Schulungen. Allgemein gilt, dass, ausgenommen die kontextsensitive Hilfe, für die Nutzung jeder der in Abschnitt 2.3.1 (S. 28 f.) genannten Unterstützungsformen ein großer Zeitaufwand in Kauf genommen werden muss. Außerdem wird der Bildauswerter, wenn er eine dieser Unterstützungsformen während der Bildauswertung in Anspruch nimmt, aus der Bearbeitung seiner Bildauswerteaufgabe herausgerissen. So leisten die oben aufgeführten Unterstützungsmöglichkeiten zwar ihren Beitrag bei der Einarbeitung in ein Bildauswertesystem, bei der Suche nach Funktionen, die den Bildauswerter bei der Aufgabenbearbeitung unterstützen, sowie bei der Ermittlung der für die Aufgabenbearbeitung geeigneten Funktionsparametrierung. Sie nehmen dem Bildauswerter jedoch weder Hauptaufgaben ab noch entlasten sie ihn von der aufwendigen Systembedienung.

Der folgende Abschnitt vervollständigt die Übersicht zum Stand der Technik bei der Unterstützung des Menschen in der Bildauswertung. Diese Übersicht wird im Hinblick auf den Stand der Forschung ergänzt, wobei die Reihenfolge, in welcher die unterschiedlichen Möglichkeiten zur Unterstützung des Bildauswerters erläutert werden, sich an die Prozesse der interaktiven bildgestützten Szenenanalyse nach Abbildung 2.13 (S. 23) anlehnt.

2.4 Unterstützung des Menschen bei der interaktiven bildgestützten Szenenanalyse

In der interaktiven bildgestützten Szenenanalyse stehen heute für einige Teilbereiche Unterstützungskomponenten zur Verfügung. So geben Bildinterpretationsskalen für ausgewählte Aufgaben Auskunft, welcher Spektral- und Auflösungsbereich bildgebender Sensorik zur Aufgabenbearbeitung am besten geeignet ist (siehe [Leachtenauer 1996], [Irvine & Leachtenauer 1996] und [Hothem et al. 1996]). Dadurch ist es möglich, den Bildauswerter bereits bei der Datenbeschaffung bzw. Bildaufnahme gezielt zu unterstützten, indem das für seine Aufgabe geeignetste Bildmaterial beschafft wird.

Zur Aufmerksamkeitslenkung sowie beim Interpretieren wahrgenommener Informationen benötigt der Bildauswerter ebenfalls Unterstützung. Hierzu wird der Einsatz von Bildauswertungsverfahren angestrebt. Bildauswertungsverfahren sind Verfahren aus der Mustererkennung und künstlichen Intelligenz, welche eine automatische Bildanalyse durchführen. Beispiele für Bildauswertungsverfahren sind Verfahren zur Objektentdeckung und Objekterkennung (z.b. [Entin et al. 1996] und [Jäger et al. 2004]), zur Zuordnung von Karte und Bild (z.B. [Saur & Krüger 2004]) sowie zur Kartenerstellung und -aktualisierung (z.b. [Chen et al. 2004]). Diese Verfahren können jedoch zur Zeit ausschließlich unter fest definierten Randbedingungen fehlerfreie Ergebnisse liefern, welche auf Grund der variierenden Szenen- und Umweltbedingungen nicht zu gewährleisten sind [Klausmann et al. 1999]. Weitere Unterstützung erhält der Bildauswerter durch interaktiv benutzbare Erkennungsassistenten. Basierend auf den Angaben des Menschen zu den Attributen der zu erkennenden Objekte schränken diese Assistenten die Menge der Objekte, welche in einer Wissensbasis vorliegen, ein ([Geisler et al. 1999], [Lillesand & Kiefer 2000]). Einfachere Formen der Unterstützung stellen Datenbases dar, in welchen die Beschreibungen und Abbildungen unterschiedlicher Objekttypen gehalten werden. Die Suche in den Datenbanken erfolgt über Stichwörter, anhand des Inhaltsverzeichnisses oder durch einfaches Durchblättern [Endres & Gething 2005].

Es stehen hiermit heute und zukünftig in noch stärkerem Maße dem Bildauswerter eine Fülle von Einzelkomponenten zur Verfügung, die ihn bei der Aufgabenbearbeitung unterstützen sollen. Um eine mögliche Leistungssteigerung durch den Einsatz der neuen Komponenten wie z.b. Bildauswertungsverfahren zu untersuchen, werden Experimente durchgeführt. In der Regel sind die Untersuchungsrandbedingungen jedoch willkürlich gewählte Teilaufgaben und Parametereinstellungen, die nicht aus einer Gesamtaufgabe abgeleitet werden. Hinzu kommt, dass zur Untersuchung der Komponenten im Rahmen von Experimenten die betrachteten Komponenten simuliert oder sogar implementiert werden müssen, was einen hohen Aufwand verursacht und daher solche Untersuchungen nur selten durchgeführt werden. Untersuchungen dieser Art werden beispielsweise in [Entin et al. 1996], [Eckstein & Irvine 2001], [Dzindolet et al. 2002] und [Berger et al. 2005] beschrieben.

Die anthropotechnische Untersuchung der Eigenschaften von Bildauswertesystemen (Abschnitt 2.3.2, S. 31 f.) zeigte, dass für eine Leistungssteigerung des Bildauswerters ausgehend von der Gesamtaufgabe, beginnend beim Einlesen des Bildes in das Bildauswertesystem über die Bildanalyse bis hin zur Ergebnisdokumentation, eine gezielte Entlastung an jenen Aufgabenabschnitten notwendig ist, welche den Bildauswerter besonders stark belasten [Fischer 2005]. Über ein solches Vorgehen, bei dem im ersten Schritt die Belastung des Bildauswerters bei der Bearbeitung von Teilaufgaben theoretisch ermittelt wird, um ihn im nächsten Schritt an genau diesen Aufgabenabschnitten gezielt zu entlasten und damit seine Leistung zu steigern, konnte bisher noch keine wissenschaftliche Untersuchung gefunden werden.

2.5 Folgerungen

Bildauswerter bearbeiten heute in unterschiedlichen Anwendungsfeldern Aufgaben aus dem Bereich der interaktiven bildgestützten Szenenanalyse. Dazu nutzten sie Bildauswertesysteme, welche einen hohen Umfang an Funktionen besitzen (siehe Abschnitt 2.3.1, S. 28 f.), jedoch weder aufgabenorientiert noch nach anthropotechnischen Erkenntnissen gestaltet sind (siehe Abschnitt 2.3.2, S. 31 f.). Ziel der Entwickler bei der Gestaltung dieser Systeme ist, dem Bildauswerter die Bearbeitung eines breiten Spektrums von Aufgaben zu ermöglichen. Dabei wird ignoriert, dass durch die gleichzeitige Bearbeitung der Hauptaufgabe *Visuelle Bildanalyse* und der Nebenaufgabe, die Bedienung des sehr komplexen Bildauswertesystems, ein hoher Strom an konkurrierenden Aufgaben auf den Bildauswerter zukommt, welcher ihn besonders kognitiv durch eine hohe Menge an Informationen stark belastet. Das Modell EMHP (siehe Abschnitt 2.1.2.3, S. 17 f.) zeigte, dass der Engpass des Menschen bei der Verarbeitung eines hohen Informationsstroms das Kurzzeitgedächtnis ist, welches eine sehr geringe Speicherkapazität und -dauer besitzt. Dies zieht bei der Verarbeitung eines zu hohen Informationsstroms eine Reduktion der Leistung des Menschen nach sich.

Zu seiner Entlastung mit dem Ziel einer daraus resultierenden Leistungssteigerung benötigt der Bildauswerter geeignete Unterstützung. Zwar werden dem Bildauswerter bereits heute unterschiedliche Formen der Unterstützung angeboten (siehe Abschnitt 2.3.1, S. 28 f. und Abschnitt 2.4, S. 36), diese haben aber entsprechend der Beschreibung unterschiedlicher Assistenztypen in Abschnitt 2.1.3 (S. 19 f.) entweder nur informierenden oder beratenden Charakter und erfordern oftmals eine aufwendige Systembedienung, sodass sie keineswegs zu einer Entlastung des Bildauswerters beitragen. Auch wird am Einsatz von Bildauswertungsverfahren gearbeitet (siehe Abschnitt 2.4, S. 36), welche dem Bildauswerter Teile seiner Hauptaufgabe *Visuelle Bildanalyse* abnehmen sollen. Diese Verfahren sind aber noch nicht reif für ihren Einsatz, da sie nur bei unveränderlichen Randbedingungen fehlerfrei arbeiten, was, wie in Abschnitt 2.2.1 (S. 23 f.) beschrieben, nicht gewährleistbar ist.

Wie bereits in Abschnitt 2.4 (S. 36 f.) erwähnt, steht dem Bildauswerter heute eine Fülle unterschiedlicher Komponenten zur Verfügung, wobei ein Leistungszugewinn durch den Einsatz ausgewählter Komponenten zur Zeit nur durch zeit- und kostenaufwendige Experimente nachgewiesen werden kann. Eine gezielte Entlastung und daraus resultierende Leistungssteigerung des Bildauswerters ist jedoch nur möglich, wenn im ersten Schritt jene Teilaufgaben ermittelt werden, die ihn ganz besonders stark belasten und er in Folge Unterstützung erfährt, indem mit dem Wissen über die gegenläufigen Fähigkeiten von Mensch und Computer (siehe Tabelle 2.1, S. 8) die Aufgabenteilung zwischen dem Bildauswerter und dem computergestützten System durch beispielsweise den Einsatz von Assistenzfunktionen so verschoben wird, dass dem Bildauswerter besonders belastende Aufgabenteile abgenommen werden. Eine gezielte Entlastung durch Assistenzfunktionen erfordert jedoch sowohl die theoretische Ermittlung von belastenden Teilaufgaben als auch den Nachweis der Entlastung des Bildauswerters durch die entworfenen Assistenzfunktionen ohne deren vorherige Simulation oder Implementierung. Alles dies ist ohne eine quantitative Aufgabenbeschreibung und -analyse, die bisher noch nicht durchgeführt wird, nicht möglich.

Es ist daher Ziel dieser Arbeit, eine quantitative Aufgabenbeschreibung zu finden, welche die theoretische Ermittlung besonders stark belastender Aufgabenabschnitte und die Ableitung konkreter Anforderungen an die benötigten Assistenzfunktionen ermöglicht, sodass der Mensch bei besonders belastenden Teilaufgaben gezielt entlastet und dadurch seine Leistung im Zusammenwirken mit dem computergestützten System erhöht wird. Auch wird gefordert, dass durch den Einsatz der quantitativen Aufgabenbeschreibung bereits in deren Entwurfsphase der Assistenz und ohne vorherige Simulation oder Implementierung der Assistenzfunktionen Rückschlüsse auf die Leistungssteigerung durch den Assistenzeinsatz abgeleitet werden können.

Besonderes Augenmerk muss bei der Integration der ermittelten Assistenzfunktionen darauf gelegt werden, diese in eine aufgabenorientierte und nach anthropotechnischen Erkenntnissen gestaltete Assistenz einzubetten, sodass dem Bildauswerter dadurch eine aufgabenorientierte Nutzung des Bildauswertesystems ermöglicht wird und er zukünftig entsprechend dem 3-Ebenen-Modell des menschlichen Verhaltens nach Goodstein und Rasmussen (siehe Abbildung 1.2, S. 2) häufiger in der regel-, eventuell sogar in der fähigkeitsbasierten Verhaltensebene agieren kann.

3 Aufgabenbeschreibung und Leistungsbezug

Durch den Einsatz von Assistenzfunktionen kann eine gezielte Entlastung und eine daraus resultierende Leistungssteigerung des Menschen bei der Aufgabenbearbeitung im Zusammenwirken mit einem computergestützten System nur dann gewährleistet werden, wenn der Mensch bei jenen Teilaufgaben Unterstützung erfährt, die ihn besonders stark belasten. Um solche Teilaufgaben zu ermitteln, sind eine quantitative Aufgabenbeschreibung und deren Analyse im Hinblick auf besonders belastende Aufgabenabschnitte erforderlich. Es wird daher in Abschnitt 3.1 auf das Vorgehen bei der Erstellung und Analyse einer Aufgabenbeschreibung eingegangen und in Abschnitt 3.2.1 ausgewählte Methoden vorgestellt, die heute bevorzugt zur formalen Beschreibung von Aufgaben eingesetzt werden. Nach einer Bewertung der vorgestellten Aufgabenbeschreibungsmethoden im Hinblick auf die in dieser Arbeit geforderte quantitative Aufgabenbeschreibung wird in Abschnitt 3.2.2 die im Rahmen dieser Arbeit entstandene UML-basierte Methode zur quantitativen Aufgabenbeschreibung vorgestellt. Aus einer mit dieser neuen Methode erstellten Aufgabenbeschreibung können quantitative Größen abgeleitet werden, welche eine objektive Messung der Belastung des Menschen bei der Bearbeitung von Aufgabenabschnitten erlauben, wobei diese sogenannten Belastungsmessgrößen insbesondere einen Hinweis darauf geben, wie stark das Kurzzeitgedächtnis mit seinen engen Leistungsgrenzen durch die Bearbeitung der betrachteten Teilaufgabe belastet wird. Die beispielhafte Anwendung der neuen Aufgabenbeschreibungsmethode sowie die Ermittlung von stark belastenden Teilaufgaben auf Basis der abgeleiteten Belastungsmessgrößen erfolgt in Abschnitt 3.3 anhand von Teilaufgaben, die aus repräsentativen Szenarien für die interaktive bildgestützte Szenenanalyse ausgewählt werden.

3.1 Erstellung und Analyse von Aufgabenbeschreibungen

Um eine Aufgabe nach definierten Fragestellungen zu untersuchen, wird die Aufgabe formal beschrieben und die daraus resultierende Beschreibung im Hinblick auf die vorgegebenen Fragestellungen analysiert. Dieses Vorgehen wird auch als Aufgabenanalyse (*Task Analysis*) bezeichnet. Verschiedene Anwendungsbeispiele für Aufgabenanalysen sind in [Diaper & Stanton 2004] zusammengefasst, wobei sich die Anwendungsbeispiele zum einen durch die eingesetzten Aufgabenbeschreibungsmethoden und zum anderen durch die untersuchten Aufgaben sowie die Fragestellungen, nach welchen die jeweiligen Aufgaben untersucht werden, unterscheiden.

Um eine Aufgabe nach Teilaufgaben zu untersuchen, welche den Menschen im Zusammenwirken mit einem computergestützten System, insbesondere einem Bildauswertesystem, stark belasten, soll in folgenden Schritten vorgegangen werden:

1. Ableitung der Aufgabenstruktur
2. Formale quantitative Beschreibung der ermittelten Aufgabenstruktur
3. Validierung und Optimierung der Aufgabenstruktur anhand der Aufgabenbeschreibung
4. Analyse von Teilaufgaben mittels der validierten und optimierten quantitativen Aufgabenbeschreibung im Hinblick auf die Belastung des Systemnutzers

Die Ableitung der Aufgabenstruktur muss deren hierarchische Strukturierung (siehe Tabelle 2.2, S. 9) genauso berücksichtigen wie ihre zeitliche Strukturierung, welche den Arbeitsablauf wiedergibt. Dies wird durch eine Top-Down-Strukturierung der betrachteten Aufgabe unter Berücksichtigung des zeitlichen Aspekts gewährleistet. Ist es auf Grund des über die Aufgabenbearbeitung verfügbaren Wissens nicht möglich, eine vollständige Aufgabenbeschreibung zu erstellen, so können die in [Norman & Panizzi 2004] und[Preim 1999] beschriebenen und im Weiteren vorgestellten Methoden zur Ergänzung der Aufgabenbeschreibung herangezogen werden. Die durch diese Methoden gewonnenen Ergebnisse müssen, da sie ausschließlich die subjektiven Sichten

ausgewählter Systemnutzer erfassen, die eventuell vom günstigsten Arbeitsablauf abweichen können, immer kritisch weiterverwendet werden.

- Kognitiver „Walk-Through" durch einen Experten:
  Beim kognitiven „Walk-Through" wird die Aufgabenbearbeitung durch einen geübten Systemnutzer verbal dokumentiert. Diese Methode wird daher auch als die Methode des lauten
  Denkens bezeichnet. Nachteilig an dieser Methode ist, dass der Systemnutzer dadurch von
  der Bearbeitung seiner eigentlichen Aufgabe abgelenkt wird.

- Interview mit dem Systemnutzer zur Aufgabenbearbeitung:
  Dies erfordert einen geringen Vorbereitungsaufwand und ermöglicht den direkten Kontakt
  mit dem Systemnutzer. Nachteil ist, dass die Ergebnisse eine subjektive Sicht wiedergeben.

- Beantwortung von Fragebögen zur Aufgabenbearbeitung durch den Systemnutzer:
  Diese Vorgehensweise ermöglicht die Erfassung einer großen Menge von Daten. Wie auch
  beim Interview mit den Systemnutzern ist hier der Nachteil, dass die Ergebnisse die subjektive Sicht der Systemnutzer wiedergeben.

- Analyse von Prokolldateien, welche während der Aufgabenbearbeitung erstellt werden:
  Protokolldateien werden auch als Log-Files bezeichnet und sind Protokolle, welche vom System während der Aufgabenbearbeitung erstellt werden und ausgewählte Interaktionen und
  Systemzustände aufzeichnen. Vorteil dieser Methode ist, dass aus den Protokolldateien eine
  teilautomatische Erstellung der Aufgabenbeschreibung möglich ist. Nachteil ist zum einen,
  dass dazu das eingesetzte System eine Protokolldatei liefern muss, welche alle für die Analyse
  relevanten Aktionen umfasst, was in der Regel nicht der Fall ist, und zum anderen, dass die
  kognitiven Prozesse des Systemnutzers nicht erfasst werden.

- Beobachtung des Systemnutzers bei der Aufgabenbearbeitung:
  Während der Aufgabenbearbeitung wird dem Systemnutzer „über die Schulter geschaut". Die
  Datenerfassung erfolgt konventionellerweise über Videos oder Bildschirmaufzeichnungen
  mittels Screendump-Methoden. Diese letztgenannte Methode wurde im Rahmen dieser Arbeit eingesetzt, ergänzt um die Aufzeichnung akustischer Informationen.

Ist die Aufgabenstruktur ermittelt, so soll sie mit einer Methode beschrieben werden, die quantitative Aussagen zur Belastung des Menschen bei der Aufgabenbearbeitung ermöglicht, keinen
zeitlich hohen Erstellungsaufwand erfordert und gewährleistet, dass die mit ihr erstellte Aufgabenbeschreibung auch von den Aufgabenbearbeitern bzw. Systemnutzern ohne intensive Einarbeitung korrekt interpretiert werden kann. Die letzte Forderung ist eine für die Validierung und
Optimierung der Aufgabenstruktur anhand der erstellten Aufgabenbeschreibung in Zusammenarbeit mit den Aufgabenbearbeitern bzw. Systemnutzern notwendige Voraussetzung, wobei das
Ziel der Optimierung ist, eine Aufgabenstruktur zu finden, bei welcher der Systemnutzer so wenige Operationen als möglich durchzuführen hat und kognitiv so gering als möglich belastet ist.

Die Analyse von stark belastenden Teilaufgaben erfolgt anhand der validierten und optimierten
quantitativen Aufgabenbeschreibung. Auf unterschiedliche Methoden zur Aufgabenbeschreibung
wird im folgenden Abschnitt 3.2 eingegangen.

3.2 Allgemeine Methoden zur Aufgabenbeschreibung

Methoden zur Aufgabenbeschreibung dienen u.a. dazu, die Struktur einer Aufgabe abzubilden
und damit die Grundlage für eine Optimierung der Aufgabenstruktur zu schaffen. Es gibt Aufgabenbeschreibungsmethoden, welche eine hierarchische Darstellung der Aufgabe ermöglichen und
Methoden, welche den zeitlichen Ablauf einer Aufgabe, d.h. den Arbeitsablauf einer Aufgabe,
abbilden. Unabhängig von der angewandten Methode wird das Ergebnis einer Aufga-

benbeschreibung auch als Aufgabenmodell (*Task Model*) bezeichnet. In Abschnitt 3.2.1 werden jene vier Methoden vorgestellt, welche heute maßgeblich zur Beschreibung von Aufgaben eingesetzt werden, welche an interaktiven computergestützten Systemen bearbeitet werden. Die Vorstellung der Methoden erfolgt geordnet nach ihrem Entwicklungsjahr. Im Anschluss werden diese Methoden im Hinblick auf ihre Eignung zur hier geforderten quantitativen Aufgabenbeschreibung bewertet.

In Abschnitt 3.2.2 wird eine Methode zur Aufgabenbeschreibung vorgestellt, welche eine Fortentwicklung von UML-Aktivitätsdiagrammen darstellt und um die Vorteile der zuvor beschriebenen Aufgabenbeschreibungsmethoden im Hinblick auf die hier benötigte quantitative Aufgabenbeschreibung erweitert wurde. Diese UML-basierte Methode wird in der weiteren Arbeit zur Beschreibung ausgewählter Teilaufgaben eingesetzt.

Um dem Leser die im Weiteren diskutierten Methoden anschaulich näher zu bringen und diese auch besser vergleichbar zu machen, wird mit jeder dieser Methoden die Bearbeitung der Aufgabe „Vorgegebenes Objekt im Bild suchen" entsprechend der in Abbildung 3.1 geschilderten Vorgehensweise beschrieben.

```
Ein Bildauswerter sucht in einem Bild ein vorgegebenes Objekt. Da-
zu nutzt er ein computergestütztes Bildauswertesystem. Er weiß,
dass das Objekt genau einmal abgebildet ist. Er sucht das Bild in
einer schlechten Auflösung nach auffälligen Bildbereichen ab. Ent-
deckt er einen auffälligen Bildbereich, vergrößert er diesen Bild-
bereich und überprüft, ob sich das gesuchte Objekt an dieser Stel-
le befindet. Ist dies der Fall, nennt er die Objektposition,und
die Aufgabenbearbeitung ist beendet. Ist das Objekt nicht in dem
überprüften Bildbereich, reduziert der Bildauswerter die Bildauf-
lösung, um so einen größeren Suchbereich dargestellt zu bekommen,
und er fährt mit der Suche fort.
```

Abbildung 3.1: Beispielaufgabe „Vorgegebenes Objekt im Bild suchen" einschließlich der Vorgehensweise zu deren Bearbeitung.

3.2.1 Gängige Methoden zur Aufgabenbeschreibung

3.2.1.1 Petrinetze

Carl Adam Petri legte 1962 in seiner Dissertation *Kommunikation mit Automaten* die Grundlage für Petrinetze. Diese bauen auf der Graphentheorie auf, sind erweiterte Zustandsübergangsdiagramme und stellen einen Formalismus zur Beschreibung von Prozessen dar. Petrinetze eigenen sich für die Beschreibung von parallelen oder konkurrierenden Ereignissen innerhalb eines Systems sowie zur Beschreibung von lose gekoppelten nebenläufigen Systemen. Damit eignen sie sich zur Beschreibung der Aufgabenbearbeitung durch ein MMS.

Bildlich werden Petrinetze als gerichtete Graphen dargestellt, welche zwei Knotentypen umfassen: Stellen, welche als Kreise dargestellt werden, und Transitionen, welche als Striche oder Rechtecke dargestellt werden. Stellen repräsentieren Zustände, Transitionen repräsentieren Ereignisse bzw. Zustandsübergänge. Stellen und Transitionen sind über gerichtete Kanten in Form von Pfeilen miteinander verbunden. Durch die Pfeile wird der zeitliche Ablauf der Aufgabenbearbeitung dargestellt. Die dynamische Eigenschaft wird in Petrinetzen über Marken repräsentiert, welche im Netz wandern und als Punkte dargestellt werden. Sie werden auch als Tokens bezeichnet.

3. Aufgabenbeschreibung und Leistungsbezug

Abbildung 3.2 zeigt am Beispiel der Aufgabe „Vorgegebenes Objekt im Bild suchen" die graphische Beschreibung einer Aufgabe durch ein Petrinetz.

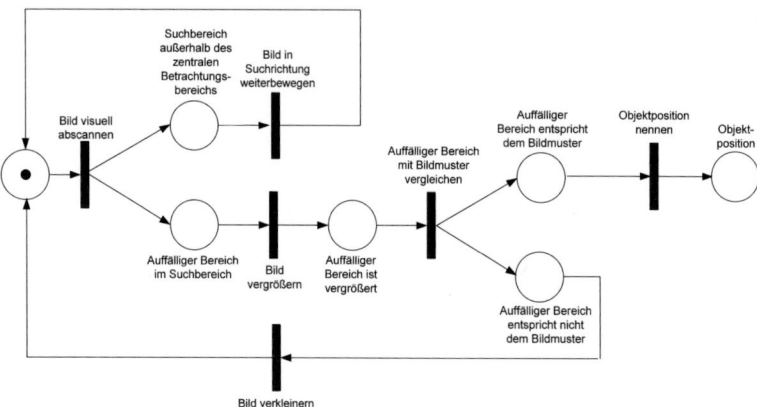

Abbildung 3.2: Beschreibung der Beispielaufgabe „Vorgegebenes Objekt im Bild suchen" mittels Petrinetz.

Zur Ableitung der kognitiven Belastung des Bearbeiters einer Aufgabe, die durch ein Petrinetz beschrieben ist, kann nach [Rauterberg 1996] das Petri-Netz wie folgt interpretiert werden: Der Systemnutzer benötigt zur Erledigung seiner Aufgabe eine Repräsentation der verschiedenen Systemzustände, der Systemstruktur und der Entscheidungsstruktur. Diese muss, soweit sie nicht vorhanden ist, noch erworben werden. Je mehr Zustände und Übergänge für die Erledigung der Aufgabe repräsentiert werden müssen, desto komplexer ist die Aufgabe. Rauterberg nutzt diese Sicht und berechnet basierend auf dieser Annahme die kognitive Komplexität CC des Menschen bei der Nutzung einer Datenbankanwendung unter Berücksichtigung der kognitiven Komplexität CC, der Systemkomplexität SC, der Aufgabenkomplexität TC und der Benutzerkomplexität BC nach Formel 3.1.

$$CC = SC + TC - BC \hspace{3cm} \text{Formel 3.1}$$

Rauterberg misst die Systemkomplexität SC, indem er alle möglichen Dialogaktionen (Transitionen) des untersuchten Systems ermittelt. Jede Dialogaktion entspricht einem Aufgabenelement, welches entsprechend der Aufgabengliederung nach [Charwat 1994] der Gliederungsebene der Bewegung entspricht (siehe Tabelle 2.2, S. 9). Die Benutzerkomplexität BC wird durch die Anzahl der genutzten Dialogaktionen ermittelt, welche der Systemnutzer zur Lösung seiner Aufgabe benötigt. Als Aufgabenkomplexität TC nimmt Rauterberg die kleinste Menge von Dialogaktionen an, die zur Bearbeitung der Aufgabe benötigt wird. Rauterberg erstellt Teile des Petrinetzes teilautomatisch, indem er diese aus Protokolldateien, welche bei ausgewählten Aufgabenbearbeitungen aufgezeichnet wurden, ableitet. Auf diese Weise gelingt es nach [Rauterberg 1996], auch das Fehlverhalten des Systemnutzers bei der Aufgabenbearbeitung zu erfassen.

Rauterberg bildet aus den Protokolldateien zwar alle Interaktionen mit dem System (Dialogaktionen) automatisch in seine Aufgabenbeschreibung ab, es ist ihm dabei jedoch nicht möglich, die Denkprozesse des Menschen zu berücksichtigen. Diese müssen nachträglich interaktiv in die Aufgabenbeschreibung eingefügt werden, wobei zur interaktiven Erstellung und Erweiterung von Petrinetzen Werkzeuge wie beispielsweise *Visual Objekt Net ++* zur Verfügung stehen.

[Schumacher & Geiser 1978] setzten Petrinetze zur Beschreibung der Strategien des Menschen bei der Bedienung von sehr einfachen konkurrierenden Aufgaben ein. [Blum et al. 1988] stellten am Beispiel der Beschreibung von Aufgaben aus dem Bereich der Kraftfahrzeugführung jedoch fest, dass bei der Beschreibung von Arbeitsabläufen, bei denen der Kontext eine große Rolle beim Entwurf des Regelwerks spielt (z.B. beim Autofahren das Einschalten des Blinkers abhängig von der Verkehrssituation oder bei der Bildauswertung die Auswahl eines Bildverbesserungsalgorithmus in Abhängigkeit von der Bildauswerteaufgabe und den Bildparametern), sehr viele Kanten entstehen, was die Aufgabenbeschreibung unübersichtlich macht. Es ist an dieser Stelle darauf zu verweisen, dass bei der interaktiven bildgestützten Szenenanalyse das Vorgehen bei der Aufgabenbearbeitung stark vom Kontext abhängt. Um Petrinetze, die komplexe Aufgabenstrukturen abbilden und daher unübersichtlich sind, übersichtlicher zu gestalten, schlägt [Balzert 2001] vor, diese durch Hierarchisierung zu vereinfachen. Dazu werden Teile eines Petri-Netzes in einer Transition zusammengefasst, wobei kein Hinweis gegeben wird, nach welcher Systematik die Hierarchisierung der Aufgabenstruktur erfolgen soll.

3.2.1.2 Hierarchical Task Analysis (HTA)

Die *Hierarchical Task Analysis* (HTA) wurde von Annett und Ducan 1967 entwickelt und ist eine in Großbritannien heute häufig angewandte Methode zur Aufgabenbeschreibung und -analyse im Bereich der Ergonomie [Annett & Stanton 2000]. Die HTA wurde entwickelt, um die Bearbeitung von Aufgaben nicht nur, wie bis dahin üblich, seriell, sondern auch in einer hierarchischen Struktur beschreiben zu können. Die Notation der HTA verwendet sowohl graphische als auch Text-Elemente. Abbildung 3.3 zeigt das HTA-Diagramm für die Aufgabe „Vorgegebenes Objekt im Bild suchen" nach Abbildung 3.1 (S. 41).

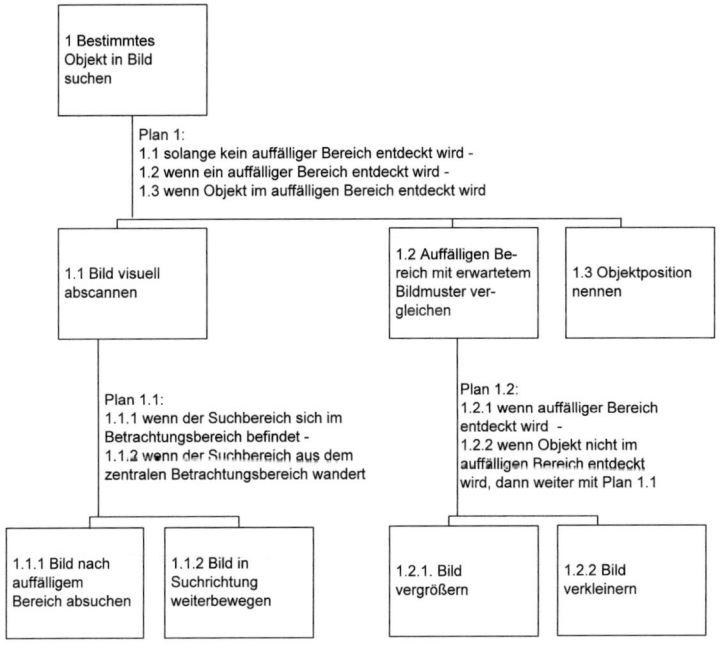

Abbildung 3.3: Beschreibung der Beispielaufgabe „Vorgegebenes Objekt im Bild suchen" mittels HTA.

Mit der HTA werden Aufgaben baumartig strukturiert, wobei die Aufgabenelemente durch Rechtecke repräsentiert werden, die den Knoten und Blättern eines Baumes entsprechen. Die Rechtecke werden im Sinne einer Baumstruktur durch ungerichtete Kanten verbunden. An der Wurzel des Baumes steht die Gesamtaufgabe, diese wird in Teilaufgaben zerlegt usw., sodass die Aufgabenelemente zu den Blättern des Baumes hin immer feiner granuliert werden. Die Granulierung eines Aufgabenelements ist einer dem Element zugewiesenen Hierarchienummer zu entnehmen. Die Reihenfolge, in der die Aufgabenelemente bei der Aufgabenbearbeitung zum Einsatz kommen, wird über textuelle Beschreibungen, sogenannte Pläne, festgelegt, wobei jener Plan neben einer Kante liegt, der die Anwendungsregeln für die darunter liegenden Aufgabenelemente enthält. Stehen alternative Teilaufgaben bzw. Aufgabenelemente zur Auswahl, so erfolgt die Auswahl über Selektionskriterien. [Ormerod et al. 2000] entwickelten ein Werkzeug, mit dem HTA-Diagramme erstellt werden können und welches die Diagramme bei Bedarf in Produktionsregeln und damit in eine textuelle Beschreibung mit der Syntax einer Programmiersprache umsetzt.

Vorteil der HTA ist, dass auf Grund der hierarchischen Nummerierung der Aufgabenelemente eine klare und einfach zu erfassende Zuweisung von Teilaufgaben zu übergeordneten Aufgaben möglich ist. So können auch komplexe Aufgabenbeschreibungen übersichtlich in einzelne Komponenten gegliedert werden. Nachteilig an der HTA ist, dass der Arbeitsablauf nur aus den verbal beschriebenen Selektionsregeln (Plänen) abzuleiten ist. Dies macht die Beschreibung des zeitlichen Verlaufs der Aufgabe unübersichtlich, insbesondere die Beschreibung umfangreicher Aufgaben.

3.2.1.3 Goals, Operators, Methods and Selection Rules (GOMS)

[Card et al. 1983] entwickelten mit GOMS eine Methode zur formalen quantitativen Beschreibung von Aufgaben, die von Mensch-Maschine-Systemen bearbeitet werden. Für die Aufgabenbeschreibung stehen folgende Komponenten zur Verfügung, die auch zur Namensgebung der Beschreibungsmethode führten:

- Goals (Ziele),
- Operators (Operatoren),
- Methods (Methoden) und
- Selection Rules (Auswahlregeln).

Ziele (Goals) sind Ergebnisse oder Teilergebnisse, welche bei der Bearbeitung einer Aufgabe zu erreichen sind, wobei die mit GOMS erstellte Zielstruktur einem Plan zur Lösung der Aufgabe entspricht. Operatoren (Operators) sind elementare sensorische, kognitive oder motorische Prozesse des Systembenutzers. Beispiele für Operatoren sind die Tastatureingabe, das Mauszeigen, der Wechsel zwischen Maus und Tastatur sowie das Warten auf das Ausführen einer Aktion durch den Computer [Dahm 2006]. Damit entsprechen die Operatoren aus GOMS nach der Aufgabengliederung von [Charwat 1994] entsprechend Tabelle 2.2 (S. 9) der Gliederungsebene der Bewegungen. Methoden sind Lösungswege für spezielle Ziele, sie umfassen immer eine Menge an Operatoren. Auswahlregeln legen fest, welche Methode zum Erreichen eines bestimmten Ziels ausgewählt wird. Gibt es mehrere Methoden zum Erreichen eines Ziels, wird jene ausgewählt, welche unter den gegebenen Bedingungen die günstigste ist.

Zur Veranschaulichung der Aufgabenbeschreibung mittels GOMS zeigt Abbildung 3.4 die in GOMS erstellte Beschreibung der Aufgabe „Vorgegebenes Objekt im Bild suchen", welche in Abbildung 3.1 auf S. 41 textuell beschrieben wurde.

GOAL: OBJEKT ENTDECKEN	Objektkoordinaten ermitteln (Ziel 1. Ordnung)	
GOAL: BILD VISUELL ABSCANNEN	Bild systematisch durchmustern (Ziel 2. Ordnung)	
GOAL: BILDBEREICH BETRACHTEN	Bildbereich hinsichtlich objektähnlicher Struktur analysieren (Ziel 3. Ordnung)	
GOAL: BILDBEREICH VERGRÖßERN	Auflösung im Bildbereich von Interesse erhöhen (Ziel 4. Ordnung)	Wenn auffälligen Bereich entdeckt
GOAL: BILDMUSTERVERGLEICH	Auffälligen Bereich mit erwartetem Bildmuster vergleichen (Ziel 4. Ordnung)	
GOAL: OBJEKT NENNEN	Objektposition ablesen und nennen (Ziel 4. Ordnung)	Wenn Objekt in auffälligem Bereich
GOAL: AUFLÖSUNG REDUZIEREN	Auflösung des Bildbereichs reduzieren, größeren Bildbereich darstellen (Ziel 4. Ordnung)	Wenn kein Objekt in auffälligem Bereich
GOAL: BILD SCROLLEN	Bild in die Suchrichtung weiterbewegen (Ziel 3. Ordnung)	

Abbildung 3.4: Beschreibung der Aufgabe „Vorgegebenes Objekt im Bild suchen" nach GOMS durch Ziele, Methoden und Auswahlregeln.

GOMS eignet sich besonders gut für die Beschreibung von Aufgaben, welche sequentiell bearbeitet werden und einen hohen Anteil an kognitiven Prozessen aufweisen, wobei seit kurzem eine GOMS-Weiterentwicklung mit der Bezeichnung MT-GOMS (Multitasking GOMS) zur Verfügung steht, welche speziell für die Beschreibung von parallel zu bearbeitenden Aufgaben im Bereich der Kraftfahrzeugführung entwickelt wurde [Leuchter et al. 2004]. Das Besondere an der hier vorgestellten Methode von [Card et al. 1983] ist, dass mit Hilfe einer Aufgabenstruktur auf Operator-Ebene und grundlegenden zeitlichen Konstanten für die Operatoren (z.B. die durchschnittliche Zeit zum Positionieren einer Maus), welche in Experimenten ermittelt wurden, Zeitschätzungen für den ganzen Handlungsablauf möglich werden.

Eine Weiterentwicklung von GOMS ist die „Cognitive Complexity Theory" (CCT) von [Kieras und Polson 1985], welche eine in GOMS beschriebene Aufgabenstruktur in einen Satz von Produktionsregeln überführt. Die Produktionsregeln steuern wie in einem Softwareprogramm über Auswahlregeln Produktionselemente, welche den Operationen nach [Charwat 1994] entsprechen (siehe Tabelle 2.2, S. 9), wobei ein Beispiel für eine Operation das Prüfen eines Ziels oder Eintrags ist. Indem jedem Produktionselement eine Gewichtung zugeordnet wird, welche den Schwierigkeitsgrad des Produktionselements repräsentiert, wird aus der Summe der gewichteten Produktionselemente die kognitive Komplexität der Mensch-Maschine-Schnittstellen abgeleitet.

Während der Ansatz von [Kieras und Polson 1985] speziell auf die Beschreibung von Textverarbeitungsaufgaben ausgerichtet ist, hebt eine Erweiterung der CCT durch [Nirschl 1990] diese Beschränkung des ursprünglichen Ansatzes auf und ermöglicht damit u.a. die Beschreibung von

Aufgaben im Kraftfahrzeug. Zur Erstellung von Aufgabenbeschreibungen in GOMS stehen heute unterschiedliche computergestützte Werkzeuge zur Verfügung, z.B. das Werkzeug TREVIS [Marrenbach et al. 2000] oder das Werkzeug GOMSED [Wandmacher 1997], welche neben einer Editierfunktion auch Bibliotheken mit den Messzeiten für bestimmte Operatoren und Methoden zur Verfügung stellen. Eine Übersicht über Werkzeuge, welche den Systementwickler in unterschiedlichen Phasen des Entwicklungsprozesses mit GOMS unterstützten, ist in [Hamacher et al. 2001] zu finden.

Dem Einsatz der Methode GOMS sind auf Grund der textuellen Aufgabenbeschreibung durch die Komplexität der zu beschreibenden Aufgabe Grenzen gesetzt. So sieht der Arbeitskreis der „MoDyS Research Group" des Zentrums für Mensch-Maschine-Systeme (ZMMS) im Rahmen des Arbeitskreistreffens „Einsatz von Modellierung und Simulation in Mensch-Maschine-Systemen – Transparenz gestalten" [Kindsmüller et al. 2002] auf Grund von Erfahrungen der Arbeitskreisteilnehmer den Einsatz von GOMS ausschließlich bei der schnellen Bewertung von interaktiven Geräten mit geringem Funktionsumfang als günstig an.

3.2.1.4 Unified Modeling Language (UML)

Die Unified Modeling Language (UML), Mitte der 90er Jahre von Booch, Rumbaugh und Jacobson entwickelt, basiert auf den Beschreibungsmethoden OOSE (Object-Oriented Software Engineering) und OMT (Object Modeling Technique) [Booch et al. 1999]. Sie ist eine graphische Sprache, welche unterschiedliche Formen von Diagrammen zur Verfügung stellt, um ein computergestütztes System mittels unterschiedlicher Sichten zu spezifizieren, zu konstruieren und zu dokumentieren. Eine gute Übersicht über die aktuelle Version UML 2.0 bietet [Jeckle et al. 2004].

Erhebliche Unterstützung aus unterschiedlichsten Bereichen der Industrie gab der UML Rückhalt und ermöglichte den Weg zur Standardisierung, der Standard wird von der OMG (Object Management Group) überwacht. Dadurch ist die UML heute eine der gebräuchlichsten Methoden zur Beschreibung von softwareintensiven Systemen, welche sich laut [Bomsdorf & Szwillus 2001] in der Software-Industrie seitens der Softwareentwicklung als De-Facto-Standard durchgesetzt hat. Die UML bietet u.a. Diagramme zur Beschreibung von Arbeitsabläufen sowie zur Beschreibung von Objekten, welche in die Abläufe mit einbezogen werden. [Booch et al. 1999] verweisen darauf, dass UML-Beschreibungen mit heute verfügbaren Werkzeugen erstellt und in Programmcode und Datenbankschemata gewandelt werden können. Solche Werkzeuge sind u.a. *Together* von *Borland*, *Rational Rose* von *IBM* und *Poseidon* von *Gentleware*.

Insgesamt stehen durch die UML heute elf Diagrammtypen zur Beschreibung statischer und dynamischer Strukturen zur Verfügung. Einer dieser Diagrammtypen ist das Aktivitätsdiagramm (seit UML 2.0 als Aktivität bezeichnet), welches aus Aktionszuständen und Zustandsübergängen besteht und erlaubt, einen komplexen Verlauf von Aktivitäten (seit UML 2.0 als Aktion bezeichnet) unter Berücksichtigung von Nebenläufigkeiten und alternativen Entscheidungswegen darzustellen. Damit bietet das UML-Aktivitätsdiagramm die Möglichkeit, die Bearbeitung einer Aufgabe durch ein MMS in Form eines Ablaufdiagramms zu beschreiben. Abbildung 3.5 zeigt die Beschreibung der Aufgabe „Vorgegebenes Objekt im Bild suchen" durch ein UML-Aktivitätsdiagramm.

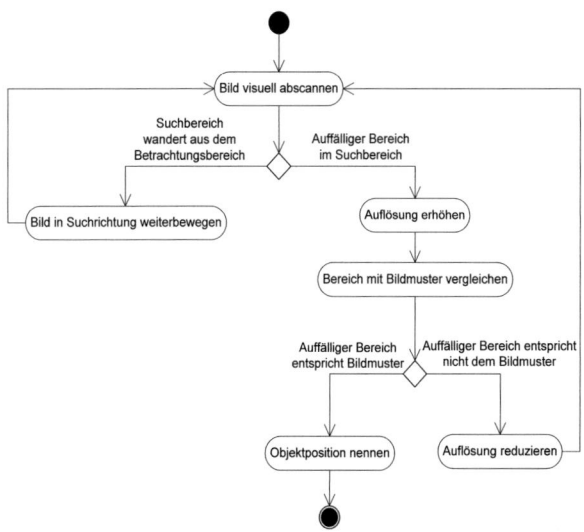

Abbildung 3.5: Beschreibung der Aufgabe „Vorgegebenes Objekt im Bild suchen" mittels UML.

Ein UML-Aktivitätsdiagramm kann u.a. folgende Bestandteile umfassen: Rechtecke mit abgerundeten Ecken zur Repräsentation von Aktionen und gerichtete Kanten zur Richtungsangabe für den Arbeitsablauf. Wenn notwendig, können den Kanten Zustände zugeordnet werden, welche in eckigen Klammern neben den Kanten stehen. Kontrollknoten in Form von Kreisen am Anfang und Ende eines Arbeitsablaufs kennzeichnen den Anfang und das Ende der Arbeitsablaufbeschreibung und Kontrollknoten in Form von Rauten zeigen alternative Entscheidungen an, wobei den Kanten entsprechend den alternativen Aktionen Regeln zugeordnet werden. Das UML-Aktivitätsdiagramm aus Abbildung 3.5 nutzt viele der zuvor erläuterten Notationsmöglichkeiten. Abbildung 2.18 (S. 32) zeigte ebenfalls ein UML-Aktivitätsdiagramm. Hier wurde die Darstellungsmöglichkeit der Nebenläufigkeit von Aufgaben zur Darstellung der Nebenläufigkeit der Hauptaufgabe *Visuelle Bildanalyse* und der Nebenaufgabe *Systembedienung* eingesetzt, wobei Querbalken den Anfang und das Ende der Aufgabennebenläufigkeit visualisieren.

Zur Erläuterung komplexer und schwer durchdringbarer Verhältnisse von Abläufen ist den Aktivitätsdiagrammen das logische Konzept der Tokens (Marken) hinterlegt. Wie auch bei Petrinetzen (siehe Abschnitt 3.2.1.1, S. 41 f.) wird durch die Wanderung eines Tokens die Abarbeitung einer Aktivität repräsentiert. Es können beliebig viele Tokens unterwegs sein, um dadurch parallele Abläufe abzubilden.

Mit UML-Aktivitätsdiagrammen ist es, wie auch bei Petrinetzen, möglich, komplexe Aufgabenstrukturen durch Hierarchisierung zu vereinfachen. Dazu werden Teile eines UML-Aktivitätsdiagramms in einer Aktivität zusammengefasst. Wie bei den Petrinetzen stehen aber auch hier keine Hierarchisierungsvorgaben zur Verfügung.

Die UML stellt selbst nur eine Notation zur Verfügung, jedoch keine Vorgehensweise beim Einsatz der unterschiedlichen Diagramme. Zur objektorientierten Softwareentwicklung mittels UML werden Vorgehensweisen vorgeschlagen (z.B. in [Oestereich 2004]). Dabei wird auf den Einsatz der unterschiedlichen Diagrammtypen in den unterschiedlichen Phasen der Softwareentwicklung eingegangen und das Vorgehen an Beispielen demonstriert. Unter anderem wird auch der Einsatz von Anwendungsdiagrammen erläutert, welche zur Erfassung und Gruppierung der an einem System durchzuführenden Aufgaben in Aufgabenklassen dienen, und es wird auch die Notation von Aktivitätsdiagrammen und deren Gebrauch beschrieben. Es gibt jedoch keine Anleitungen, in welcher Weise Aufgaben mittels UML-Aktivitätsdiagrammen systematisch beschrieben werden sollen.

3.2.1.5 Bewertung der Aufgabenbeschreibungsmethoden

Im Rahmen dieser Arbeit wird eine quantitative Aufgabenbeschreibung benötigt, welche die Ableitung von objektiven Messgrößen im Hinblick auf eine objektive Aussage über die Belastung des Menschen bei der Bearbeitung von ausgewählten Teilaufgaben ermöglicht. Einerseits muss die quantitative Beschreibung so fein granuliert sein, dass basierend darauf Teilaufgaben ermittelt werden können, welche für den Menschen besonders belastend sind, um ihn bei der Durchführung dieser als stark belastend identifizierten Teilaufgaben durch den Einsatz von Assistenzfunktionen gezielt zu entlasten. Andererseits soll die Aufgabenbeschreibung nicht feiner granuliert sein, als dies für die Ermittlung belastender Teilaufgaben notwendig ist, um den Aufwand bei der Aufgabenbeschreibung so gering als möglich zu halten. Außerdem muss gewährleistet sein, dass parallele Aufgaben beschrieben werden können, da die Hauptaufgabe *Visuelle Bildanalyse* und die Nebenaufgabe *Systembedienung* oftmals parallel bearbeitet werden.

Um die Korrektheit der Aufgabenstruktur mit dem Systemnutzer bzw. Aufgabenbearbeiter diskutieren zu können, besteht die Forderung, dass die gewählte Aufgabenbeschreibung es Personen auch ohne aufwendige Einarbeitung ermöglicht, die Struktur einer komplexen Aufgabe schnell zu erfassen. Dies erfordert eine übersichtliche Aufgabenbeschreibung sowie eine leicht verständliche Notation. Um eine Wiederholbarkeit der quantitativen Aufgabenbeschreibung gewährleisten zu können, ist eine Vorgehensweise sowohl für die Aufgabenstrukturierung als auch für die anschließende Umsetzung der Aufgabenstruktur in eine Aufgabenbeschreibung notwendig. Abschließend wird gefordert, dass die Aufgabenbeschreibung keinen hohen Zeitaufwand in Anspruch nimmt und einfach zu erstellen ist, da anzunehmen ist, dass dies ein maßgebliches Kriterium für den operationellen Einsatz einer quantitativen Aufgabenbeschreibung ist.

Zusammengefasst gilt, dass die benötigte quantitative Aufgabenbeschreibung folgenden sieben Bewertungskriterien entsprechen muss:

1. Basis für die Ableitung quantitativer Belastungsmessgrößen
2. Beschreibung parallel zu bearbeitender Haupt- und Nebenaufgaben
3. Übersichtliche Beschreibung komplexer Aufgabenstrukturen
4. Leicht verständliche Notation
5. Vorgaben zur Vorgehensweise bei der Aufgabenbeschreibung
6. Einfache Erstellung der Aufgabenbeschreibung
7. Geringer Zeitaufwand zur Erstellung der Aufgabenbeschreibung

Tabelle 3.1 gibt eine Übersicht über die Bewertung der in den Abschnitten 3.2.1.1 - 3.2.1.4 (S. 41 f.) vorgestellten Methoden zur Aufgabenbeschreibung im Hinblick auf die zuvor genannten sieben Kriterien. Dabei wird bei der Bewertung berücksichtigt, ob das Bewertungskriterium erfüllt wird und wenn dies der Fall ist, ob die Lösung auch für die hier geforderte Aufgabenbeschreibung geeignet ist.

	Petrinetze	HTA	GOMS	UML
Ableitung quantitativer Belastungsmessgrößen	+	-	+	-
Beschreibung paralleler Haupt- und Nebenaufgabe	+	-	+	+
Übersichtliche Beschreibung komplexer Aufgaben-strukturen	+/-	-	-	+
Leicht verständliche Notation	+/-	+/-	-	+
Vorgaben zur Vorgehensweise	-	+/-	+	-
Einfache Erstellung der Aufgabenbeschreibung	+/-	-	-	+
Geringer Zeitaufwand	+/-	+/-	-	+

Tabelle 3.1: Bewertung der vier betrachteten Aufgabenbeschreibungsmethoden hinsichtlich der für die hier benötigte Aufgabenbeschreibung notwendigen Kriterien mit den Bewertungsnoten „sehr gut geeignet" (+), „geeignet" (+/-) und „nicht geeignet" (-).

Quantitative Aussagen zur Belastung des Menschen als Systemnutzer werden heute bereits mit Petrinetzen und der Methode GOMS sowie deren Weiterentwicklung CCT ermittelt. So misst [Rauterberg 1996] die Aufgabenkomplexität (*Task Complexity*), indem er aus der Menge der Transitionen eines Petrinetzes die kleinste Menge an Operatoren ermittelt, die zur Bearbeitung einer Aufgabe benötigt wird. Transitionen sind hier Übergänge zwischen Systemzuständen oder kognitiven Zuständen und entsprechen den Operatoren, wie sie in GOMS verwendet werden. In GOMS wird auf Grund der Aufgabenbeschreibung die zeitliche Dauer von Aufgaben ermittelt. Vorraussetzung ist, dass die Messzeiten für die verwendeten Operatoren verfügbar sind. Auch mit der GOMS-Erweiterung CCT ist eine quantitative Aussage zur Belastung des Aufgabenbearbeiters durch die betrachtete Aufgabe möglich, dies geschieht jedoch auf Grund der Summe der gewichteten Operationen, wobei sich eine Operation aus einer Menge von Operatoren zusammensetzt und Operatoren der Gliederungsebene der Bewegung nach [Charwat 1994] entsprechen (siehe Tabelle 2.2, S. 9).

Eine parallele Beschreibung von Haupt- und Nebenaufgaben ist mit Petrinetzen, mit der GOMS-Erweiterung MT-GOMS und mit der UML möglich.

Eine übersichtliche Beschreibung von komplexen Aufgabenstrukturen bieten ausschließlich UML-Aktivitätsdiagramme. Petrinetze werden bei der Beschreibung komplexer Aufgaben auf Grund der hohen Anzahl von Stellen, Transitionen und Kanten unübersichtlich, insbesondere bei der Beschreibung von Aufgaben, die wie die Bearbeitung von Aufgaben aus der interaktiven bildgestützten Szenenanalyse stark vom Kontext abhängen. Als nicht geeignet werden die HTA und GOMS für die Beschreibung komplexer Aufgaben bewertet. Die HTA ist auf Grund dessen, dass der Arbeitsablauf durch sogenannte Pläne beschrieben wird, die neben den Kanten zwischen den Aufgabenelementen stehen, sehr unübersichtlich, wobei als großer Vorteil der HTA bei der Beschreibung von komplexen Aufgaben genannt sei, dass die HTA bei der Hierarchisierung von Aufgabenbeschreibungen über Hierarchienummern eine eindeutige und einfach interpretierbare Zuordnung zwischen einzelnen Aufgabenelementen ermöglicht. GOMS ist für die Beschreibung komplexer Arbeitsabläufe auf Grund der ausschließlich textuellen Beschreibung der Aufgabenstrukturen äußerst ungeeignet.

Eine leicht verständliche Notation bieten ebenfalls ausschließlich UML-Aktivitätsdiagramme. So können sogar Laien nach nur kurzer Einweisung in die Terminologie von UML-

Aktivitätsdiagrammen diese korrekt interpretieren. Petrinetze sind auf Grund der hohen Anzahl von Beschreibungselementen und die HTA auf Grund des hohen Textanteils viel schwerer als UML-Aktivitätsdiagramme zu interpretieren. GOMS-Beschreibungen sind auf Grund der ausschließlichen textuellen Beschreibung für Laien kaum korrekt zu interpretieren und für die Diskussion einer Aufgabenstruktur nicht geeignet.

Vorgaben zur Vorgehensweise werden zu Petrinetzen (bei einem Einsatz nach [Rauterberg 1996]), GOMS und implizit zur HTA gegeben. Rauterberg beschreibt mittels Petrinetzen den Arbeitsablauf ausschließlich auf der Ebene von Operatoren. Damit steht durch deren Summe eine Messgröße zur Verfügung, die eine Aussage über die Komplexität der Aufgabe erlaubt. Da Rauterberg keine Hierarchisierung der Aufgabe durchführt, kann jedoch nur über die Komplexität der gesamten betrachteten Aufgabe eine Aussage gemacht werden. Die Vorgehensweise von GOMS sieht bei der Beschreibung einer Aufgabe drei Hierarchiestufen vor: Das Aufgabenziel bildet die oberste Ebene, die Operatoren bilden die unterste Ebene und eine Zwischenschicht stellen die Methoden dar, die sich aus einer Menge von Operatoren zusammensetzen. Damit ist es in GOMS möglich, sowohl für jede Methode (*Method*) als auch für die Gesamtaufgabe eine quantitative Messgröße abzuleiten. Bei der HTA wird die Aufgabe Top-Down in Teilaufgaben zerlegt, diese in weitere Teilaufgaben usw., wobei es keine Vorgaben zu den einzelnen Hierarchiestufen und zur Hierarchietiefe gibt.

Bei der Erstellung einer Aufgabenbeschreibung muss der Ersteller eine ermittelte Aufgabenstruktur in eine entsprechende Beschreibung abbilden. Dabei wird der Ersteller zum einen die Aufgabenbeschreibung sukzessive erweitern und zum anderen die Aufgabenbeschreibung immer wieder auf Korrektheit überprüfen, eventuell auch in gemeinsamen Diskussionen mit dem Auftraggeber oder den zukünftigen Anwendern. Aus diesen Gründen gilt für die Erstellung einer Aufgabenbeschreibung ebenfalls die Anforderung an eine leicht verständliche Notation, was wiederum den UML-Aktivitätsdiagrammen den Vorzug gibt. Hinzu kommt, dass UML-Aktivitätsdiagramme mehr graphische Notationsmöglichkeiten als Petrinetze zur Verfügung stellen, bei der Beschreibung einer Aufgabe jedoch mit weniger graphischen Elementen als Petrinetze auskommen. Aus diesem Grund erfordert die Erstellung von UML-Diagrammen auch den geringsten Zeitaufwand. Außerdem ist zu berücksichtigen, dass sich in der Software-Industrie der Einsatz von UML in der Analyse- und Designphase eines Softwaresystems als De-Facto-Standard durchgesetzt hat, wodurch heute oftmals schon UML-Aktivitätsdiagramme erstellt werden.

3.2.2 UML-basierte Methode zur quantitativen Aufgabenbeschreibung

Die oben durchgeführte Bewertung legt nahe, UML-Aktivitätsdiagramme als Basis für die quantitative Aufgabenbeschreibung einzusetzen und um die Vorteile der anderen Methoden zu ergänzen. UML-Aktivitätsdiagramme bieten eine ausreichend umfangreiche und leicht verständliche graphische Notation zur formalen Beschreibung parallel verlaufender Haupt- und Nebenaufgaben. UML-Aktivitätsdiagramme sind auch im Fall von komplexen Aufgabenstrukturen leicht interpretierbar, so dass anhand von UML-Aktivitätsdiagrammen mit den Systemnutzern problemlos die Aufgabenstruktur auf Korrektheit überprüft und im Anschluss optimiert werden kann. Und UML-Aktivitätsdiagramme können, im Vergleich zu anderen Diagrammformen, einfach und ohne hohen Zeitaufwand erstellt werden. Nachteil von UML-Aktivitätsdiagrammen ist, dass weder eine Vorgehensweise zur systematischen Aufgabenbeschreibung noch zur Ableitung von objektiven Messdaten, welche Hinweise auf die Belastung des Menschen durch die Bearbeitung der betrachteten Teilaufgabe geben, existieren.

In diesem Abschnitt wird daher eine Erweiterung der Methode UML vorgestellt, welche gewährleistet, dass die damit erstellten Aufgabenbeschreibungen eine Grundlage für die Ableitung von Belastungsmessgrößen bilden, welche Rückschlüsse auf die Belastung des Menschen durch die Bearbeitung von Teilaufgaben und damit auch auf seine Leistung für die betrachtete Teilaufgabe ermöglichen. Während in Abschnitt 3.2.2.1 auf die vorgenommenen Erweiterungen bei der Erstellung von UML-Aktivitätsdiagrammen eingegangen wird, werden in Abschnitt 3.2.2.2 die aus den damit erstellten Aufgabenbeschreibungen abzuleitenden Belastungsmessgrößen beschrieben.

3.2.2.1 Erweiterung von UML zur quantitativen Aufgabenbeschreibung

Da die Beschreibung der Aufgabenbearbeitung unter Nutzung eines komplexen funktionsorientierten Systems, wie es ein Bildauswertesystem ist, ein äußerst umfangreiches UML-Aktivitätsdiagramm ergäbe, ist eine hierarchische Strukturierung der UML-basierten Aufgabenbeschreibung erforderlich. Zudem ist eine Vorgehensweise zu entwickeln, welche eine Systematik bei der Aufgabenbeschreibung gewährleistet und die Ermittlung von Messgrößen erlaubt, welche einen Rückschluss auf die Belastung des Menschen bei der Bearbeitung ausgewählter Teilaufgaben ermöglichen. Dazu wird folgende Lösung vorgeschlagen: Als Strukturierungskriterium wird die in Tabelle 2.2 (S. 9) dargestellte Aufgabenstrukturierung nach [Charwat 1994] gewählt. Entsprechend [Charwat 1994] erfordert die Verrichtung der dem Menschen zugeordneten Aufgaben von ihm Tätigkeiten, welche sich wiederum aus Handlungen, Operationen (Elementaraufgaben), Bewegungen und Muskelaktionen zusammensetzen. Für die hier entwickelte Aufgabenbeschreibung wird als detaillierteste Beschreibungsebene die Operationsebene gewählt. Damit wird der Forderung nachgekommen, dass die Aufgabenbeschreibung auf der einen Seite so fein granuliert ist, dass basierend darauf Teilaufgaben ermittelt werden können, welche besonders belastend sind und auf der anderen Seite nicht feiner granuliert ist, als dies für die Ermittlung belastender Teilaufgaben notwendig ist. Zugleich wird dadurch eine Vorgehensweise für die hierarchische Beschreibung von Aufgaben formuliert. Um den Zusammenhang zwischen den Hierarchieebenen der strukturierten Aufgabenbeschreibung nach [Charwat 1994] zu erhalten, wird eine hierarchische Aufgabennummerierung entsprechend der HTA (siehe Abschnitt 3.2.1.2, S. 43 f.) benutzt.

Tabelle 2.2 (S. 9) beschreibt alle sechs Beschreibungsebenen einer Aufgabe nach [Charwat 1994] im Detail: Im Folgenden werden nochmals jene Hierarchieebenen beschrieben, welche zur Strukturierung der Aufgaben mit der hier vorgestellten Aufgabenbeschreibungsmethode relevant sind:

Aufgabe: Definition des globalen Ziels der Arbeit (z.B.: Gegebenes Objekt in einem Bild finden).

Tätigkeit: Die Verrichtung der Arbeitsaufgabe erfordert Tätigkeiten. Sie liefern das Arbeitsergebnis (z.B.: Bild visuell scannen).

Handlung: Kleinste Einheit bewusst gesteuerter sensomotorischer oder intellektueller Abläufe, die auf ein Ziel ausgerichtet sind und durch ein Motiv angestoßen werden (z.B: Bildhelligkeit ändern, Bild drehen).

Operation: Unselbständige Teilhandlung, die isoliert für sich betrachtet kein bewusstes Ziel erkennen lässt (z.B.: Im Rahmen einer Bedienung einen Wert einstellen). Sie wird auch als Elementaraufgabe bezeichnet und umfasst elementare sensorische, kognitive oder motorische Prozesse.

Zur Verdeutlichung der vorgeschlagenen Methode zur Aufgabenbeschreibung wird mit dieser die Tätigkeits- und Handlungsebene für die Aufgabe „Vorgegebenes Objekt in Bild suchen" aus Abbildung 3.1 (S. 41) erneut beschrieben. Die Aufgabe „0 Vorgegebenes Objekt im Bild suchen" hat die Hierarchiestufe 1, die auf der linken Seite von Abbildung 3.6 beschriebenen Tätigkeiten dieser Aufgabe haben die Hierarchiestufe 2 und die auf der rechten Seite von Abbildung 3.6 beschriebenen Handlungen der Tätigkeit „0.1 Bild visuell abscannen" haben die Hierarchiestufe 3.

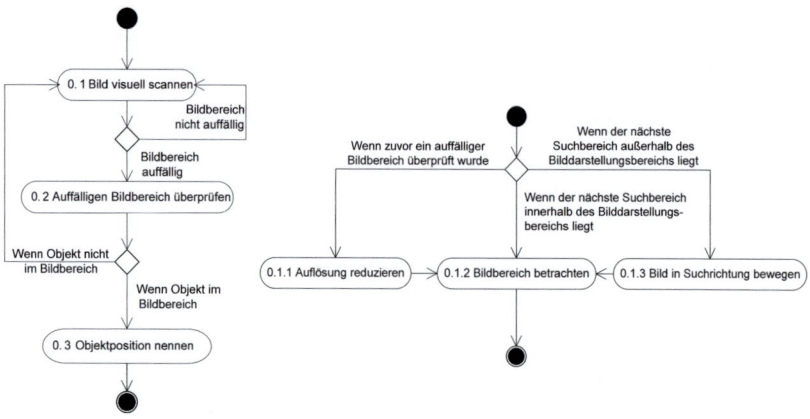

Abbildung 3.6: Beschreibung der Aufgabe „Vorgegebenes Objekt im Bild suchen" mittels einer fortentwickelten UML-basierten Methode. Auf der linken Seite die Beschreibung der Objektentdeckungsaufgabe durch drei Tätigkeiten, auf der rechten Seite die Beschreibung der Tätigkeit „0.1 Bild visuell scannen" durch die dazu notwendigen Handlungen.

Die in Abbildung 3.6 dargestellte Aufgabenbeschreibung ist unabhängig vom Bildauswertesystem, das zur Aufgabenbearbeitung genutzt wird. Erst auf der Operationsebene sind der Werkzeugeinsatz und damit die Unterstützung durch ein Bildauswertesystem zu berücksichtigen, wobei nicht jede Handlung eine Systembedienung erfordert. Von der Tätigkeit „0.1 Bild visuell scannen" erfordern die Handlungen „0.1.1 Auflösung reduzieren" und „0.1.3 Bild in Suchrichtung bewegen" eine Systembedienung, während dessen die Handlung „0.1.2 Bild betrachten" eine reine Bildanalyseaufgabe ohne Systembedienungsaufwand ist. Um Handlungen, welche eine Systembedienung beinhalten, durch die erforderlichen Operationen beschreiben zu können, muss zuerst ein bestimmtes Bildauswertesystem ausgewählt werden. Arbeitet der Bildauswerter beispielsweise mit dem System ERDAS, so stehen ihm zum Weiterbewegen des Bildes in die Suchrichtung unterschiedliche Funktionen zur Verfügung. Abbildung 3.7 zeigt die Bedienoberfläche von ERDAS. Die drei Bereiche der Bedienoberfläche von ERDAS, welche zur Weiterbewegung des Bildes in Suchrichtung dienen, sind markiert und nummeriert.

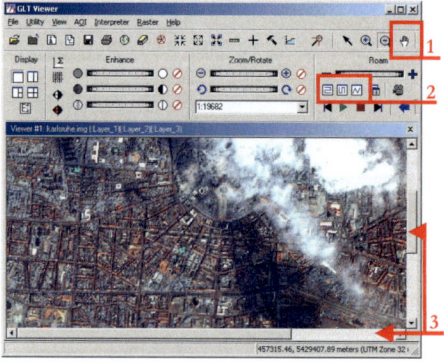

Abbildung 3.7: Die Bedienoberfläche des Bildauswertesystems ERDAS. Markiert sind jene drei Bereiche, welche zum Weiterbewegen des Bildes in Suchrichtung dienen.

Das Handsymbol, beschriftet durch die „1", dient dem richtungsunabhängigen Weiterbewegen des Bildes durch eine Mausbewegung mit gedrücktem linken Mausknopf, was dem Weiterschieben eines Papierbildes mit der Hand ähnelt. Die drei Druckknöpfe, beschriftet mit „2", ermöglichen, das Bild in einer Art Videomodus in bester Auflösung am Bildschirm vorbeiziehen zu lassen. Die Suchwege sind auf den Druckknöpfen symbolisch dargestellt. Außerdem kann das Bild über die Rollbalken, welche seitlich am Bilddarstellungsfenster angebracht und mit „3" beschriftet sind, weiterbewegt werden. Durch das Bewegen der Rollbalken nach oben und unten bzw. nach rechts und links wird das Bild in die jeweils gegenläufige Richtung verschoben. Beispielsweise bewirkt das nach rechts Schieben des unteren Rollbalkens, dass das Bild nach links verschoben wird und damit rechtsseitige Bildteile sichtbar werden.

Abbildung 3.8 beschreibt die Operationen der Handlung „0.1.3 Bild in Suchrichtung bewegen" unter Nutzung der Funktion zum richtungsunabhängigen Bildweiterbewegen (Auswahl über das Handsymbol). Aus der Aufgabenbeschreibung kann abgeleitet werden, dass für die Handlung unter Nutzung dieser Funktion sechs Operationen durchgeführt werden müssen.

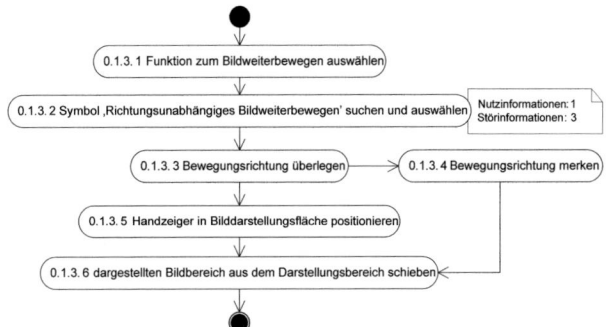

Abbildung 3.8: Beschreibung der Handlung „0.1.3 Bild in Suchrichtung bewegen" durch ihre Operationen.

Bei der Anwahl der Funktion zum richtungsunabhängigen Bildweiterbewegen (siehe Operation 0.1.3.2 in Abbildung 3.8) interagiert der Bildauswerter mit dem System über Bedienelemente. Bedienelemente, welche den Menschen bei der Durchführung der Operation unterstützen, stellen Nutzinformationen dar, Bedienelemente, welche dies nicht tun und die Sinne des Menschen unnotwendig belasten, stellen Störinformationen dar (siehe auch Abbildung 2.2, S. 9). Da Nutz- und Störinformationen die Belastung des Menschen bei der Interaktion mit einem System beeinflussen, werden diese je Operation erfasst. Dabei wird davon ausgegangen, dass der Mensch als Systemnutzer die Bedienoberfläche des eingesetzten Systems kennt, und als Störinformation daher nur jene Bedienelemente erfasst, welche sich im selben Oberflächenbereich wie die Nutzinformation befinden. Ein Blick auf die ERDAS-Bedienoberfläche aus Abbildung 3.7 zeigt, dass beim Weiterbewegen des Bildausschnitts mittels des Handsymbols der Nutzinformation „Handsymbol" innerhalb des relevanten Oberflächenbereichs drei Störinformationen gegenüberstehen, d.h. drei Bedienelemente, welche ebenfalls im selben Bedienbereich untergebracht und ähnlich gestaltet sind. Damit werden der Operation „0.1.3.2 Symbol ‚Richtungsunabhängiges Bildweiterbewegen' suchen und auswählen" eine Nutzinformation und drei Störinformationen zugeordnet. Um dieses Wissen bei einer späteren Analyse der Aufgabenbeschreibung verfügbar zu haben, wird es mittels eines Notizzettels, welcher in UML zur Darstellung von Anmerkungen dient, an die dementsprechende Operation „geheftet" (siehe Abbildung 3.8).

Bei der Beschreibung einer Handlung durch ihre Operationen ist außerdem zu berücksichtigen, dass zwischen zwei Typen von Operationen unterschieden werden muss: den sogenannten abgeschlossenen Operationen und den Merkoperationen. Bei einer abgeschlossenen Operation durch-läuft der Mensch die Kette der Informationsaufnahme und -verarbeitung nach [Charwat 1994] (siehe Abbildung 2.3, S. 10). Eine abgeschlossene Operation beginnt mit dem Wahrnehmen eines Reizes oder Signals durch die Sinnesorgane des Menschen, um nach dem Schritt des Erkennens als Information eingeordnet und verstanden zur werden. Jetzt erst kann der Mensch entscheiden, ob, und wenn, wie er auf die wahrgenommene Information reagieren muss. Muss er reagieren, gibt es folgende Alternativen, welche anhand ausgewählter Operationen der Handlung „0.1.3 Bild in Suchrichtung bewegen" (siehe Abbildung 3.8, S. 53) erläutert werden:

• Der Mensch nimmt Information auf, verarbeitet diese und schließt die Operation ab.
  Die abschließende Aktion ist motorisch oder kognitiv.

Beispiel „abschließende Aktion kognitiv":
Ein Bildauswerter wertet ein Bild unter Nutzung des Bildauswertesystems ERDAS aus. Dazu muss er das Bild weiterbewegen. Er muss nun entscheiden, mit welcher ERDAS-Funktion er das Bild weiterbewegen wird. Hierzu stehen ihm drei alternative Funktionen zur Verfügung (siehe Abbildung 3.7, S. 52). Damit wird die Operation „0.1.3.1 Funktion zum Bildweiterbe-wegen auswählen" durch eine kognitive Aktion, nämlich die Entscheidung für eine der drei Funktionen, abgeschlossen. Das Ergebnis der kognitiven Aktion wird im Rahmen der nächs-ten Operation weiter verwendet.

Beispiel „abschließende Aktion motorisch":
Der Bildauswerter will im Rahmen der Operation „0.1.3.2 Symbol ‚richtungsabhängiges Bildweiterbewegen' suchen und auswählen" die Systemfunktion „Richtungsunabhängiges Bildweiterbewegen" aktivieren. Dabei wird er das Handsymbol, welches den Aufruf dieser Funktion bewirkt, suchen, mit der Maus anwählen und durch die motorische Aktion „Akti-vieren der Drucktaste mit Handsymbol" abschließen.

• Der Mensch nimmt Information auf, verarbeitet diese und schließt die Operation ab.
  Die Operation zieht eine Merkoperation nach sich.

Beispiel „Merkoperation":
Der Bildauswerter hat die Systemfunktion „Richtungsunabhängiges Bildweiterbewegen" durch die Auswahl des Handsymbols aktiviert. Der Bildauswerter weiß, in welche Richtung er das Bild verschieben will. Mit diesem Wissen überlegt er nun, in welche Richtung er das Handsymbol mittels gedrückter linker Maustaste bewegen muss, damit sich das Bild wieder-um in die gewünschte Richtung verschiebt. Er überlegt sich also die Bewegungsrichtung für sein Verschiebewerkzeug. Diese Operation ist ausschließlich kognitiv und zieht außerdem ei-ne Merkoperation nach sich. Dies ist eine Operation, in der sich der Mensch, hier der Bild-auswerter, parallel zu den nächsten Bearbeitungsschritten (Operationen) eine bestimmte Menge von Informationen merken muss. Im hier besprochenen Beispiel muss sich der Bild-auswerter die ermittelte Bewegungsrichtung merken, wobei die zu merkende Informations-menge ein Chunk ist und das Merken der Information eine Operation lange dauert.

Abbildung 3.9 zeigt die Aufgabenstruktur der Handlung „0.1.3 Bild in Suchrichtung bewegen" entsprechend der Aufgabenbeschreibung aus Abbildung 3.8 (S. 53), ergänzt um die Unterschei-dung zwischen den zuvor eingeführten Operationstypen durch eine geeignete Farbkodierung:

• Operationen, die motorisch abgeschlossen werden, sind in der Farbe Lila dargestellt,

• Operationen, die kognitiv abgeschlossen werden, sind in der Farbe Gelb dargestellt und

• Merkoperationen sind in der Farbe Orange dargestellt.

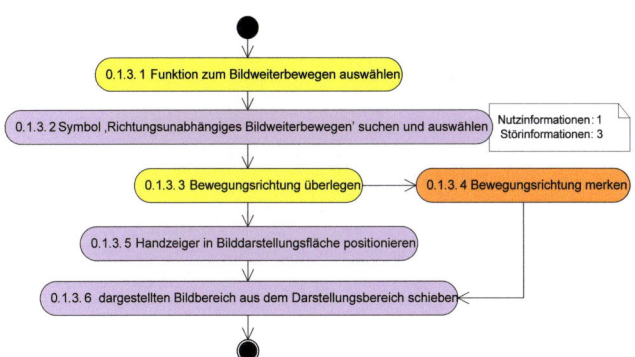

Abbildung 3.9: Beschreibung der Handlung „0.1.3 Bild in Suchrichtung bewegen" mittels der durchzuführenden Operationen, wobei farblich zwischen drei Operationstypen unterschieden wird: motorisch abgeschlossene Operationen sind lila, kognitiv abgeschlossene Operationen gelb und Merkoperationen orange gefärbt.

3.2.2.2 Ableitung der menschlichen Belastung aus quantitativ gemessenen Daten

In diesem Abschnitt werden Belastungsmessgrößen vorgeschlagen, welche aus Aufgabenbeschreibungen abgeleitet werden können, die mit den im vorherigen Abschnitt 3.2.2 (S. 50 f.) beschriebenen erweiterten UML-Aktivitätsdiagrammen erstellt wurden.

Die Belastung des Menschen bei der Bearbeitung einer Teilaufgabe hängt maßgeblich von den durchzuführenden Operationen ab, wobei zwischen abgeschlossenen Operationen und Merkoperationen zu unterscheiden ist. So werden zunächst nur die abgeschlossenen Operationen betrachtet, die bei den Methoden GOMS und CCT als Grundlage für die Ableitung quantitativer Messgrößen dienen (siehe Abschnitt 3.2.1.3, S. 44 f.). Stehen für diese Operationen Messzeiten zur Verfügung, kann damit auf die Bearbeitungsdauer für die betrachteten Teilaufgaben geschlossen werden. Davon wird in dieser Arbeit aus folgenden Gründen abgesehen: Die hier vorgeschlagene Aufgabenbeschreibung erfolgt – im Gegensatz zu einer Beschreibung in GOMS – nicht auf der Operator- sondern auf der Operationsebene, wobei sich eine Operation immer aus mehreren Operatoren zusammensetzt. Dieses Vorgehen hat den Vorteil, dass die Erstellung einer Aufgabenbeschreibung nach der in dieser Arbeit vorgeschlagenen Methode nicht so zeitaufwändig und die erstellte Aufgabenbeschreibung nicht so umfangreich und damit übersichtlicher ist, als dies beim Beschreiben von Aufgaben auf der Operatorenebene der Fall ist. Die Aufgabenbeschreibung auf Operationsebene hat aber auch zum Nachteil, dass die heute in GOMS zur Verfügung stehenden Messzeiten für Operatoren nicht genutzt werden können und, um für alle in einer Aufgabenbeschreibung verwendeten Operationen einen repräsentativen Zeitwert zu erhalten, eine hohe Anzahl von Aufgabenbearbeitungen mit einer repräsentativen Anzahl von Systemnutzern notwendig wäre, was zeit- und damit kostenintensiv ist. Dabei hingen die gemessenen Bearbeitungszeiten von den Fähigkeiten der Systemnutzer ab und die gemessenen Werte würden daher nur für die Nutzergruppe gelten, die bei der Zeitmessung eingebunden wurde. In dieser Arbeit wird daher eine Belastungsmessgröße auf Basis der durchzuführenden Operationen nach der GOMS-Erweiterung CCT durch [Kieras & Polson 1985] und [Nirschl 1990] (siehe Abschnitt 3.2.1.3, S. 44) vorgeschlagen, wobei diese GOMS-Erweiterung als Messgröße für die Belastung des Systemnutzers die Summe der von ihm durchzuführenden und gewichteten Operationen vorsieht. Die von [Kieras & Polson 1985] betrachteten Operationen umfassen entsprechend einer Differenzierung der Operationen, wie im vorhergehenden Abschnitt 3.2.2.1(S. 51 f.) vorgestellt, keine Merkoperationen, sondern nur abgeschlossene Operationen. Da die in dieser Arbeit betrachteten abgeschlossenen Operationen einfachste Aufgaben sind und davon ausgegangen wird, dass diese den Menschen ähnlich stark belasten, wird jede abgeschlossene Operation gleich gewichtet. Die Entscheidung für diese Messgröße wird durch den experimentellen Nachweis aus [Norman 1990] bestärkt, welcher besagt, dass die Belastung des Systemnutzers im Wesentlichen von der Summe der durchzuführenden Operationen abhängt.

Bei der Durchführung von motorisch abgeschlossenen Operationen interagiert der Systemnutzer mit dem System über optisch dargestellte Bedienelemente. Diese stellen nach [Syrbe & Beyerer 2007] entsprechend ihrer Nützlichkeit für die zu bearbeitende Aufgabe Nutz- oder Störinformation dar (siehe Abschnitt 2.1.1, S. 7 f.). Für die Aufgabenbearbeitung unnütze Informationen (Störinformationen) sind bei der Gestaltung von Mensch-Maschine-Schnittstellen zu vermeiden, da die Höhe der dem Menschen dargebotenen Menge an Störinformationen in direktem Zusammenhang mit der Wahrscheinlichkeit steht, dass der Mensch bei der Systembedienung Fehler macht. Basierend auf diesen Überlegungen berechnen [Baber & Stanton 2004] das Potential eines interaktiven Systems für menschliche Fehler. Es wird daher als eine Belastungsmessgröße die Summe der Störinformationen vorgeschlagen, welche ein Maß für die Fehleranfälligkeit, aber auch für die Komplexität einer Bedienoberfläche ist.

[Norman 1990] differenziert nicht zwischen Nutz- und Störinformation, sondern verweist darauf, dass die Summe aller dem Menschen dargebotenen Informationen Rückschlüsse auf die kognitive Belastung des Menschen und damit auf die von ihm für die Aufgabenbearbeitung aufzuwendende Zeit zulässt. [Norman 1990] weist insbesondere auf die hohe kognitive Belastung von Anfängern durch eine hohe Summe von optisch dargestellten Bedienelementen, da Anfänger sich die Stellen, an denen sich die Interaktionselemente der benötigten Funktionen befinden, und die Codierung der benötigten Interaktionselemente durch z.B. Symbole oder Texte noch nicht eingeprägt haben. Neben der hohen kognitiven Belastung der Anfänger resultieren aus dieser Situation hohe Suchzeiten für die benötigten Funktionen. Es wird daher ergänzend zur Summe der Störinformationen die Summe der Nutzinformationen, mit welcher der Systemnutzer bei der Aufgabenbearbeitung konfrontiert wird, als Belastungsmessgröße gewählt, welche ebenfalls ein Maß für die Komplexität und die daraus resultierende Fehleranfälligkeit einer Bedienoberfläche darstellt.

Zusätzlich wird die Summe der zu merkenden Informationen, welche während einer Merkoperation gemerkt werden müssen, zur Bewertung der Belastung des Menschen bei der Aufgabenbearbeitung herangezogen. Je mehr Informationen sich der Mensch parallel zur Bearbeitung der aktuellen Teilaufgabe merken muss, desto weniger Speicherplatz verbleibt für die eigentliche Aufgabenbearbeitung im Kurzzeitgedächtnis, was auf Grund der geringen Speicherkapazität des Kurzzeitgedächtnisses, die das *Model Human Processor* aus Abbildung 2.8 (S. 16) verdeutlicht, äußerst ungünstig ist. Die Belastung des Kurzzeitgedächtnisses des Menschen wird aber nicht nur über die Summe der zu merkenden Informationen, sondern auch durch die Merkdauer für diese Informationen festgelegt. Es werden daher die Summe aller Informationen, die sich der Mensch gleichzeitig merken muss, und die Summe der Operationen, die zwischen dem Beginn und dem Ende einer Merkoperation liegen, als weitere Belastungsmessgrößen gewählt.

Im Weiteren werden alle Größen, die in dieser Arbeit zur Messung der Belastung des Menschen bei der Aufgabenbearbeitung vorgeschlagen werden und die informatorische Belastung des Menschen bei der Aufgabenbearbeitung im Zusammenwirken mit einem computergestützten System beschreiben, in einer Übersicht zusammengestellt, ihnen die im Weiteren verwendeten mathematischen Bezeichnungen sowie die Formeln zu ihrer Berechnung zugewiesen und Kriterien zur Bewertung der jeweiligen Größe genannt.

Größen zur Messung der menschlichen Belastung (Belastungsmessgrößen)

Bei der in dieser Arbeit eingesetzten Methode zur Aufgabenbeschreibung wird die Aufgabe hierarchisch in Tätigkeiten, Handlungen und Operationen gegliedert und diesen Aufgabenelementen Hierarchienummern zugewiesen. Bei der Bearbeitung einer Teilaufgabe T wird der Mensch belastet. Ist die Teilaufgabe T mit einer Tätigkeit oder Handlung identisch, wird sie durch deren Hierarchienummer H eindeutig und kann damit als T(H) bezeichnet werden. Die auf den folgenden Seiten definierten objektiven quantitativen Größen ermöglichen einen Rückschluss auf die Höhe der informatorischen bzw. kognitiven Belastung des Menschen bei der Bearbeitung der Teilaufgabe T(H). Die informatorische Überbelastung des Menschen führt zu einem Leistungsverlust (siehe Abschnitt 2.1.2.3, S. 17 f.).

Summe der abgeschlossenen Operationen:
Die Teilaufgabe T(H) umfasst h Handlungen, wobei die i-te Handlung o_i (i=1,...,h) abgeschlossene Operationen umfasst. Die Summe aller abgeschlossenen Operationen AO(T(H)), die zur Bearbeitung der Teilaufgabe T(H) durchzuführen ist, wird aus Gründen der Übersichtlichkeit als AO(H) bezeichnet und ermittelt wie folgt:

$$AO(T(H)) = AO(H) = \sum_{i=1}^{h} o_i \qquad\qquad \text{Formel 3.2}$$

> Je höher die Summe der abgeschlossenen Operationen AO(H) ist, die der Mensch bei der Aufgabenbearbeitung durchführen muss, desto höher ist seine Belastung.

Summe der Nutzinformationen:
Bei der Bearbeitung der j-ten Operation, welche Teil der i-ten Handlung ist, muss der Bearbeiter n_{ij} Bedienelemente nutzen, welche für ihn n_{ij} Nutzinformationen darstellen. Die Summe dieser Nutzinformationen NI(T(H)), mit denen der Bearbeiter während der Bearbeitung der Teilaufgabe T(H) konfrontiert wird, wird aus Gründen der Übersichtlichkeit als NI(H) bezeichnet und ermittelt wie folgt:

$$NI(T(H)) = NI(H) = \sum_{i=1}^{h} \sum_{j=1}^{o_i} n_{ij} \qquad\qquad \text{Formel 3.3}$$

> Je höher die Summe der Nutzinformationen NI(H) ist, mit denen der Mensch bei der Aufgabenbearbeitung konfrontiert wird, desto höher ist seine Belastung.

Summe der Störinformationen:
Bei der Bearbeitung der j-ten Operation, welche Teil der i-ten Handlung ist, wird der Bearbeiter mit s_{ij} Bedienelementen konfrontiert, welche ihn bei der Bearbeitung der Operation nicht unterstützen, dadurch seine Sinne unnotwendig belasten und somit Störinformation darstellen. Die Summe dieser Störinformationen SI(T(H)), mit denen der Bearbeiter während der Bearbeitung der Teilaufgabe T(H) konfrontiert wird, wird aus Gründen der Übersichtlichkeit als SI(H) bezeichnet und ermittelt wie folgt:

$$SI(T(H)) = SI(H) = \sum_{i=1}^{h} \sum_{j=1}^{o_i} s_{ij} \qquad \text{Formel 3.4}$$

> Je höher die Summer der Störinformationen SI(H) ist, mit denen der
> Mensch bei der Aufgabenbearbeitung konfrontiert wird, desto höher
> ist seine Belastung.

Summe der zu merkenden Informationen und Merkdauer:
Im Fall einer Merkoperation wird der Mensch bei der Bearbeitung einer Teilaufgabe T(H) durch das parallel zur Aufgabenbearbeitung dauernde Merken von Informationen belastet, wobei die Belastung durch die Summe der zu merkenden Informationen (Merkinformationen) und die Dauer, über die hinweg die Informationen gemerkt werden müssen, angeben wird. Die Einheit für die Summe der zu merkenden Informationen ist der Chunk. Die Dauer, über die hinweg die Informationen gemerkt werden müssen, die sogenannte Merkdauer, wird durch die Summe der abgeschlossenen Operationen, während deren Bearbeitung die Informationen gemerkt werden müssen, angegeben. Dabei ist zu berücksigten, dass im Laufe einer Teilaufgabenbearbeitung die zu merkende Informationsmenge variieren kann. Somit wird eine Teilaufgabe T(H) in p Aufgabenabschnitte (*parts*) geteilt, wobei für einen Aufgabenabschnitt die konstant bleibende Summe zu merkender Informationen (Summe der Merkinformationen) und die Merkdauer wie folgt angegeben werden:

Die im Rahmen des p-ten Aufgabenabschnitts der Teilaufgabe mit der Hierarchienummer H zu merkende Summe an Informationen wird durch $MI_p(T(H))$ angegeben und aus Gründen der Übersichtlichkeit mit $MI_p(H)$ bezeichnet.

$MI_p(T(H)) = MI_p(H)$ mit p=1,2,3,...
Ist die Summe der Merkinformationen über die Dauer der betrachteten Teilaufgabe T(H) konstant, so ist p = 1. In diesem Falls wird in der Schreibweise der Zähler p weggelassen, d.h.
$MI_p(H) = MI(H)$ wenn p=1.

Mit dem *Extended Model Human Processor* (EMHP) aus Abschnitt 2.1.2.3 (S. 17 f.) steht ein Modell zur Verfügung, welches durch die Vereinigung der Modelle MHP aus [Card et al. 1983] und MIMG aus [Schumacher 1981] als Engpass bei der Informationsverarbeitung durch den Menschen die geringe Speicherkapazität des Kurzzeitgedächtnisses aufzeigt und Hinweise auf das Verhalten des Menschen bei einer Überlastung dieses Speichers gibt. Aus dem EMHP wurden die im Folgenden aufgeführten Erkenntnisse abgeleitet, welche auch zur Bewertung der Größe MI(H) eingesetzt werden.

Je größer die Menge der gleichzeitig zu merkenden Informationen
MI(H), desto stärker ist das Kurzzeitgedächtnis des Menschen belastet. Dabei muss berücksichtigt werden, dass zur Bearbeitung
der abgeschlossenen Operationen ebenfalls Chunks im Kurzzeitgedächtnis belegt werden.

Der Mensch kann im Mittel nicht mehr als 7 Chunks gleichzeitig im
Kurzzeitgedächtnis halten.

Muss sich der Mensch mehr als 7 Chunks merken, so wird er auf
Grund der Überlastung Information abweisen, wobei folgende Alternativen möglich sind (siehe EMHP, S. 24 f.):

- Der Mensch nimmt keine neuen Informationen mehr auf und wird
  daher Teilaufgaben nicht oder falsch bearbeiten.
- Der Mensch vergisst Informationen, die er im Kurzzeitgedächtnis
  hält und wird daher Fehler machen. Dies kann zu nicht oder
  falsch bearbeiteten Teilaufgaben führen oder eine längere
  Bearbeitungsdauer nach sich ziehen.
- Der Mensch verwirft (ignoriert) alle Informationen, die er im
  Kurzzeitgedächtnis hält, und beginnt mit der Aufgabenbearbeitung von vorne. Dies führt zu einer höheren Bearbeitungszeit
  und u.U. auch zu Fehlern bei der Aufgabenbearbeitung.

Die Dauer, über die hinweg die Summe von Merkinformationen $MI_p(H)$ zu merken ist, ohne dass eine ihrer Informationen aktiviert und damit in der „Warteschlange Kurzzeitgedächtnis" nach vorne geholt wird, wird als Merkdauer bezeichnet. Diese Dauer $D(MI_p(T(H)))$ wird durch die Summe der abgeschlossenen Operationen angegeben, welche parallel zum Merken der Informationen bearbeitet werden müssen, und aus Gründen der Übersichtlichkeit mit $D(MI_p(H))$ be-zeichnet.

$$D(MI_p(T(H))) = D(MI_p(H)) \text{ mit } D(MI_p(H)) \leq AO(H)$$

Folgende Erkenntnisse, abgeleitet aus dem *Model Human Processor* von [Card et al. 1983] (siehe Abschnitt 2.1.2.2, S. 15 f.) können zur Bewertung durch die Belastung von $D(MI_p(H))$ herange-zogen werden, wobei dazu die zeitliche Dauer einer Operation (z.B. in Sekunden) bekannt sein muss:

Je länger die Merkdauer D(MI(H)) ist, desto größer ist die Wahrscheinlichkeit, dass der Mensch die zu merkende Information vergisst.

- Wenn MI(H) = 1 Chunk, dann kann MI(H)73 sec lang gemerkt werden
- Wenn MI(H) = 3 Chunks, dann kann MI(H)7 sec lang gemerkt werden

Während der Erstellung der Aufgabenbeschreibung mit der in Abschnitt 3.2.2.1 (S. 51 f.) vorge-schlagenen Methode werden zusätzlich alle oben aufgeführten Belastungsmessgrößen erfasst und in die den Handlungen und Tätigkeiten angehefteten Notizzettel eingetragen, um letztendlich als Grundlage für die Bewertung der Belastung des Bildauswerters durch die Bearbeitung des be-trachteten Aufgabenabschnitts bzw. der betrachteten Teilaufgabe zu dienen. Ein Beispiel für eine UML-basierte quantitative Aufgabenbeschreibung unter Berücksichtigung der oben aufgeführten Belastungsmessgrößen zeigt Abbildung 3.10, wobei hier nur der Handlung „0.1.3 Bild in Suchrichtung bewegen" die oben vorgeschlagenen quantitativen Belastungsmessgrößen zugeordnet sind. Diese wurden aus dem quantitativen UML-Aktivitätsdiagramm aus Abbildung 3.9 (S. 55) abgeleitet.

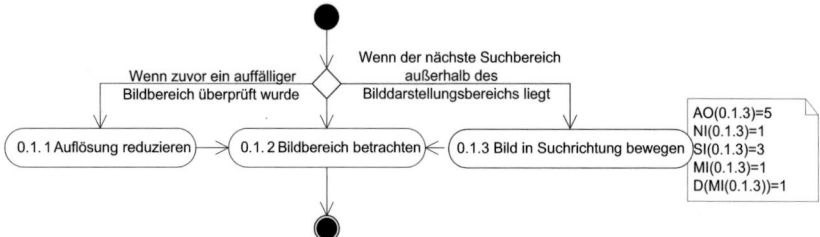

Abbildung 3.10: Beschreibung der Tätigkeit „0.1 Bild visuell scannen" (siehe auch Abbildung 3.6, S. 52) durch die dazu notwendigen Handlungen. Der Handlung „0.1.3 Bild in Suchrichtung bewegen" sind mittels Notizzettels die für die Handlung ermittelten quantitativen Belastungsmessgrößen „angeheftet".

Das Zusammenfassen der Belastungsmessgrößen für eine spezielle Teilaufgabe erfolgt im Rahmen der Aufgabenanalyse. Dabei wird auf Grund der in Abschnitt 2.1.1 (S. 7 f.) durchgeführten Überlegungen angenommen, dass die Höhe der oben aufgeführten Belastungsmessgrößen nicht nur ein Indikator für die Höhe der Belastung des Menschen bei der Aufgabenbearbeitung ist, sondern auch für die Höhe der Leistung, die er bei der Aufgabenbearbeitung im Hinblick auf seine Hauptaufgabe, hier die *Visuelle Bildanalyse* erbringt. Dabei wird davon ausgegangen, dass von hohen Belastungsmessgrößen auf eine hohe Belastung des Menschen sowie auf eine niedrige Leistung bei der Hauptaufgabenbearbeitung geschlossen werden darf und umgekehrt.

3.3 Spezielle quantitative Beschreibung und Belastungsmessung für ausgewählte Aufgaben aus der interaktiven Szenenanalyse

In Abschnitt 3.2.2 (S. 50 f.) wurde eine UML-basierte Methode vorgestellt, welche die quantitative Beschreibung von Aufgaben einschließlich der Ableitung von quantitativen Belastungsmessgrößen für ausgewählte Aufgabenabschnitte (Teilaufgaben) ermöglicht, wobei angenommen wird, dass die abgeleiteten Belastungsmessgrößen mit der Belastung des Menschen bei der Aufgabenbearbeitung positiv und mit seiner Leistung negativ korrelieren. In diesem Kapitel wird diese Methode angewendet, um die Belastung des Bildauswerters bei der Bearbeitung ausgewählter Teilaufgaben aus der interaktiven bildgestützten Szenenanalyse zu ermitteln. Dazu wurden zwei Beispielszenarien ausgewählt, welche typische Bildauswerteaufgaben sowie das zur Aufgabenbearbeitung benötigte Bildmaterial umfassen. Da, wie in Abschnitt 3.2.2 (S. 50 f.) erläutert, die hier vorgeschlagene Aufgabenbeschreibung auf Operationsebene nur mit dem Wissen über das eingesetzte computergestützte System erstellt werden kann, fiel aus den im Folgenden genannten Gründen die Entscheidung auf das Bildauswertesystem ERDAS der Fa. Leica Geosystems.

- ERDAS ist nach einer Umfrage bei professionellen Bildauswertern hinsichtlich des Funktionsumfangs und der anthropotechnischen Auslegung repräsentativ für heute verfügbare Bildauswertesysteme.

- Die Fa. Leica Geosystems nennt ERDAS als das marktführende Bildauswertesystem auf dem amerikanischen und europäischen Markt.

- ERDAS kann softwaretechnisch erweitert werden, was Grundvoraussetzung zur Erweiterung um Assistenzfunktionen ist, durch welche der Bildauswerter bei stark belastenden Teilaufgaben Entlastung erfahren soll.

Die Aufgaben der Beispielszenarien, welche entsprechend der Aufgabeneinteilung aus Tabelle 2.4 (S. 26) Entdeckungs-, Erkennungs- und Analyseaufgaben umfassen, wurden mit dem für die Beispielszenarien ausgewählten Bildmaterial am System ERDAS bearbeitet. Die Aufgabenbearbeitung wurde mit der Software *ViewletCam* visuell, auditiv und zeitlich aufgezeichnet. *ViewletCam* bietet eine Aufzeichnungsfrequenz von bis zu 10 Bildschirmabzügen pro Sekunde. Die Wiedergabe einer mit *ViewletCam* aufgezeichneten Aufgabenbearbeitung ist in einem Video-Modus optisch und akustisch möglich. Im Wiedergabemodus wird neben den aufgezeichneten Bildsequenzen und der akustischen Information zu jedem Bild der Aufnahmezeitpunkt auf einer Zeitleiste dargestellt. Die Wiedergabe der Aufzeichnung kann auch über diese Zeitleiste gesteuert werden. Außerdem können im Wiedergabemodus optional die letzten 15 Mauspositionen als Polygonzug dargestellt werden. Das Aufzeichnungsergebnis eines bestimmten Zeitpunkts zeigt Abbildung 3.11.

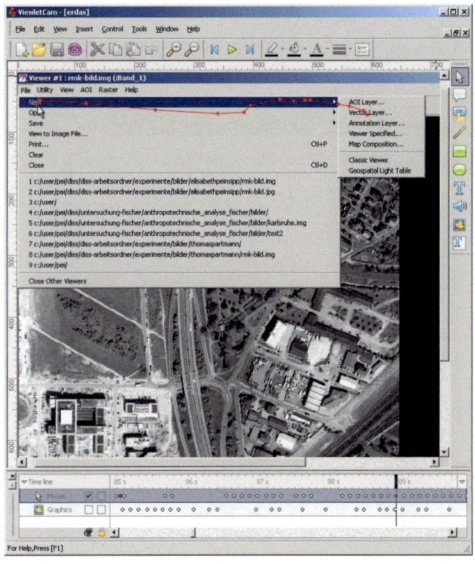

Abbildung 3.11: Eine Bildauswertesituation, aufgezeichnet mit der Software *ViewletCam*. Unterhalb des Bilddarstellungsfensters befindet sich die Zeitleiste. Die letzten 15 Mauspositionen sind als Polygonzug dargestellt.

Während der Aufzeichnung der Bildauswertung wurde der auditive Kanal ausschließlich zur Aufzeichnung besonderer Anmerkungen des Bildauswerters genutzt. Nicht erwünscht war, dass der Bildauswerter seine Bearbeitungsschritte verbal dokumentiert, da er sonst zu sehr von der Bearbeitung seiner eigentlichen Aufgabe abgelenkt worden wäre.

Wie in Abschnitt 3.1 (S. 39 f.) vorgesehen, wurde zuerst die Aufgabenstruktur durch UML-Aktivitätsdiagramme beschrieben und danach die *ViewletCam*-Aufzeichnungen zur Ergänzung der Aufgabenbeschreibung herangezogen. Dies war insbesondere an den Stellen, wo die Interaktion des Bildauswerters mit Bedienelementen beschrieben werden musste, notwendig. Im nächsten Schritt wurde die Aufgabenbeschreibung mit drei professionellen Bildauswertern diskutiert mit dem Ziel, die Aufgabenstruktur zu validieren und einer Optimierung des Arbeitsablaufs nahe zu kommen. Die Diskussion fand mit jedem Bildauswerter in einer getrennten Sitzung statt. Entsprechend den Anmerkungen der Bildauswerter wurden die UML-Diagramme korrigiert und dienten im Weiteren als Grundlage für die quantitative Beschreibung von ausgewählten Teilaufgaben durch die in Abschnitt 3.2.2 (S. 50 f.) vorgestellte quantitative Aufgabenbeschreibungsmethode einschließlich der Ableitung der Belastungsmessgrößen, welche Rückschlüsse auf die Belastung bzw. Leistung des Bildauswerters durch die Bearbeitung der betrachteten Teilaufgaben erlauben.

3.3.1 Beispielszenarien

Eine besondere Rolle bei der Beschreibung und Analyse eines interaktiven Systems spielen Szenarien. Nach [Preim 1999] soll innerhalb eines Szenarios erfasst werden, wie der Mensch im Zusammenwirken mit dem computergestützten System eine Aufgabe löst. Dies setzt das Wissen über die zu bearbeitende Aufgabe und das zur Bearbeitung der Aufgabe verfügbare Arbeitsmaterial voraus. In dieser Arbeit sollen Szenarien die Basis schaffen, anhand derer komplexe Teilaufgaben identifiziert werden. Dazu wurden zwei repräsentative Szenarien aus der interaktiven Bildauswertung ausgewählt. Ein Szenario beschreibt die Aufgabe „Fahrzeugentdeckung und – erkennung", das andere die „Erfassung von Grünflächen". Beide Szenarien umfassen

- Ziel und Motivation für die Aufgabe,
- beispielhaftes Bildmaterial zur Aufgabenbearbeitung sowie
- die Beschreibung des Arbeitsablaufs bei der Aufgabenbearbeitung durch ein UML-Aktivitätsdiagramm.

1. Szenario: Fahrzeugentdeckung und -erkennung

Die Position und der Typ von Fahrzeugen sind für unterschiedliche zivile und militärische Fragestellungen von großem Interesse. Beispielsweise ermöglicht im zivilen Bereich der Einsatz der bildgestützten Entdeckung und Erkennung von Fahrzeugen, Rückschlüsse auf eine zukünftige Verkehrsplanung zu ziehen, wobei das Entdecken und Erkennen von Fahrzeugen in der Regel Analyseaufgaben erfordern, beispielsweise das Vermessen von entdeckten Fahrzeugen, um auf Grund der Objektlänge oder -breite auf den korrekten Fahrzeugtyp zu schließen. Als Grundlage für eine Verkehrsplanung kann beispielsweise basierend auf Luft- und Bodenaufnahmen das Verkehrsaufkommen in bestimmten Gebieten erfasst werden.

Im militärischen Bereich werden aus der Formation und den Fahrzeugtypen einer Kolonne Rückschlüsse auf ihre Funktion gezogen. So kann es sich bei einer Kolonne in einem Krisengebiet entweder um Flüchtlinge oder um Truppen im Marsch handeln. Erst das Wissen um die Funktion einer solchen Kolonne erlaubt es, die richtigen Handlungen einzuleiten. Im Fall einer Flüchtlingskolonne muss die Versorgung der Flüchtlinge im Vorfeld organisiert werden, im Fall eines Truppenaufmarsches ist eine vollkommen andere Reaktion notwendig.

Ein Beispielbild für die Aufgabe „Entdeckung und Erkennung von Fahrzeugen auf Straßen und Parkplätzen" zur Analyse des Verkehrsaufkommens zeigt Abbildung 3.12. Das Bild wurde von einer luftgestützten optischen Kamera von einem Gebiet bei Karlsruhe aufgenommen. Das Bild deckt ca. 4,4 km x 3,8 km = 16,72 km² ab und hat eine Auflösung von ca. 30 cm/Pixel. Die eigentliche Bildgröße beträgt 14.399 x 12.799 Pixel = 18.429.801 Pixel. Diese Größe sowie der Blick auf das auszuwertende Bild mit zwei unterschiedlichen Detailausschnitten in Abbildung 3.12 machen deutlich, dass die Auswertung eines so großen Bildes einen hohen Arbeitsaufwand erfordert.

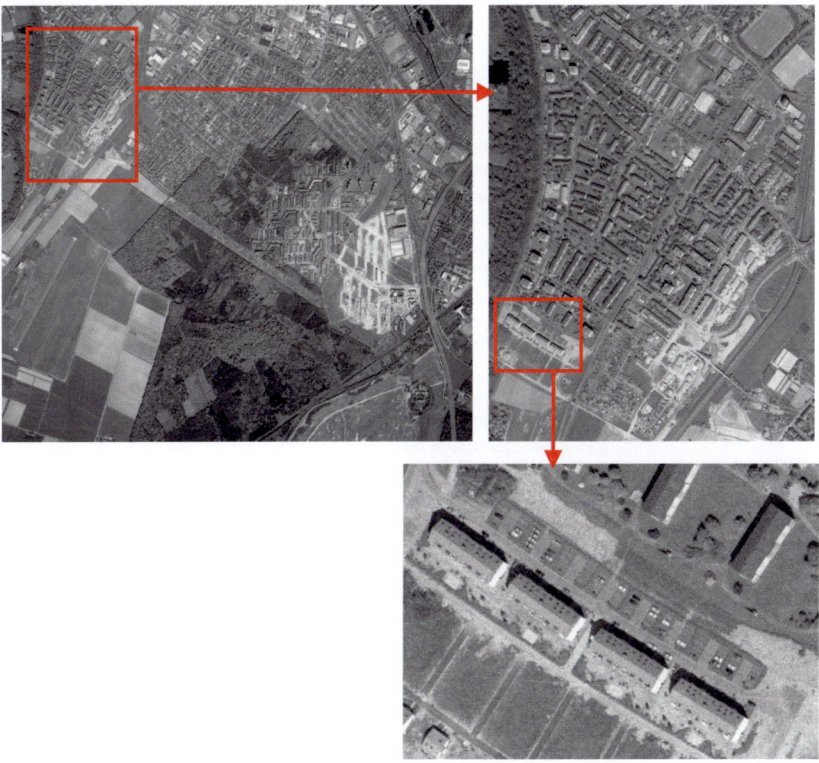

Abbildung 3.12: Beispielbild in der Übersicht (oben links) und im Detail (oben rechts und unten rechts) für die Aufgabe „Entdeckung und Erkennung von Fahrzeugen auf Straßen und Parkplätzen" im Rahmen einer Verkehrsanalyse.

Die oben beschriebene zivile Bildauswerteaufgabe zur Verkehrsanalyse einer Region dient in ihrer Ausprägung entsprechend Abbildung 3.13 im Weiteren als Anwendungsbeispiel B*.

- Entdeckung aller Fahrzeuge, die sich auf den Straßen und Parkplätzen befinden.
- Markierung aller Fahrzeuge, welche sich auf einer Straße befinden, durch ein Punktsymbol. Es ist für jedes auf einer Straße entdeckte Fahrzeug die Koordinate und der Fahrzeugtyp zu ermitteln.
- Markierung aller Parkplätze durch ein Polygon. Es sind die Mittelpunktskoordinate des Parkplatzes und die auf dem Parkplatz befindliche Anzahl an PKW und LKW anzugeben.

Allgemein:	Spezieller Fall:
s … Anzahl der Symbole	hier: Punkt, Polygon -> s = 2
n … Anzahl der zu erkennenden Fahrzeugtypen	hier: LKW, PKW -> n = 2

Abbildung 3.13: Das Anwendungsbeispiel B* konkretisiert die Bildauswerteaufgabe „Entdecken und Erkennen von Fahrzeugen auf Straßen und Parkplätzen".

3. Aufgabenbeschreibung und Leistungsbezug

Die im Folgenden erläuterte Beschreibung des Arbeitsablaufs zur Bearbeitung dieser Aufgabe kann durch eine sequentielle Aufgabenstruktur abgebildet werden. Diese wird in Abbildung 3.14 durch ein UML-Aktivitätsdiagramm dargestellt.

Vor der Bearbeitung der Hauptphase, welche die Hauptaufgabe *Visuelle Bildanalyse* und die dazu notwendig Nebenaufgabe *Systembedienung* umfasst (siehe Abbildung 2.18, S. 32), müssen die Voreinstellungen für das Bildauswertesystem vorgenommen werden. In dieser Phase wird u.a. das Bildauswertesystem gestartet sowie das Bild in das ERDAS-systeminterne img-Format gewandelt und zur Betrachtung geöffnet. Danach werden die Einstellungen für die Entdeckungsaufgabe vorgenommen. Dazu wird ein Vektorlayer angelegt, der dazu dient, dem Bild symbolische Informationen (Punkte, Polygone) für die entdeckten Objekte zu überlagern. Zudem wird das Aussehen der symbolischen Information festgelegt. Um den eingezeichneten Symbolen (Punktmarke für Fahrzeuge und Polygone für Parkplätze) Attribute (Fahrzeugtyp, Anzahl LKW, Anzahl PKW) zuordnen zu können, müssen diese Attribute im Rahmen der Voreinstellungen für die Erkennungsaufgabe angelegt werden.

Sobald die Voreinstellungen abgeschlossen sind, wird das Bild bildschirmfüllend dargestellt. Dabei wird auf eine bestmögliche radiometrische und geometrische Darstellungsweise geachtet. Dazu werden Funktionen des Bildauswertesystems eingesetzt, wie sie in Abschnitt 2.3.1 (S. 28 f.) beschrieben wurden. Nun erfolgt die Unterteilung des Bildes in Suchbereiche. Im Falle der hier behandelten Aufgabe werden nur Bereiche betrachtet, die Straßen oder Parkplätze beinhalten können. Waldgebiete, wie der in Abbildung 3.12 im Bild links oben in der unteren Bildmitte liegende Bereich, werden daher von der Suche ausgeschlossen. Nachdem der Bildauswerter sich eine Suchstrategie überlegt hat, d.h. die Reihenfolge, in welcher er die Suchbereiche abarbeiten wird, legt er den Startpunkt für die Suche in einem Suchbereich fest. Der Bildbereich um den Startpunkt wird geometrisch und radiometrisch optimal dargestellt und im Detail betrachtet. Ist die dargestellte Auflösung noch immer zu schlecht und sind daher noch immer keine Fahrzeuge zu entdecken, müssen im Suchbereich Teilbereiche festgelegt werden. Dabei werden z.B. große Wiesen und Sportanlagen ausgeschlossen, da auf diesen in der Regel keine Fahrzeuge stehen (siehe z.B. Abbildung 3.12, Bild rechts oben, Bildbereich in der rechten oberen Ecke). Nach dem Festlegen der relevanten Teilbereiche werden für diese ebenfalls eine Suchstrategie und ein Startpunkt festgelegt. Danach wird der Teilbereich um diesen Startpunkt wiederum geometrisch und radiometrisch optimal dargestellt.

Ist die Teilbereichsdarstellung nun für die Entdeckung von Straßen und Parkplätzen geeignet, wird wiederum eine Suchstrategie entwickelt, nach welcher die Straßen und Parkplätze innerhalb des Teilbereichs nach Fahrzeugen abgesucht werden und im Anschluss werden die Fahrzeuge nach der selben Strategie im aktuellen Teilbereich gesucht. Wird im betrachteten Teilbereich eine Straße oder ein Parkplatz entdeckt, so wird diese bzw. dieser radiometrisch und geometrisch bestmöglich dargestellt. Wird auf einer Straße ein Fahrzeug entdeckt, wird dieses mit einem Punktsymbol markiert. Danach erfolgt die Fahrzeugtyperkennung und im Anschluss der Eintrag des erkannten Typs in die Attributetabelle. Wird auf einem Parkplatz ein Fahrzeug entdeckt, wird der Parkplatz mit einem Polygon umrandet und dadurch markiert. Danach müssen alle Fahrzeuge auf dem Parkplatz entdeckt, dem Typ LKW oder PKW zugeordnet und die Anzahl der Fahrzeuge auf dem Parkplatz für jeden Typ gezählt werden. Abschließend wird die Anzahl der Fahrzeuge für jeden gezählten Fahrzeugtyp dem den Parkplatz umschreibenden Polygon als Attribut zugewiesen. Im aktuell betrachteten Teilbereich wird so lange nach Straßen und Parkplätzen bzw. nach den darauf befindlichen Fahrzeugen gesucht, bis der ganze Teilbereich vollständig bearbeitet ist. Danach wird der nächste Teilbereich in derselben Weise bearbeitet usw.. Wurden alle Teilbereiche im Suchbereich bearbeitet, so wird, wenn noch nicht alle Suchbereiche im Bild bearbeitet sind, der nächste Suchbereich bearbeitet. Wurden alle Suchbereiche bearbeitet, werden die Entdeckungs- und Erkennungsergebnisse aufbereitet und gespeichert und für die weitere Analyse in einem geeigneten Format exportiert.

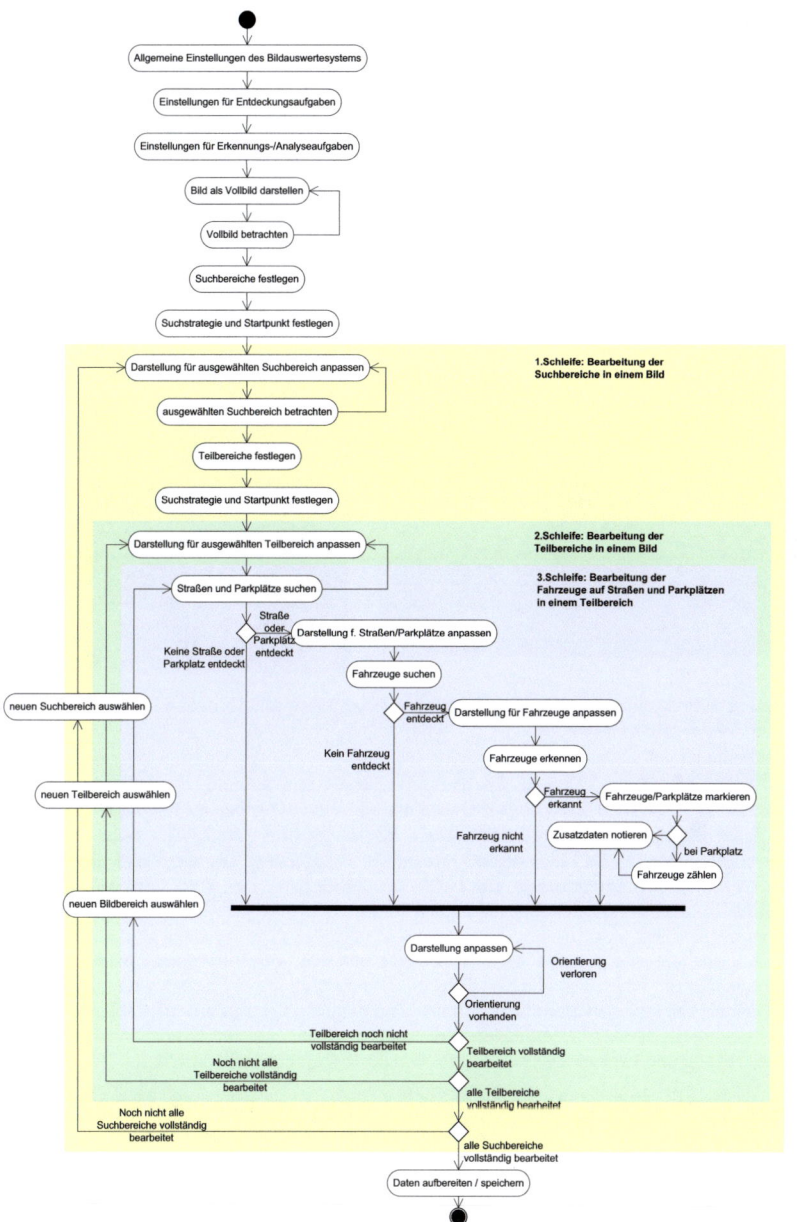

Abbildung 3.14: Arbeitsablauf, beschrieben als UML-Aktivitätsdiagramm, für die Aufgabe „Entdeckung und Erkennung von Fahrzeugen auf Straßen und Parkplätzen".

2. Szenario: Grünflächen-Erfassung

Die Bewertung der Lebensqualität einer Region wird u.a. anhand der Parameter Wohlstand, Kultur, Sicherheit, Versorgung, Gesundheit und Umwelt gemessen. 1995 präsentierte [Focus 1995] den ersten gesamtdeutschen Vergleich der Lebensqualität deutscher Städte. Ein Faktor bei der Bewertung der Lebensqualität einer Stadt ist das Verhältnis von besiedelten Flächen zu Grünflächen. Dieses Verhältnis ist sehr leicht mittels eines luft- oder satellitengestützten Farbbildes zu bestimmen. Ein solches Beispielbild zeigt Abbildung 3.15.

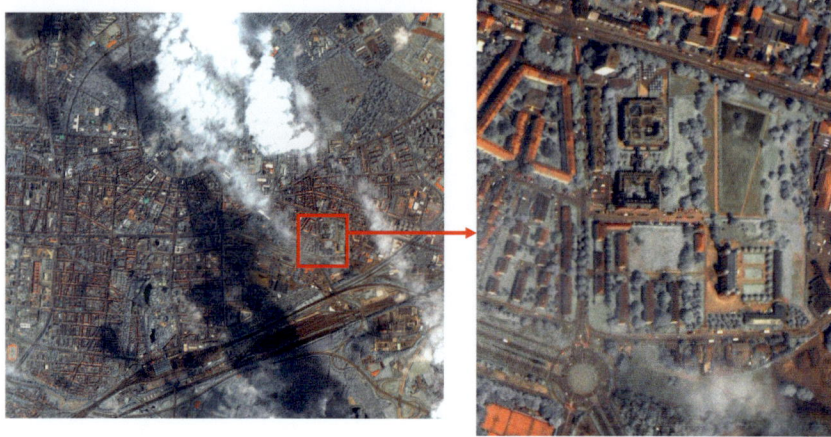

Abbildung 3.15: Satellitenbild in der Übersicht (links) und im Detail (rechts) als Beispielbild für die Aufgabe „Entdeckung und Erkennung von Grünflächen".

Das Bild aus Abbildung 3.15 zeigt das Stadtgebiet von Karlsruhe und ist ein Farbbild, aufgenommen vom Satelliten IKONOS. Auf Grund der schlechten Qualität des Blaukanals des Bildes – die Farbe Blau kann auf Grund ihrer kurzen Wellenlänge die Atmosphäre nicht vollständig durchdringen – hat das Bild eine etwas unnatürliche Farbgebung. Trotzdem sind die Grünflächenbereiche deutlich auszumachen. Die Größe des Bildes beträgt ca. 7 x 7 km², die Auflösung beträgt 1m.

Um das Verhältnis zwischen dem bebauten Bereich und den Grünflächen eines Stadtteils zu ermitteln, genügt die Erfassung aller Grünflächen. Die Summe dieser Flächen wird anschließend ins Verhältnis zur gesamten Stadtfläche gesetzt. Damit lautet die Aufgabe für den Bildauswerter:

- Entdeckung und Erkennung aller Grünflächen im vorgegebenen Stadtbereich.
- Markierung der entdeckten und als Grünflächen erkannten Bereiche durch ein Polygon.
- Ermittlung des Flächeninhalts der durch die Polygone markierten Grünflächen.

Abbildung 3.16 zeigt den Arbeitsablauf bei der Bearbeitung der hier beschriebenen Aufgabe in Form eines UML-Aktivitätsdiagramms.

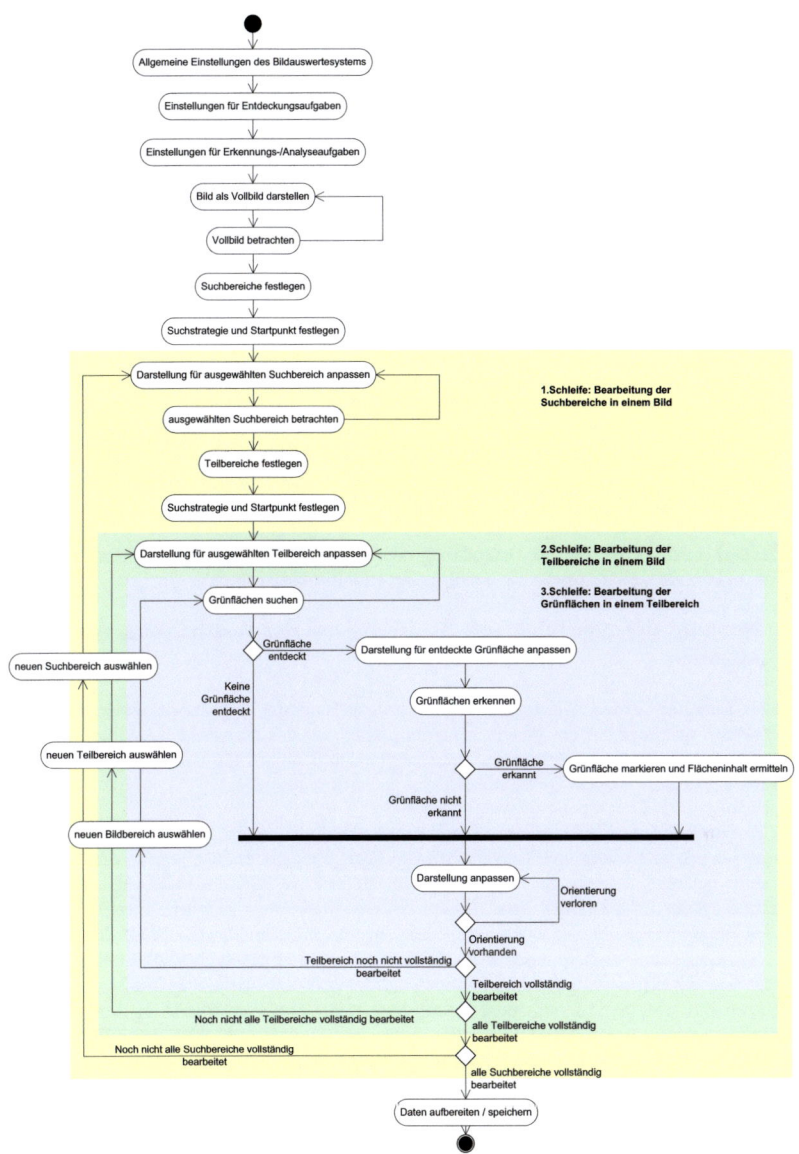

Abbildung 3.16: Arbeitsablauf für die Aufgabe „Erfassung von Grünflächen".

Der Vergleich der beiden Aufgabenbeschreibungen aus Abbildung 3.14 (S. 65) und Abbildung 3.16 zeigt, dass viele Abschnitte der Aufgabenbearbeitung für das 1. und 2. Szenario identisch sind.

So müssen auch beim Entdecken von Grünflächen vor der eigentlichen Aufgabenbearbeitung die Voreinstellungen für das Bildauswertesystem vorgenommen werden. Dabei wird das Bildauswertesystem geöffnet und das Bild in das systeminterne img-Format gewandelt und zur Betrachtung geöffnet. Danach werden die Einstellungen für die Entdeckung vorgenommen, d.h., es wird ein Vektorlayer angelegt, der dazu dient, dem Bild im Rahmen der Bildauswertung symbolische Information, in diesem Fall Polygone zum Umranden der entdeckten Grünflächen, zu überlagern. Im Anschluss wird das Aussehen der Polygone (symbolische Information) festgelegt. Wenn es von Interesse wäre, könnte in der Voreinstellungsphase dem Symbol Polygon das Attribut „Grünflächentyp" zugewiesen werden, z.B. „Wiese", „Baumbestand" oder „Wiese mit Baumbestand". In diesem Fall könnte bei der Analyse der Ergebnisse auch ermittelt werden, wie viel Prozent der erfassten Grünfläche auf Wiesen, wie viele auf Baumbestand und wie viele auf gemischte Grünflächenformen, also Wiese mit Baumbestand, entfallen.

Sobald die Voreinstellungen abgeschlossen sind, wird auch in diesem Fall das Bild bildschirmfüllend dargestellt und dabei auf eine bestmögliche radiometrische und geometrische Darstellungsweise geachtet. Wie auch bei der Entdeckung und Erkennung von Fahrzeugen auf Straßen erfolgt im nächsten Schritt die Unterteilung des Bildes in Suchbereiche und Teilbereiche und es werden zur Bearbeitung dieser Bereiche Strategien entwickelt. Im Anschluss erfolgt die Bearbeitung der ausgewählten Such- und Teilbereiche, was in diesem Fall die Markierung und Vermessung der entdeckten Grünflächen durch Polygone zum Ziel hat.

Abschließend werden auch bei der Bearbeitung dieser Aufgabe alle Ergebnisse aufbereitet, gespeichert und für die weitere Analyse in einem geeigneten Format exportiert.

3.3.2 Messung der menschlichen Belastung bei der Bearbeitung von Teilaufgaben

In diesem Abschnitt werden zwei ausgewählte Teilaufgaben mit der in dieser Arbeit entwickelten UML-basierten quantitativen Aufgabenbeschreibungsmethode aus Abschnitt 3.2.2 (S. 50 f.) beschrieben und auf Grund der ermittelten Belastungsmessgrößen auf die Belastung des Bildauswerters bei der Bearbeitung der betrachteten Teilaufgaben geschlossen.

Bei der Beschreibung von Teilaufgaben ist auf eine generische Teilaufgabenbeschreibung zu achten, damit bei der Ermittlung von Teilaufgaben bzw. Aufgabenabschnitten, welche den Bildauswerter stark belasten, Anforderungen an allgemein einsetzbare Assistenzfunktionen getroffen werden und somit nicht zu viele spezialisierte Assistenzfunktionen entwickelt werden. Denn durch den Einsatz vieler unterschiedlicher spezialisierter Assistenzfunktionen würde der Bildauswerter zwar einerseits entlastet, andererseits durch deren große Fülle auch wieder belastet werden. Dass eine generische Aufgabenbeschreibung auf der obersten Ebene möglich ist, wurde bereits in Abschnitt 2.3.2 (S. 31 f.) anhand der Aufgabenbeschreibung von Abbildung 2.18 (S. 32 f.) dargestellt. Auch zeigt der Vergleich der UML-Aktivitätsdiagramme aus Abbildung 3.14 (S. 65) und Abbildung 3.16 (S. 67), dass Arbeitsabläufe für Entdeckungs- und Erkennungsaufgaben unabhängig vom zu entdeckenden bzw. zu erkennenden Objekttyp für viele Aufgabenabschnitte eine große Ähnlichkeit aufweisen und somit durch eine generische Aufgabenbeschreibung abgebildet werden können.

Auch an die Auswahl der beiden Teilaufgaben werden Forderungen gestellt. Diese lauten:

- Eine Teilaufgabe soll der Aufgabenphase Systemvoreinstellung oder Abschlussphase entstammen, in welcher sich der Bildauswerter ausschließlich mit der Nebenaufgabe *Systembedienung* auseinandersetzt, wodurch ein hohes Maß der Leistung für die Hauptaufgabe *Visuelle Bildanalyse* verloren geht.

- Eine Teilaufgabe soll aus der Hauptphase stammen, in welcher der Bildauswerter das Bild visuell analysieren muss. Während dieser Phase muss der Bildauswerter zur Bearbeitung seiner Hauptaufgabe *Visuelle Bildanalyse* parallel die Nebenaufgabe *Systembedienung* durchführen und wird durch die Bearbeitung der konkurrierenden Aufgaben doppelt belastet.

- Beide Teilaufgaben sollen repräsentativ sein und keine Sonderfälle darstellen.

Im Weiteren folgt eine Kurzbeschreibung der beiden nach den oben angeführten Kriterien ausgewählten Teilaufgaben:

1. Teilaufgabe „System voreinstellen":

   Diese Teilaufgabe entspricht der Vorphase „Systemvoreinstellung", welche im Detail in Abschnitt 2.3.2 (S. 31 f.) beschrieben wurde. Sie dient ausschließlich der Einstellung des Systems sowie dem Anlegen und Konfigurieren von Dateien, die für die Bearbeitung der Hauptaufgabe *Visuelle Bildanalyse* notwendig sind. Diese Teilaufgabe ist bei jeder neuen Aufgabenbearbeitung, unabhängig von der zu bearbeitenden Aufgabe, durchzuführen und damit sowohl bei der Bearbeitung der Aufgabe aus dem 1. als auch der aus dem 2. Szenario aus Abschnitt 3.3.1 (S. 62 f.) zu bearbeiten. Entsprechend der Kritik, dass der Mensch im Zusammenwirken mit einem funktionsorientiert gestalteten System unverhältnismäßig viel Zeit für die Systembedienung investieren muss, liegt es nahe, die Belastung des Bildauswerters durch diese Teilaufgabe kritisch zu betrachten.

2. Teilaufgabe „Fahrzeuge auf Parkplatz zählen":

   Diese Teilaufgabe erfordert das Zählen von Fahrzeugen, wobei das Zählen der Fahrzeuge oftmals in Abhängigkeit von ihrem Typ erfolgen muss. Bei der Bearbeitung dieser Teilaufgabe, welche aus der Aufgabe des 1. Szenarios aus Abschnitt 3.3.1 (S. 62 f.) stammt und nach dem generischen Arbeitsablauf aus Abbildung 2.18 (S. 32) in der Hauptphase bearbeitet wird, muss eine kognitiv anspruchsvolle visuelle Bildanalyseaufgabe (Hauptaufgabe) bearbeitet werden, welche immer wieder die Bearbeitung der Nebenaufgabe *Systembedienung* erfordert. Das Zählen von Fahrzeugen auf Parkplätzen ist eine Ausprägung der Teilaufgabe „Zählen von Objekten in vorgegebenem Gebiet" und setzt das Entdecken und Erkennen der zu zählenden Objekte voraus. Während des Zählens von Objekten sind parallel mehrere Merkoperationen durchzuführen, wobei der Bildauswerter durch die Bedienung des Bildauswertesystems, dessen Funktionsumfang und anthropotechnische Eigenschaften in Abschnitt 2.3 (S. 28 f.) beschrieben wurden, noch zusätzlich belastet wird. Eine weitere Belastung erfährt der Bildauswerter, wenn er parallel zur Zählaufgabe beispielsweise die Bildqualität verbessern oder ein Objekt vermessen muss. Damit stellt diese Teilaufgabe unter ungünstigen Randbedingungen eine hohe kognitive Belastung für den Bildauswerter dar.

3.3.2.1 Teilaufgabe „System voreinstellen"

Die Teilaufgabe „System voreinstellen" entspricht nach dem generischen Arbeitsablauf aus Abbildung 2.18 (S. 32) der „Vorphase Systemvoreinstellung" und umfasst die in Abbildung 3.17 aufgeführten Tätigkeiten gemäß der dort angegebenen Reihenfolge.

3. Aufgabenbeschreibung und Leistungsbezug

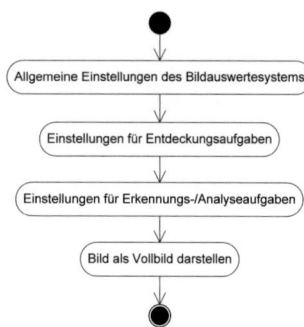

Abbildung 3.17: Tätigkeiten, die ausschließlich der Voreinstellung des Systems dienen.

Die in Abbildung 3.17 aufgeführten Tätigkeiten müssen bei jeder neuen Bildauswertung, welche die Bearbeitung von Entdeckungs-, Erkennungs- oder Analyseaufgaben zum Ziel hat, durchgeführt werden. So zeigt ein Vergleich mit den Tätigkeiten, welche am Anfang der Aufgabenbeschreibungen für die Szenarien „Fahrzeugentdeckung und -erkennung" (Abbildung 3.14, S. 65) und „Grünflächen-Erfassung" (Abbildung 3.16, S. 67) dargestellt sind, dass sie den in Abbildung 3.17 aufgeführten Tätigkeiten entsprechen. Im Weiteren werden alle Tätigkeiten, welche zur Systemvoreinstellung notwendig sind, im Einzelnen erläutert:

- Allgemeine Einstellungen des Bildauswertesystems:

  Diese Tätigkeit umfasst Handlungen zur allgemeinen Voreinstellung des Systems wie z.b. die Auswahl des Pfades, unter dem die auszuwertenden Bilddateien abgelegt sind sowie die Auswahl der Bilddarstellung und der Anzahl der darzustellenden Layer. Zudem umfasst diese Tätigkeit das Konvertieren und Laden von Bildern und Bildzusatzdaten. Im Bildauswertesystem ERDAS steht zur Speicherung der benutzerspezifischen Systemeinstellungen ein sogenanntes Benutzerprofil (siehe Abschnitt 2.1.3, S. 19 f.), welches als *Preferences* bezeichnet wird, zur Verfügung.

- Einstellungen für Entdeckungsaufgaben:

  Diese Tätigkeit umfasst die Systemvoreinstellung für die Entdeckungsaufgaben. Dazu sind Vektorlayer anzulegen, in welchen die Markierungen der entdeckten Objekte gehalten werden. Zudem müssen die Symbole für die späteren Markierungen konfiguriert werden, wobei ihnen Farbe, Form und Größe zuzuweisen sind.

- Einstellungen für Erkennungs- und Analyseaufgaben:

  Diese Tätigkeit umfasst die Erstellung von Attributetabellen und deren Konfiguration, um die Attribute der erkannten bzw. analysierten (z.B. gezählten) Objekte in diese Tabellen eintragen und in der Abschlussphase in eine im Weiteren zugreifbare Datei speichern zu können.

- Bild als Vollbild darstellen:

  Nachdem alle Voreinstellungen durchgeführt wurden und das auszuwertende Bild geladen ist, wird es, falls es größer ist als das Bilddarstellungsfenster, durch Maßstabsanpassung der Größe des Bilddarstellungsfensters angepasst.

Entsprechend der UML-basierten quantitativen Aufgabenbeschreibung nach Abschnitt 3.2.2 (S. Seite 50 f.) ist der Teilaufgabe „System voreinstellen" eine Hierarchienummer zuzuordnen. Die Ableitung der Hierarchienummer ist dem HTA-Diagramm aus Abbildung 3.18 zu entnehmen.

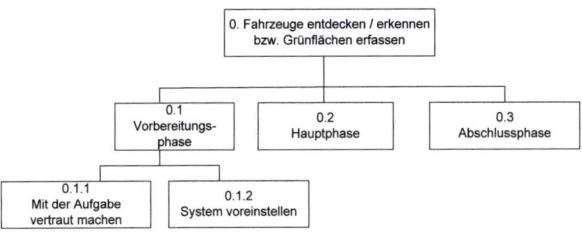

Abbildung 3.18: Ableitung der Hierarchienummer für die hier betrachtete Teilaufgabe „System voreinstellen".

Abbildung 3.19 zeigt die UML-basierte quantitative Beschreibung der Teilaufgabe „0.1.2 System voreinstellen" mit ihren Handlungen und den dazugehörigen Belastungsmessgrößen, welche in den Notizzetteln aufgeführt sind. Die Aufgabenbeschreibung wird durch die Handlungen der Teilaufgabe „0.1.1 Mit der Aufgabe vertraut machen" ergänzt, welche Merkoperationen umfassen, die für die Teilaufgabe „0.1.2 System voreinstellen" notwendige Voraussetzung sind, da sie die Informationen zu den durchzuführenden Einstellungen liefern.

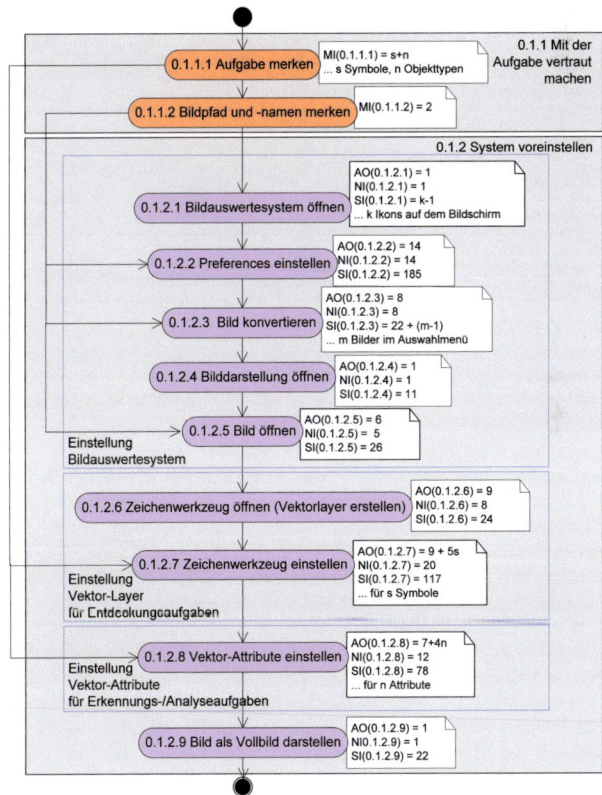

Abbildung 3.19: Quantitative Aufgabenbeschreibung für die Teilaufgabe „0.1.2 System voreinstellen" unter Berücksichtigung der Merkoperationen aus der dafür notwendigen Teilaufgabe „0.1.1 Mit der Aufgabe vertraut machen".

In Abbildung 3.19 (S. 71) sind Handlungen aufgeführt, welche sich aus Merkoperationen zusammensetzen, und Handlungen, die sich aus abgeschlossenen Operationen zusammensetzen. Die Notizzettel rechtsseitig der Handlungen enthalten die quantitativen Belastungsmessgrößen AO (Summe abgeschlossener Operationen), NI (Summe der Nutzinformationen), SI (Summe der Störinformationen) und MI (Summe der Merkinformationen) entsprechend den in Abschnitt 3.2.2.2 (S. 55 f.) eingeführten Belastungsmessgrößen. Zudem wird aus Gründen der Übersichtlichkeit auf die Darstellung der Belastungsmessgrößen MI und D(MI) (Merkdauer) in den Notizzetteln für die Handlungen der Teilaufgabe „0.1.2 System voreinstellen" verzichtet. Im Folgenden werden die Analyseergebnisse für die quantitative Beschreibung der Teilaufgabe „System voreinstellen" einerseits für den allgemeinen Fall und andererseits für den speziellen Fall des Anwendungsbeispiels B* aus dem Szenario „Fahrzeugentdeckung und -erkennung" (siehe Abbildung 3.13, S. 63) dargestellt.

Der Bildauswerter muss sich vor der Bearbeitung der Teilaufgabe „0.1.2 System voreinstellen" mit der Aufgabe vertraut machen. Während der Bearbeitung der Teilaufgabe „0.1.1 Mit der Aufgabe vertraut machen" werden die Handlungen „0.1.1.1 Aufgabe merken" und „0.1.1.2 Bildpfad und -name merken" durchgeführt. Jede dieser beiden Handlungen mündet in einer Merkoperation. Zu merken sind dabei die in Tabelle 3.2 aufgeführten Informationen.

Zu merkende Informationen (Merkinformationen)	allgemein	speziell
Merkinformationen für die Objektentdeckung und -erkennung		
zu entdeckende/erkennende Objekttypen (B*: LKW und PKW)	n	2
Symbole für die Markierung der zu entdeckenden/erkennenden Objekte (B*: Punktsymbol und Polygon)	s	2
Merkinformationen über das auszuwertendes Bild		
Name des auszuwertenden Bildes (Bilddateiname)	1	1
Dateipfad zur auszuwertenden Bilddatei	1	1
Summe aller Merkinformationen	n+s+2	6

Tabelle 3.2: Übersicht über die Merkinformationen MI(0.1.1), welche aus der Bearbeitung der Teilaufgabe „0.1.1 Mit der Aufgabe vertraut machen" resultieren und gemerkt werden müssen, da sie während der Bearbeitung der Teilaufgabe „0.1.2 System voreinstellen" benötigt werden. In der Spalte „allgemein" sind die Werte für die allgemeine Aufgabe entsprechend dem Anwendungsbeispiel B* (siehe Abbildung 3.13, S. 63) und in der Spalte „speziell" die Werte für den speziellen Fall dieses Anwendungsbeispiels angegeben.

Die zu merkenden Informationen MI(0.1.1) sind vom Bildauswerter bei der Bearbeitung der Teilaufgabe „0.1.2 System voreinstellen" notwendigerweise einzubringen. An welchen Stellen die zu merkenden Informationen benötigt werden, zeigen die auf der linken Seite des UML-Aktivitätsdiagramms aus Abbildung 3.19 (S. 71) dargestellten gerichteten Kanten. So werden beispielsweise ausgewählte Informationen der Merkinformationen MI(0.1.1.1) zum ersten Mal bei der Bearbeitung der Handlung „0.1.2.7 Zeichenwerkzeug einstellen" benötigt.

Während der Bearbeitung der Teilaufgabe „0.1.2 System voreinstellen" sind mehrere Handlungen durchzuführen (vergleiche Abbildung 3.19, S. 71), wobei jede dieser Handlungen wiederum mehrere Operationen umfasst. Bei jeder der durchzuführenden Operationen trifft der Bildauswerter auf Nutz- und Störinformationen. Die Belastungsmessgrößen AO, NI und SI werden im UML-Aktivitätsdiagramm der Teilaufgabe „0.1.2 System voreinstellen" für jede Handlung in einem rechts neben der Handlung positionierten Notizzettel aufgeführt und dienen als Maß der Belastung des Bildauswerters durch die Bearbeitung der betrachteten Handlung. Beispielhaft für die UML-Aktivitätsdiagramme, die für die Handlungen der Teilaufgabe „0.1.2 System voreinstellen" zur Ableitung der im Notizzettel dargestellten Belastungsmessgrößen zu erstellen sind, wird in

Abbildung 3.20 die quantitative Beschreibung der Handlung „0.1.2.3 Bild konvertieren" dargestellt, wobei alle Operationen dieser Handlung abgeschlossene Operationen sind. Basierend auf dieser Handlungsbeschreibung kann die Summe an Operationen, welche für die Durchführung der Handlung „0.1.2.3 Bild konvertieren" notwendig ist, mit acht angegeben werden.

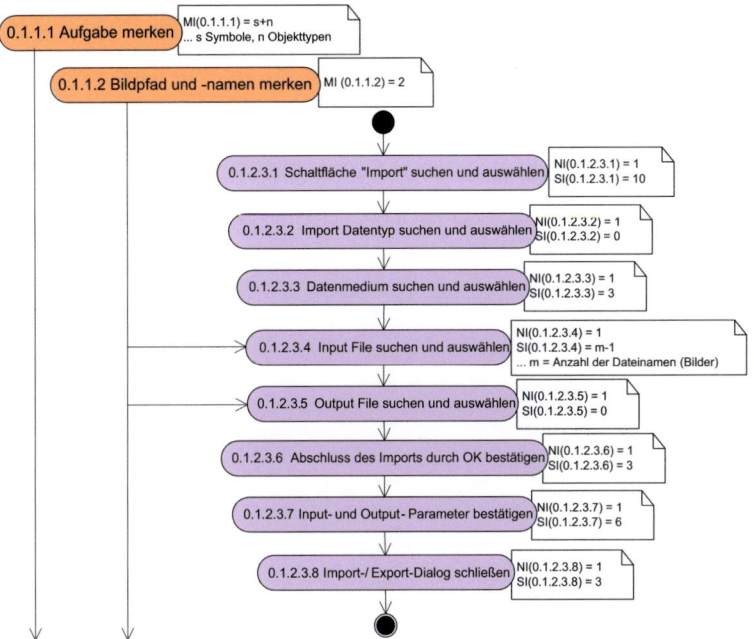

Abbildung 3.20: UML-basierte quantitative Aufgabenbeschreibung für die Handlung „0.1.2.3 Bild konvertieren", ergänzt um jene Handlungen der Teilaufgabe „0.1.1 Mit der Aufgabe vertraut machen", welche notwendige Informationen zur Bearbeitung der hier betrachteten Handlung liefern.

Die summarische Erfassung der Belastungsmessgrößen für eine bestimmte Handlung erfolgt tabellarisch, wobei für jede Operation eine Zeile angelegt wird, in der folgende Daten erfasst werden:

• Laufende Nummer (Lfd. Nr.) der jeweiligen Operation, bezogen auf die betrachtete Handlung. Die Erfassung der laufenden Nummer ist bei Arbeitsabläufen ohne Wiederholung von Operationen zu empfehlen, da hier die Summe der für die beschriebene Handlung notwendigen Operationen der höchsten Operationsnummer entspricht und diese somit sofort aus der Tabelle abgelesen werden kann.

• Hierarchienummer (Hierarchie-Nr.) und Bezeichner der Operation. Diese dienen der Zuordnung zu den jeweiligen Aktivitäten in den UML-Aktivitätsdiagrammen.

• Summe der Nutz-, Stör- und Merkinformationen für die jeweilige Operation.

• Bemerkungen: hier können beispielsweise Variablen, die bei der Berechnung der Belastungsmessgrößen zu berücksichtigen sind, erläutert werden.

Basierend auf dieser Tabelle wird die bei der Handlung anfallende Summe der Nutz- und Stör-informationen erfasst, wobei alle Bedienelemente, die während der betrachteten Handlung Stör-information darstellen, nur einmal berücksichtigt werden. Damit es nicht zur doppelten Zählung solcher Störinformationen kommt, wird jede Tabellenzeile weiß gefärbt, welche eine Operation beschreibt, deren Störinformationen bereits in einer vorherigen Operation (Tabellenzeile) als solche berücksichtigt wurde und daher nicht mehr mitgerechnet werden darf. Für Operationen mit „regulär" zu wertenden Störinformationen werden die Tabellenzeilen grau gefärbt. Zusätzlich kann aus der Tabelle ermittelt werden, wie viele Operationen lang die Merkdauer $D(MI_p)$ für eine bestimmte Summe von Merkinformationen MI_p dauert. Beispielhaft zeigt Tabelle 3.3 die Erfassung der Belastungsmessgrößen für die Handlung „0.1.2.3 Bild konvertieren" der Teilaufgabe „0.1.2 System voreinstellen", deren quantitatives UML-Diagramm in Abbildung 3.20 (S. 73) dargestellt ist. In diesem Beispiel bleibt die Summe der Merkinformationen MI_p über die ganze Handlung gleich. Dadurch wird einerseits MI_p mit MI bezeichnet (siehe Abschnitt 3.2.2.2, S. 55 f.) und andererseits ist die Merkdauer $D(MI)$ identisch mit der Summe der (abgeschlossenen) Operationen.

Lfd. Nr. d. Operation	Hierarchie-Nr. d. Handlung bzw. Operation	Bezeichner der Handlung bzw. Operation	NI	SI	MI	Bemerkung
1	0.1.2.3.1	Schaltfläche „Import" suchen und auswählen	1	10	$s+n+2$	
2	0.1.2.3.2	Import Datentyp suchen und auswählen	1	0	$s+n+2$	168 Datenformate, Möglichkeit der Schnellauswahl, daher Störinformation = 0
3	0.1.2.3.3	Datenmedium suchen und auswählen	1	3	$s+n+2$	
4	0.1.2.3.4	Input-File suchen und auswählen	1	$m-1$	$s+n+2$	m = Anzahl der Input-Files (Bilddateien) im Verzeichnis, das Verzeichnis ist schon vorher ausgewählt.
5	0.1.2.3.5	Output-File suchen und auswählen	1	0	$s+n+2$	Output-Filename (Ergebnisbildname) wird entsprechend dem Input-Filenamen eingetragen
6	0.1.2.3.6	Abschluss des Imports durch OK bestätigen	1	3	$s+n+2$	
7	0.1.2.3.7	Input- und Output-Parameter bestätigen	1	6	$s+n+2$	
8	0.1.2.3.8	Import-/Export-Dialog schließen	1	3	$s+n+2$	
8	**0.1.2.3**	**Bild konvertieren**	**8**	**21+m**	**MI=s+n+2, D(MI)=8**	

Tabelle 3.3: Tabelle zur Erfassung der Belastungsmessgrößen für die Handlung „0.1.2.3 Bild konvertieren".

Die Belastungsmessgrößen für eine Teilaufgabe, die durch mehrere Handlungen bearbeitet wird, werden nach demselben Prinzip wie für eine Handlung ermittelt. In diesem Fall wird für jede Handlung, welche zur Bearbeitung der betrachteten Teilaufgabe durchzuführen ist, eine Tabellenzeile angelegt, wobei in einer Spalte zusätzlich die für die Handlung notwendige Summe an abgeschlossenen Operationen (AO) mit erfasst wird. Tabelle 3.4 zeigt die Erfassung der Belastungsmessgrößen für die Teilaufgabe „0.1.2 System voreinstellen". Wenn innerhalb einer Handlung die Summe der zu merkenden Informationen MI_p wechselt, beispielsweise weil Merkinformationen abgerufen und diese danach nicht mehr benötigt werden, werden für die Handlung mehrere Tabellenzeilen angelegt. Betroffen sind bei der Teilaufgabe „0.1.2 System voreinstellen" die Handlungen „0.1.2.2 Preferences einstellen", „0.1.2.5 Bild öffnen" und „0.1.2.7 Zeichenwerkzeug einstellen". Zur Ermittlung der Merkdauern $D(MI_p)$ für die Summen der Merkinformationen MI_p wird jeweils die Merkdauer über alle Zeilen, die hintereinander dieselbe Summe an Merkoperationen besitzen, addiert.

Lfd. Nr. d. Hanlung	Hierarchie-Nr. der Handlung bzw. Tätigkeit	Bezeichner der Tätigkeit bzw. Handlung	AO	NI	SI	MI_p	$D(MI_p)$
1	0.1.2.1	Bildauswertesystem öffnen	1	1	k-1	s+n+2	1
2	0.1.2.2	Preferences einstellen	14	14	185	s+n+2	6
						s+n+1	8
3	0.1.2.3	Bild konvertieren	8	8	21+m	s+n+1	8
4	0.1.2.4	Bilddarstellung öffnen	1	1	11	s+n+1	1
5	0.1.2.5	Bild öffnen	6	5	26	s+n+1	3
						s+n	3
6	0.1.2.6	Zeichenwerkzeug öffnen	9	8	24	s+n	9
7	0.1.2.7	Zeichenwerkzeug einstellen	9+5s	20	117	s+n	2s
						n	15
8	01.2.8	Vektor-Attribute einstellen	7+4n	12	78	n	2+4n
9	0.1.2.9	Bild als Vollbild darstellen	1	1	22		
allgemein	0.1.2	System voreinstellen	56+4n+5s	70	483+k+m		
speziell	0.1.2	System voreinstellen	74	70	485		

Tabelle 3.4: Tabelle zur Erfassung der Belastungsmessgrößen für die Teilaufgabe „0.1.2 System voreinstellen" für den allgemeinen und den speziellen Fall nach Anwendungsbeispiel B* aus Abbildung 3.13 (S. 63) mit den Parametern n (Anzahl der Fahrzeugtypen) = s (Anzahl der einzustellenden Symbole) = 2 unter der Annahme, dass m = 1 (Anzahl der Bilder im Auswahlmenü) und k = 1 (Anzahl der Ikons am Bildschirm).

Das Ergebnis der Erfassung der Belastungsmessgrößen für die Teilaufgabe „0.1.2 System voreinstellen" ist für die Belastungsmessgrößen AO (Summe der abgeschlossenen Operationen), SI (Summe der Störinformationen) und NI (Summe der Nutzinformationen) in Tabelle 3.5 zusammengefasst. Zusätzlich zu den Belastungsmessgrößen, berechnet für den allgemeinen Fall der Aufgabenbearbeitung nach dem Anwendungsbeispiel B* aus Abbildung 3.13 (S. 63), sind hier auch die Belastungsmessgrößen für den speziellen Fall dieses Anwendungsbeispiels dargestellt.

Belastungsmessgröße	allgemein	speziell	Erläuterung der Parameter
AO (0.1.2)	56+4n+5s	74	n = Anzahl der zu erkennenden Objekttypen
NI (0.1.2)	70	70	s = Anzahl einzustellender Symbole
			k = Anzahl der Ikons am Bildschirm
SI (0.1.2)	483+k+m	485	m = Anzahl der Bilder im Auswahlmenü
			n=s=2, k=m=1

Tabelle 3.5: Belastungsmessgrößen AO, NI und SI der Teilaufgabe „0.1.2 System voreinstellen" für den allgemeinen und den speziellen Fall aus dem Anwendungsbeispiel B*.

Die Summen der gleichzeitig zu merkenden Informationen MI_p, die zusammen mit deren Merkdauern $D(MI_p)$ anzugeben sind, werden für die Teilaufgabe „0.1.2 System voreinstellen" in Tabelle 3.6 aufgeführt. Dabei werden wiederum sowohl der allgemeine Fall als auch der spezielle Fall aus dem Anwendungsbeispiel B* berücksichtigt.

	allgemein		speziell	
p	MI_p (0.1.2)	$D(MI_p$ (0.1.2))	MI_p (0.1.2)	$D(MI_p$ (0.1.2))
1	s+n+2	7	6	7
2	s+n+1	20	5	20
3	s+n	12+5s	4	22
4	n	11+4n	2	19

Tabelle 3.6: Summen der Merkinformationen MI_p und die dazugehörigen Dauern der Merkinformationen $D(MI_p)$ für die Teilaufgabe „0.1.2 System voreinstellen" für den allgemeinen und den speziellen Fall entsprechend dem Anwendungsbeispiel B* aus Abbildung 3.13 (S. 63) mit s=n=2.

Die Belastungsmessgrößen für die Teilaufgabe „0.1.2 System voreinstellen" (siehe Tabelle 3.5 und Tabelle 3.6) machen deutlich, dass der Bildauswerter bei der Bearbeitung dieser Teilaufgabe durch eine hohe Summe von abgeschlossenen Operationen AO, von Nutzinformationen NI und Störinformationen SI sowie durch hohe Summen an Merkinformationen MI_p und lange Merkdauern $D(MI_p)$ stark belastet wird. Mit dem Wissen aus [Geisler 2006], dass der Mensch auch zur eigentlichen Aufgabenbearbeitung Speicherplatz im Kurzzeitgedächtnis benötigt, wird unter Berücksichtigung des EMHP (siehe Abschnitt 2.1.2.3, S. 17 f.) deutlich, dass der Bildauswerter bei der Bearbeitung der hier betrachteten Teilaufgabe eine hohe kognitive Belastung erfährt, und es ist anzunehmen, dass sich dies auf seine Leistung negativ auswirkt.

Um zu verdeutlichen, wie hoch die Summe der abgeschlossenen Operationen ist, mit welcher der Bildauswerter allein durch das Voreinstellen des Bildauswertesystems belastet wird, sei folgender Vergleich genannt: Um in MS Word ein neues Textdokument anzulegen, sind 8 abgeschlossene Operationen durchzuführen. Um in MS Excel eine neue Tabellenkalkulation anzulegen, sind ebenfalls 8 abgeschlossene Operationen notwendig. Um für den speziellen Fall der Entdeckungs- und Erkennungsaufgabe aus B* (Abbildung 3.13, S. 63), welche das Anlegen von nur zwei Symbolen und zwei Attributen erfordert, eine Systemvoreinstellung im Bildauswertesystem ERDAS durchzuführen, sind 74 Operationen erforderlich.

Dass die Summe der Nutzinformationen und die Summe der Störinformationen (NI und SI) die Komplexität einer Dialogkomponente widerspiegeln, über die der Bildauswerter das Bildauswertesystem bedienen muss, verdeutlicht Abbildung 3.21, welche beispielhaft Teile der Bedienoberflächen für die Handlung „0.1.2.2 Preferences einstellen" zeigt. Für diese Handlung wurde, wie der quantitativen Aufgabenbeschreibung aus Abbildung 3.19 auf S. 71 zu entnehmen ist, für die Summe der Nutzinformationen der Wert 14 und für die Summe der Störinformationen der besonders hohe Wert 185 ermittelt.

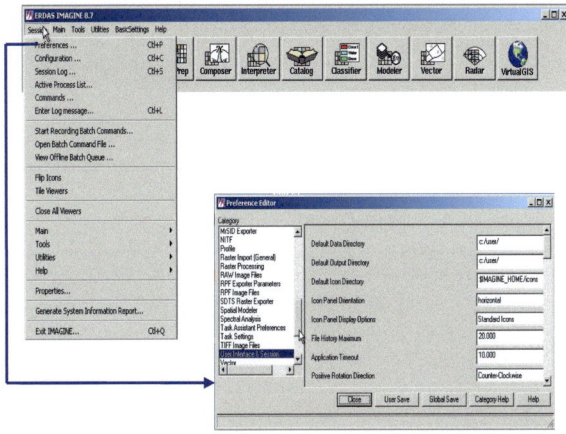

Abbildung 3.21: Bedienoberflächen des Bildauswertesystems zur Einstellung der *Preferences*, welche der individuellen sowie aufgabenbezogenen Systemeinstellung dienen.

Bei genauer Betrachtung der UML-Aktivitätsdiagramme, welche die für die Teilaufgabe „0.1.2 System voreinstellen" notwendigen Handlungen beschreiben, wird zudem augenfällig, dass zu deren Durchführung sehr gute Systemkenntnisse notwendig sind, da nur dadurch gewährleistet ist, dass die geeigneten Systemfunktionen und deren korrekte Parametrierung ausgewählt werden. Als Beispiel für eine Handlung, die vom Bildauswerter nur mit besonders guten Systemkenntnissen problemlos bearbeitet werden kann, zeigt Abbildung 3.22 die quantitative Beschreibung der Handlung „0.1.2.6 Zeichenwerkzeug öffnen (Vektorlayer erstellen)", welche wiederum Voraussetzung zum Einstellen des Zeichenwerkzeugs ist.

3. Aufgabenbeschreibung und Leistungsbezug

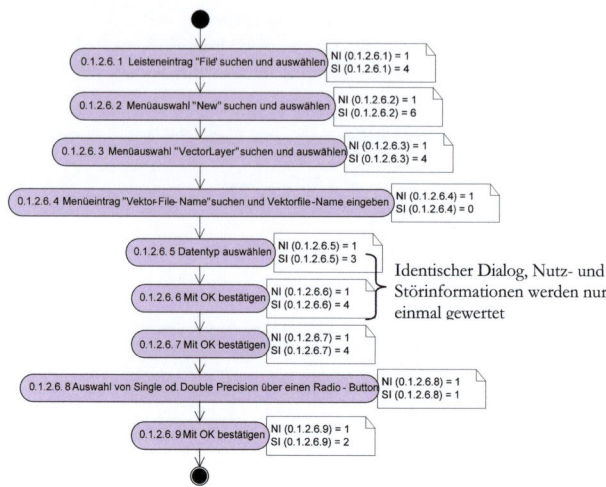

Abbildung 3.22: Quantitative Beschreibung der Handlung „0.1.2.6 Zeichenwerkzeug öffnen (Vektorlayer erstellen)".

Während der Durchführung der Handlung „0.1.2.6 Zeichenwerkzeug öffnen (Vektorlayer erstellen)" wird ein Vektorlayer angelegt, welcher Voraussetzung für das Markieren von entdeckten Objekten ist. Bei der Bearbeitung der Operation „0.1.2.6.5 Datentyp auswählen" stehen insgesamt vier Datentypen zur Verfügung, was aus der Summe der Nutz- und Störinformationen abzuleiten ist. Die Auswahl des Datentyps ist abhängig davon, mit welchem Symbol das entdeckte Objekt einzuzeichnen ist und welche Daten des entdeckten und mit dem Symbol markierten Objekts vom Bildauswertesystem ermittelt und gespeichert werden sollen. So ist der Datentyp *Arc-Coverage* auszuwählen, wenn der Mittelpunkt des entdeckten Objekts vom Bildauswertesystem berechnet und gespeichert werden soll, wie es bei der Fahrzeugentdeckung in der hier betrachteten Teilaufgabe der Fall ist. Ist im Gegensatz dazu die Fläche eines entdeckten Objekts zu ermitteln, wie dies beispielsweise zur Erfassung der Grünflächen aus dem 2. Szenario aus Abschnitt 3.3.1 (S. 62 f.) notwendig ist, muss ein *Shapefile* angelegt werden. Neben diesen beiden Möglichkeiten stehen noch zwei weitere Datentypen zur Verfügung, sodass bereits für die Auswahl des geeigneten Datentyps Expertenkenntnisse notwendig sind, um die Operation „0.1.2.6 5 Datentyp auswählen" zielgerichtet durchführen zu können.

Zusammenfassend ist zu bemerken, dass der Bildauswerter bei der Einstellung des Bildauswertesystems im Rahmen der Teilaufgabe „System voreinstellen" eine hohe Summe von abgeschlossenen Operationen durchführen muss und mit einer hohen Summe von Nutz- und Störinformationen konfrontiert wird. Auch muss sich der Bildauswerter eine so hohe Summe an Informationen parallel zur Aufgabenbearbeitung merken, dass ihm dies nur für den Fall, dass er ein Experte in dieser speziellen Aufgabe ist und er somit mehrere Informationen zu einem Chunk verknüpfen kann, möglich sein wird. Ist er jedoch kein solcher Experte, wird er die Informationen immer wieder nachschlagen müssen, was ihn zusätzlich belastet. Außerdem wird der Bildauswerter durch den komplexen funktionsorientierten Systemaufbau kognitiv stark gefordert. Somit erfährt der Bildauswerter bei der Bearbeitung der Teilaufgabe „System voreinstellen" eine hohe kognitive Belastung und es ist daher anzunehmen, dass eine Assistenz, welche dem Bildauswerter beim Voreinstellen des Bildauswertesystems durch den Einsatz von Assistenzfunktionen Teile seiner Aufgaben abnimmt, zu einer Leistungserhöhung führt.

3.3.2.2 Teilaufgabe „Fahrzeuge auf Parkplatz zählen"

Die Teilaufgabe „Fahrzeuge auf Parkplatz zählen" gehört entsprechend dem generischen Arbeitsablauf nach Abbildung 2.18 (S. 32) zur Hauptphase, in der die Hauptaufgabe *Visuelle Bildanalyse* und die Nebenaufgabe *Systembedienung* parallel zu bearbeiten sind. Die Teilaufgabe entstammt dem 1. Szenario aus Abschnitt 3.3.1 (S. 62 f.) und ist eine Aufgabe, wie sie typischerweise bei einer Verkehrsanalyse durchgeführt wird. Ziel dieser Teilaufgabe ist, dass der Bildauswerter auf einem Parkplatz alle Fahrzeuge entsprechend ihres Fahrzeugtyps zählt. Das Vorgehen und die Anforderungen bei dieser Aufgabe sind auf alle anderen Aufgaben übertragbar, bei denen Objekte unterschiedlichen Typs innerhalb eines Bereichs gezählt werden müssen. Für diese Teilaufgabe wird in Abbildung 3.23 das Anwendungsbeispiel B** formuliert, welches neben der allgemeinen Aufgabenbeschreibung als Aufgabenausprägung einen speziellen Fall angibt.

Markierung des entdeckten Parkplatzes durch ein Polygon P. Es ist anzugeben, wie viele Fahrzeuge welchen Typs sich auf dem Parkplatz befinden.

Allgemein:	Speziell (B**):
m Fahrzeugtypen	LKW, PKW, Anhänger -> m = 3
P hat k Polygonecken	k = 4
n_i Fahrzeuge je Fahrzeugtyp	$n_i = 20$ für $1 \leq i \leq 3$
Bereich zerfällt in b Zählbereiche	b = 3

Zählstrategie: Der Bildauswerter zählt alle Fahrzeugtypen in einem Durchgang und trägt die Zählergebnisse erst abschließend in die Attributetabelle ein.

Abbildung 3.23: Das Anwendungsbeispiel B** umfasst eine Teilaufgabe, wie sie bei der Verkehrsanalyse einer Region mehrfach auftreten kann. Neben der allgemeine Formulierung der hier betrachteten Zählaufgabe und der bei ihrer Bearbeitung zu berücksichtigenden Parameter sind auch spezielle Parameterausprägungen für B** angegeben.

Abbildung 3.24 stellt die mit der UML-basierten Methode zur quantitativen Aufgabenbeschreibung aus Abschnitt 3.2.2.1 (S. 51 f.) beschriebene Teilaufgabe „0.2 Fahrzeuge auf Parkplatz zählen" durch die dazu notwendigen Handlungen dar. Der Teilaufgabe „Fahrzeuge auf Parkplatz zählen" wird, da es die zweite in dieser Arbeit betrachtete Teilaufgabe ist, die Hierarchienummer 0.2 zugewiesen. Im Anschluss an die UML-basierte Aufgabenbeschreibung wird der Arbeitsablauf der Aufgabe textuell erläutert.

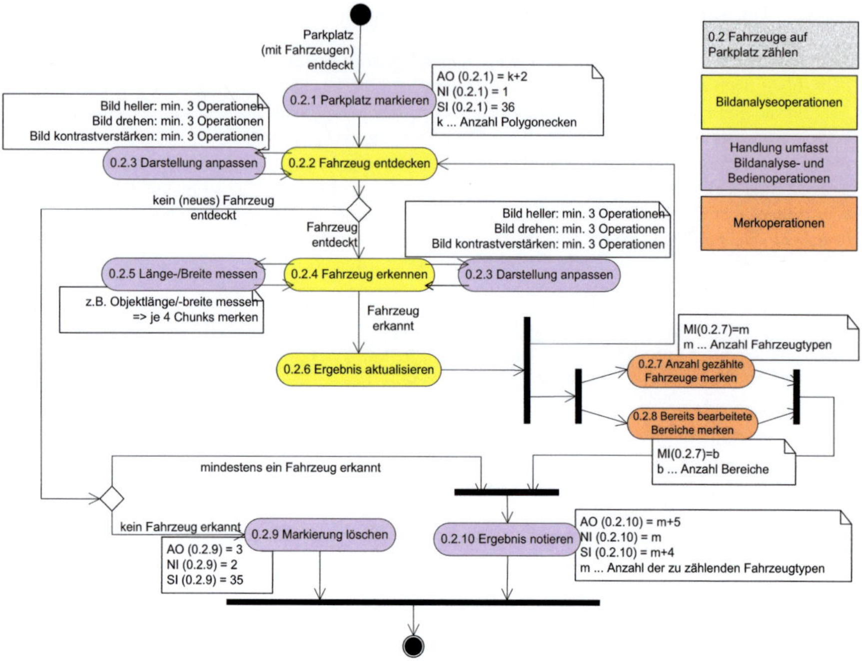

3. Aufgabenbeschreibung und Leistungsbezug

Parkplatz (mit Fahrzeugen) entdeckt

- 0.2.1 Parkplatz markieren
  - AO (0.2.1) = k+2
  - NI (0.2.1) = 1
  - SI (0.2.1) = 36
  - k ... Anzahl Polygonecken

- Bild heller: min. 3 Operationen
  Bild drehen: min. 3 Operationen
  Bild kontrastverstärken: min. 3 Operationen
- 0.2.3 Darstellung anpassen
- 0.2.2 Fahrzeug entdecken

kein (neues) Fahrzeug entdeckt

Fahrzeug entdeckt

- Bild heller: min. 3 Operationen
  Bild drehen: min. 3 Operationen
  Bild kontrastverstärken: min. 3 Operationen

- 0.2.5 Länge-/Breite messen
- 0.2.4 Fahrzeug erkennen
- 0.2.3 Darstellung anpassen
  - z.B. Objektlänge/-breite messen => je 4 Chunks merken

Fahrzeug erkannt

- 0.2.6 Ergebnis aktualisieren

- MI(0.2.7)=m
  m ... Anzahl Fahrzeugtypen
- 0.2.7 Anzahl gezählte Fahrzeuge merken
- 0.2.8 Bereits bearbeitete Bereiche merken
  - MI(0.2.7)=b
    b ... Anzahl Bereiche

mindestens ein Fahrzeug erkannt

kein Fahrzeug erkannt

- 0.2.9 Markierung löschen
  - AO (0.2.9) = 3
  - NI (0.2.9) = 2
  - SI (0.2.9) = 35
- 0.2.10 Ergebnis notieren
  - AO (0.2.10) = m+5
  - NI (0.2.10) = m
  - SI (0.2.10) = m+4
  - m ... Anzahl der zu zählenden Fahrzeugtypen

Legende:
- 0.2 Fahrzeuge auf Parkplatz zählen
- Bildanalyseoperationen
- Handlung umfasst Bildanalyse- und Bedienoperationen
- Merkoperationen

Abbildung 3.24: Quantitative Aufgabenbeschreibung für die Teilaufgabe „0.2 Fahrzeuge auf Parkplatz zählen“. Die Notizzettel nennen die Summe der abgeschlossenen Operationen AO, die Summe der Nutzinformationen NI, die Summe der Störinformationen SI und die Summe der Merkinformationen MI für die jeweiligen Handlungen.

Wird ein Parkplatz entdeckt, muss seine Berandung durch ein Polygon markiert werden. Dazu ist aus der in Abbildung 3.25 dargestellten Bedienoberfläche das passende Bedienelement auszuwählen und danach das Polygon im Bild einzuzeichnen. Für diese Handlung umfasst die Bedienoberfläche eine Nutzinformation und 36 Störinformationen.

Abbildung 3.25: ERDAS-Bedienoberfläche, welche zum Einzeichnen eines Polygons genutzt wird.

Nach dem Markieren des Parkplatzes sind die auf dem Parkplatz befindlichen Fahrzeuge zu entdecken, zu erkennen und zu zählen, wobei die Darstellung des Parkplatzes radiometrisch und geometrisch angepasst werden muss, wenn die Bilddarstellung für die Fahrzeugentdeckung oder
-erkennung nicht ausreichend gut ist. Dazu werden die in Abschnitt 2.3.1 (S. 28 f.) vorgestellten
Bildbearbeitungsfunktionen eingesetzt. Grund für eine Darstellungsanpassung kann eine schlech-
te radiometrische Bildqualität sein, beispielsweise ist das Bild zu kontrastschwach, zu dunkel oder
zu hell. Aber auch eine ungeeignete geometrische Bilddarstellung erschwert die Fahrzeugentdeckung oder verhindert sie sogar. Gründe hierfür sind beispielsweise ein ungünstiger Maßstab,
durch welchen die Fahrzeuge unter Umständen zu klein dargestellt sind, oder eine für den Menschen ungewöhnliche Szenenansicht, welche nicht der dem Menschen gewohnten perspektivi-
schen Ansicht entspricht. Abbildung 3.26 zeigt in Form eines UML-Aktivitätsdiagramms die
möglichen Alternativen einer Darstellungsanpassung, wobei zwischen radiometrischer und geo-
metrischer Bildaufbereitung unterschieden wird.

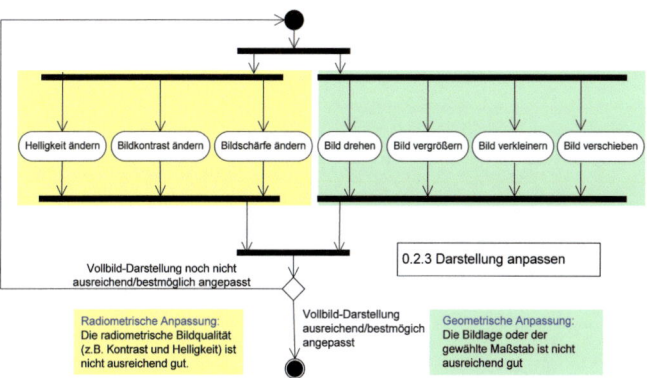

Abbildung 3.26: Das UML-Aktivitätsdiagramm für die Handlung „0.2.3 Darstellung anpassen", welche der Anpassung der Bilddarstellung dient. Es wird zwischen einer radiometrischen und einer geometrischen Bilddarstellungs-
anpassung unterschieden.

Ist die Bilddarstellung ausreichend gut und wird ein Fahrzeug entdeckt und dessen Typ erkannt,
so wird der Bildauswerter die Anzahl der gezählten Fahrzeuge des erkannten Fahrzeugtyps um
eins erhöhen und damit das Zählergebnis für diesen Fahrzeugtyp aktualisieren, wobei sich der
Bildauswerter während der ganzen Aufgabenbearbeitung die zu zählenden Fahrzeugtypen und
die dazugehörigen Zählwerte merken muss. Das Aktualisieren des Zählergebnisses zieht immer
die Merkoperation „0.2.7 Anzahl gezählte Fahrzeuge merken" nach sich. Zudem muss der Bildauswerter das Wissen um die bearbeiteten Bereiche aktualisieren und sich merken, welche Bildbe-
reiche er bereits bearbeitet hat. Solange der bearbeitete Bereich einfach strukturiert ist (z.B. übersichtliche Parkplatzreihen), reicht für das Merken des bereits bearbeiteten Bereichs eine logische
Merkeinheit, d.h. ein Chunk, aus. Hat der zu bearbeitende Bereich eine komplexere Struktur, so
sind auch hierfür mehrere Chunks aufzuwenden. Hinzu kommt, dass der Bildauswerter zum
Entdecken und Erkennen eines Fahrzeuges jedes Mal noch zusätzlich mindestens drei Chunks
benötigt: einen für die zu entdeckende bzw. erkennende Bildsignatur, einen für die Vergleichssig-
natur, die für den Vergleich mit der zu entdeckenden bzw. erkennenden Bildsignatur aus dem
Langzeitgedächtnis abgerufen wird, und einen Chunk für den Vergleich der beiden Signaturen,
vergleichbar mit einem Differenzbild.

Durch welche Handlung die Teilaufgabe „0.2 Fahrzeuge auf Parkplatz zählen" abgeschlossen
wird, hängt vom Ergebnis der Aufgabenbearbeitung ab: Wird kein einziger relevanter Fahrzeug-

typ erkannt, wird die Parkplatzmarkierung, in diesem Fall das umschreibende Polygon, gelöscht und damit die Bearbeitung der Teilaufgabe abgeschlossen. Wird mindestens ein relevanter Fahrzeugtyp erkannt, wird das Zählergebnis, d.h. die Anzahl der Fahrzeuge je gezählter Fahrzeugtyp, notiert und damit die Bearbeitung der Teilaufgabe abgeschlossen. Wird bei der Aufgabenbearbeitung das Bildauswertesystem ERDAS genutzt, so wird die Anzahl der Fahrzeuge je Fahrzeugtyp in die im Rahmen der Systemvoreinstellung angelegte Attributetabelle eintragen. Das Eintragen entspricht der Handlung „0.2.10 Ergebnis notieren" aus Abbildung 3.24 (S. 80) und erfordert 5+m Operationen, wobei m der Anzahl der zu zählenden Fahrzeugtypen entspricht. Einzutragen sind die Zählergebnisse in eine Attributetabelle, wie sie in Abbildung 2.20 (S. 33) dargestellt wurde. Dazu muss diese Tabelle geöffnet und nach dem Eintragen wieder geschlossen werden, da sie ansonst einen großen Teil des auszuwertenden Bildes abdeckt, was eine starke Behinderung bei der Bildanalyse darstellen würde.

Eine Übersicht über die Belastungsmessgrößen für die Teilaufgabe „0.2 Fahrzeuge auf Parkplatz zählen" liefert Tabelle 3.7. Neben der Beschreibung der Belastungsmessgrößen für den allgemeinen Fall werden in dieser Tabelle auch die Belastungsmessgrößen für den speziellen Fall aus dem Anwendungsbeispiel B** entsprechend Abbildung 3.23 angegeben.

H.-Nr.	Tätigkeit bzw. Handlung	AO	NI	SI	MI	
0.2.1	Parkplatz markieren	k+2	1	36	m+b	
	Schleife – Beginn					
0.2.2	Fahrzeug entdecken	1	0	0	m+b	
0.2.4	Fahrzeug erkennen	1	0	0	m+b	mit $1 \leq b \leq n, n \in N$
0.2.6	Ergebnis aktualisieren	1	0	0	m+b	
0.2.7	Anzahl gezählte Fahrzeuge merken	0	0	0	m	parallele Operationen zu 0.2.2, 0.2.4 und 0.2.6
0.2.8	Bereits bearbeitete Bereiche merken	0	0	0	b	
	Schleife-Ende					
0.2.10	Ergebnis notieren	m+5	m	m+4	0	D(MI)
0.2	Fahrzeuge zählen (allg.)	$7 + k + m + 3\sum_{i=1}^{m} n_i$	m+1	m+40	b+m	$k + m + 6 + 3\sum_{i=1}^{m} n_i$
0.2	Fahrzeuge zählen (speziell)	194	4	43	6	193

Tabelle 3.7: Übersicht über die Belastungsmessgrößen AO (Summe der abgeschlossenen Operationen), NI (Summe der Nutzinformationen), SI (Summe der Störinformationen), MI (Summe der Merkinformationen) und deren Dauer D(MI), berechnet nach der Methode aus Abschnitt 3.2.2 (S. 50 f.) für die Teilaufgabe „0.2 Fahrzeuge auf Parkplatz zählen". Es wird sowohl der allgemeine Fall als auch der spezielle Fall entsprechend dem Anwendungsbeispiel B** aus Abbildung 3.23 (S. 79) betrachtet. Das mehrfache Durchlaufen des Entdeckens, Erkennens und Zählens von Fahrzeugen sowie des Merkens von Bereichen und gezählten Fahrzeugtypen ist durch eine Schleife dargestellt und mit H.-Nr. wurde die Hierarchienummer abgekürzt.

Bei der Erfassung der Belastungsmessgrößen MI und D(MI) in Tabelle 3.7 wird angenommen, dass der Bildauswerter sich bereits am Anfang der Aufgabe jene m Fahrzeugtypen merken muss, die er im Weiteren zu zählen hat und dadurch m Chunks im Kurzzeitgedächtnis belegt sind. Außerdem muss er sich zumindest den Bereich merken, an dem er den Parkplatz entdeckt hat, sodass hier b = 1 angenommen wird. Während der Aufgabenbearbeitung merkt er sich zu jedem der zu zählenden Fahrzeugtypen den ermittelten Zählwert, wobei der Zählwert und der Fahrzeugtyp als ein Chunk gewertet werden. Somit ist das Kurzzeitgedächtnis des Bildauswerters während des Zählprozesses immer mit mindestens m+b Chunks belegt, wobei $1 \leq b \leq n$ mit $n \in N$.

Die quantitativen Belastungsmessgrößen aus Tabelle 3.7 für die graphisch in Abbildung 3.24 (S. 80) beschriebene Zählaufgabe erlauben folgende Schlüsse:

Beim Zählen der Fahrzeuge wird der Bildauswerter durch eine - relativ zur äußerst geringen Speicherkapazität seines Kurzzeitgedächtnisses von nur 7 Chunks - hohe Summe von Merkinformationen belastet, welche er sich über einen langen Zeitraum hinweg merken muss. So verbleibt im speziellen Fall des Anwendungsbeispiels B** nach der Erfassung des letzten Zählbereichs nur ein Chunk für die eigentliche Aufgabenbearbeitung. Dies ist für die Bearbeitung der Teilaufgabe auch unter optimalen Bedingungen, unter denen keine Darstellungsanpassung und keine Objektvermessung notwendig sind, nicht ausreichend. So ist beispielsweise bei ungünstiger Bildqualität das mehrfache Anpassen der Darstellung erforderlich oder als Zusatzinformation für die Fahrzeugerkennung die Fahrzeuglänge oder -breite zu messen (siehe Abbildung 3.24, S. 80), was zudem die parallele Bearbeitung der Nebenaufgabe *Systembedienung* erfordert. Es stellt sich daher die Frage, was passiert, wenn der Bildauswerter durch weitere Merkinformationen kognitiv belastet wird. An dieser Stelle wird wieder auf folgendes Wissen aus dem *Extended Model Human Processor* (EMHP) aus Abbildung 2.9 (S. 18) zurückgegriffen: „Die mittlere Speicherkapazität des menschlichen Kurzzeitgedächtnisses umfasst sieben Chunks. Ist das Kurzzeitgedächtnis belegt, so kommt es im Falle einer weiteren Merkinformation dazu, dass diese nicht ins Kurzzeitgedächtnis aufgenommen wird oder eine oder mehrere Merkinformationen abgestoßen werden." Damit kann die Schlussfolgerung gezogen werden, dass im Falle einer neuen Merkinformation, die auf das menschliche Kurzzeitgedächtnis zukommt, im Fall der hier betrachteten Teilaufgabe eine der folgenden drei Reaktionen folgt:

- Die weitere erforderliche Merkinformation wird abgewiesen, d.h. das neu dazukommende Attribut wird nicht gemerkt.

- Eine laufende Merkinformation wird abgestoßen, d.h. entweder wird mindestens einer der bereits bearbeiteten Bereiche oder die Anzahl von bisher entdeckten Fahrzeugtypen vergessen.

- Die Aktivität „Fahrzeuge zählen" wird eingestellt, da kein Chunk für weitere kognitive Aktivitäten zur Verfügung steht und der Bildauswerter beginnt mit seiner Aufgabenbearbeitung von vorne.

Ebenfalls ist bei der hier betrachteten Teilaufgabe die Dauer, über welche hinweg die Merkinformationen gehalten werden müssen, sehr hoch. Dies wir besonders anhand des Messwerts D(MI) für den speziellen Fall aus dem Anwendungsbeispiel B** (Abbildung 3.23, S. 79) deutlich. Auch wenn berücksichtigt wird, dass der Bildauswerter beim Durchführen der Operation „0.2.7 Anzahl gezählte Fahrzeuge merken" bzw. „0.2.8 Bereits bearbeite Bereiche merken" (siehe Abbildung 3.24, S. 80) ausgewahlte Merkinformationen aktiviert und damit in der „Warteschlange Kurzzeitgedächtnis" nach vorne holt [Geisler 2006], was deren Merkdauer verlängert, kann davon ausgegangen werden, dass einige der Informationen auf Grund der zu langen Merkdauer vergessen werden.

Der Bildauswerter könnte in dieser Situation auch auf das Langzeitgedächtnis zurückgreifen, d.h. er könnte die zu merkenden Informationen auswendig lernen und damit die im Kurzzeitgedächtnis zur Verfügung stehenden Chunks für andere Aufgaben einsetzen (siehe auch MHP aus Abschnitt 2.1.2.2, S. 15 f.). Dies bedeutet jedoch nach Anhang A, Pkt. 2 (S. 148), dass der Bildauswerter zum Speichern der logischen Einheiten ins Langzeitgedächtnis Lernzeit aufwenden muss, wodurch der Zeitaufwand zur Bearbeitung der Aufgabe hoch wird.

Auch bei der Analyse dieser Teilaufgabe wird die hohe Summe der abgeschlossener Operationen und der Störinformationen deutlich, welche ein Maß für die Komplexität und damit für die Fehleranfälligkeit einer Bedienoberfläche darstellt.

Auf Grund der in Tabelle 3.7 (S. 82) dargestellten Belastungsmessgrößen und den daraus gezogenen Schlussfolgerungen kann festgestellt werden, dass bei der Bearbeitung der Aufgabe „Fahrzeuge auf Parkplatz zählen" eine hohe Belastung auf den Bildauswerter einwirkt, wodurch es nahe liegt, dass der Bildauswerter Fehler machen wird und es dadurch zu einer Reduktion seiner Leistung kommt. Ganz besonders hoch ist bei der hier betrachteten Teilaufgabe seine kognitive Belastung durch die hohe Summe von Informationen, die sich der Bildauswerter über einen langen Zeitraum merken muss. Es ist daher ist anzunehmen, dass es zu einer Leistungssteigerung kommt, wenn der Bildauswerter bei der Bearbeitung der in diesem Abschnitt betrachteten Teilaufgabe, insbesondere beim Merken der hohen Summe an Informationen (Merkinformationen), durch eine Assistenz entlastet wird.

4 Assistenz bei der Aufgabenbearbeitung

Um den Bildauswerter bei stark belastenden Teilaufgaben, wie sie in Abschnitt 3.3.2 (S. 68 f.) ermittelt wurden, zu entlasten, wird in diesem Kapitel eine geeignete Assistenz konzipiert. Diese soll dem Bildauswerter in Abhängigkeit von seiner Aufgabe und deren Ausprägung durch den Einsatz geeigneter Assistenzfunktionen besonders belastende Aufgabenteile abnehmen und dadurch seine Leistung steigern.

Zur Konzeption und zum Betrieb einer solchen Assistenz sowie den dazu erforderlichen Assistenzfunktionen ist geeignetes Domänenwissen notwendig, welches das Wissen über einen bestimmten Fachbereich, eine sogenannte Domäne, darstellt. Das für die hier zu entwickelnde Assistenz benötigte Domänenwissen orientiert sich an den Fähigkeiten und dem dazu notwendigen Domänenwissen des Bildauswerters. Es wird daher in Abschnitt 4.1 auf die Fähigkeiten und insbesondere das dazu notwendige Domänenwissen des Bildauswerters eingegangen, um in Abschnitt 4.2 basierend darauf das für die Assistenz notwendige Domänenwissen zu erfassen und zu strukturieren.

In Abschnitt 4.3 wird eine Assistenz vorgestellt, welche dem Bildauswerter eine aufgabenorientierte Systemnutzung ermöglicht und in Abhängigkeit von der Aufgabe und ihrem Kontext die geeigneten Assistenzfunktionen parametriert und startet. Im Speziellen wird auf den Voreinstellungsassistenten und den Zählassistenten eingegangen, wobei jeder der beiden Assistenten mehrere Assistenzfunktionen umfasst und den Bildauswerter gezielt bei der Bearbeitung einer der in Abschnitt 3.3.2 (S. 68 f.) als belastend identifizierten Teilaufgaben entlasten soll. In welchem Umfang die Assistenten den Bildauswerter entlasten, wird durch den Einsatz der neuen UML-basierten Methode zur quantitativen Aufgabenbeschreibung aus Abschnitt 3.2.2 (S. 50) theoretisch überprüft.

In Abschnitt 4.4 wird entsprechend der Übersicht über mögliche Assistenztypen aus Abschnitt 2.1.3 (S. 19 f.) der Einsatz zusätzlicher Assistenztypen für die interaktive Bildauswertung aufgezeigt.

4.1 Fähigkeiten einschließlich Domänenwissen des Bildauswerters

Zur Bearbeitung von Aufgaben, auch wenn sie optimal gestaltet sind, benötigt der Mensch Fähigkeiten, welche nach [Charwat 1994] einem intellektuellen, auf Begabung, Wissen und Fertigkeiten beruhenden Vermögen entsprechen, bestimmte Tätigkeiten durchführen zu können. Dabei wird nach [Anderson & Lebiere 1998] zwischen drei Kategorien von Wissen unterschieden: dem deklarativen Wissen (Faktenwissen), dem prozeduralen Wissen (Handlungswissen) und dem konditionalen Wissen (Strategiewissen). Das deklarative Wissen ist das theoretische Wissen und umfasst das Wissen über Begriffe, Objekte und Relationen. Das prozedurale Wissen beschreibt, wie der Mensch deklaratives Wissen zur Bearbeitung einer Tätigkeit einsetzt und kann in Form von Algorithmen repräsentiert werden. Erst durch das konditionale Wissen kann der Mensch im richtigen Moment unter Nutzung des geeigneten deklarativen Wissens das richtige prozedurale Wissen einsetzen.

Wissen, das ausschließlich aus einem bestimmten Fachbereich stammt, beispielsweise aus dem der interaktiven bildgestützten Szenenanalyse, wird als Domänenwissen bezeichnet. Der Mensch als Bildauswerter muss zur Bearbeitung von Bildauswerteaufgaben über folgende Fähigkeiten einschließlich des dazu notwendigen Domänenwissens verfügen:

- Er muss die ihm gestellte Aufgabe korrekt interpretieren können und aus der ihm gestellten Aufgabe die zum Erreichen des Aufgabenziels notwendigen Tätigkeiten, Handlungen und Operationen ableiten und durchführen können.

- Er muss ein ausreichendes Szenenwissen besitzen, um die zu bearbeitende Szene korrekt interpretieren können. Dazu muss er Wissen über die in der Szene zu erwartenden Objekte von Interesse, die damit zu verwechselnden Objekte (Konfusionsobjekte) sowie die Objektumgebung besitzen.

- Er muss ein ausreichend gutes Sensorwissen besitzen, d.h. er muss die Funktionsweise des Sensors so gut verstehen, dass er die vom Sensor erzeugten Bildsignaturen korrekt interpretieren kann.

- Er muss die zur Bearbeitung seiner Aufgabe notwendigen Funktionen des Bildauswertesystems einschließlich deren Parametrierung und deren Bedienung kennen und diese zielgerichtet zur Bearbeitung der ihm gestellten Aufgabe einsetzen können.

Das Domänenwissen des Bildauswerters umfasst damit die Wissensbereiche Aufgabe, auszuwertende Szene, eingesetzte Sensorik, die von der Sensorik erzeugte Szenenabbildung (Bild) und das zur Verfügung stehende Bildauswertesystem (siehe Abbildung 4.1).

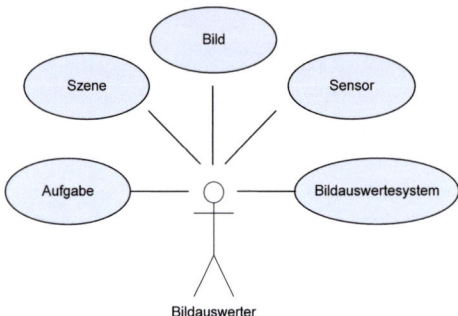

Abbildung 4.1: Übersicht über das Domänenwissen mit seinen Wissensbereichen, das der Bildauswerter zur Durchführung einer Bildauswerteaufgabe beherrschen muss.

Beim Aneignen einer Fähigkeit und dem dazu notwendigen Domänenwissen durchläuft der Mensch verschiedene Stadien. Am Anfang hat der Mensch ein sehr geringes Wissen und ebenso geringe Fertigkeiten im Anwenden dieses Wissens und ist damit ein Anfänger. Im Laufe der Zeit eignet sich der Mensch immer mehr Wissen an und lernt immer mehr, dieses Wissen einzusetzen. Er erlangt dabei zuerst den Status des Fortgeschrittenen und letztendlich den eines Experten. Die Entwicklung einer erlernten Fähigkeit hängt dabei nicht nur vom angeeigneten Wissen und der Übung, das erlernte Wissen einzusetzen, ab, sondern auch von der Begabung des Menschen, sich diese Fähigkeit aneignen zu können.

Bildauswerter können für die in Abbildung 4.1 aufgeführten Wissensbereiche unterschiedlich stark ausgebildete Fähigkeit besitzen. Abbildung 4.2 gibt eine Übersicht über die Ausprägung der Fähigkeiten von Bildauswertern, bezogen auf die vom Bildauswerter zu beherrschenden Wissensbereiche.

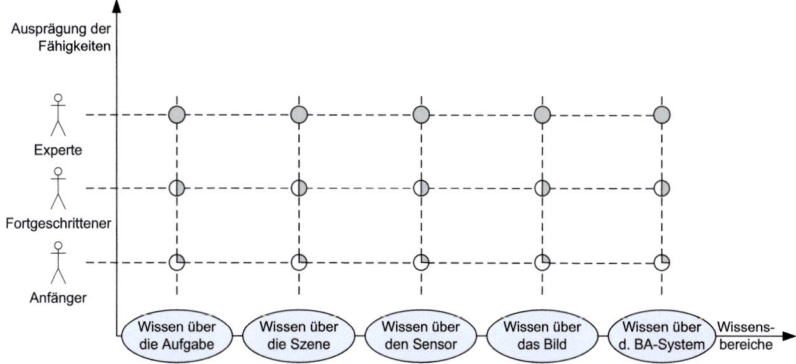

Abbildung 4.2: Der Bildauswerter kann für jeden Wissensbereich eine unterschiedlich stark ausgeprägte Fähigkeit besitzen. Die Ausprägung einer Fähigkeit hängt von der Schulung, dem Training und der Begabung des Bildauswerters ab. (Bemerkung: Der Begriff BA-System steht für Bildauswertesystem)

4.2 Domänenwissen für Assistenz bei der interaktiven Bildauswertung

Für die Entwicklung sowie zum Einsatz einer Assistenz und deren Assistenzfunktionen für die interaktive Bildauswertung ist umfangreiches Domänenwissen notwendig. Dieses umfasst sowohl das Wissen über die Bereiche, welche der Bildauswerter zur Bearbeitung seiner Aufgabe beherrschen muss (Abbildung 4.1) als auch das Wissen über den Bildauswerter selbst. Abbildung 4.3 gibt eine Übersicht über jene Wissensbereiche, über die Kenntnisse für die Entwicklung und den Einsatz von Assistenzfunktionen in der interaktiven Bildauswertung notwendig sind.

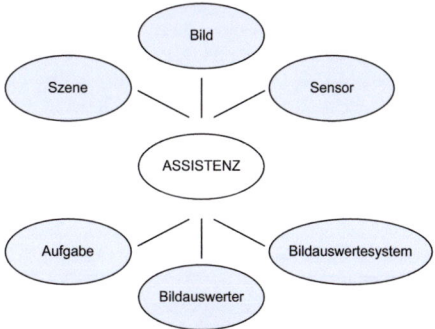

Abbildung 4.3: Übersicht über jene Wissensbereiche, welche für die Entwicklung und den Einsatz einer Assistenz und deren Assistenzfunktionen zur Unterstützung des Bildauswerters bei der Bildauswertung zu berücksichtigen sind.

Zur Entwicklung und zum Betrieb einer Assistenz ist es zudem notwendig, die Beziehungen bzw. Zusammenhänge zwischen den unterschiedlichen Wissensbereichen und der Assistenz bzw. deren Assistenzfunktionen zu kennen. Diese Zusammenhänge stellt Abbildung 4.4 dar, wobei für diese Beschreibung ein UML-Klassendiagramm eingesetzt wird.

4. Assistenz bei der Aufgabenbearbeitung

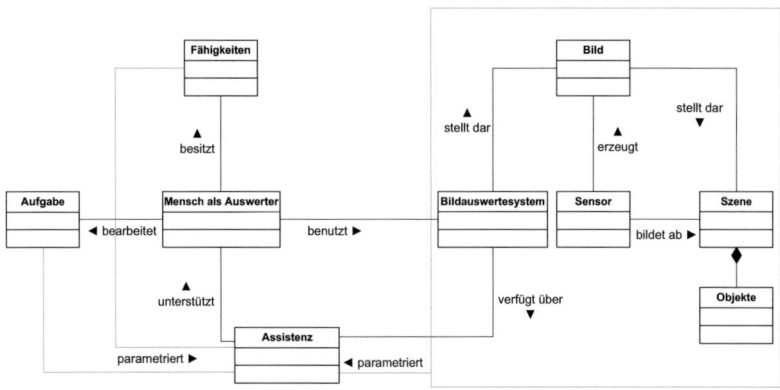

Abbildung 4.4: UML-Klassendiagramm, welches die Zusammenhänge zwischen einer Assistenz für die interaktive bildgestützte Szenenanalyse und den dazu notwendigen Wissensbereichen aufzeigt.

Wie bereits in Abschnitt 3.2.1.4 (S. 46) erwähnt, stehen heute insgesamt elf UML-Diagrammtypen zur Beschreibung statischer und dynamischer Strukturen zur Verfügung. Ein Diagrammtyp ist das UML-Aktivitätsdiagramm, welches in dieser Arbeit zur Aufgabenbeschreibung eingesetzt wird. Ein anderer Diagrammtyp, welcher zur Beschreibung der Zusammenhänge zwischen unterschiedlichen Komponenten (Klassen) dient, ist das UML-Klassendiagramm. Dieser Diagrammtyp wird in Abbildung 4.4 eingesetzt. Dabei werden folgende zwei Verbindungstypen zwischen den verschiedenen Wissensbereichen und der Assistenz, die im UML-Diagramm durch sogenannte Klassen repräsentiert werden, verwendet: Assoziationen, welche die Beziehungen zwischen zwei Klassen beschreiben, wobei die Beziehungsart neben die graphisch als ungerichtete Kanten dargestellte Beziehung geschrieben wird, und Kompositionen, welche durch eine mit der ungerichteten Kante verbundene Raute anzeigen, dass eine Klasse Teilmenge der anderen Klasse ist. So wird beispielsweise durch die Assoziation „bearbeitet" zwischen der Aufgabe und dem Bildauswerter angezeigt, dass der Bildauswerter die Aufgabe bearbeitet, und Objekte als Komposition der Klasse Szene beschrieben, da Objekte Teil einer Szene sind. Grau gefärbt sind die Assoziationen „parametrieren", welche anzeigen, durch welche Klassen die Assistenz bzw. die von der Assistenz zur Verfügung gestellten Assistenzfunktionen parametriert werden.

Die einzelnen Klassen des UML-Klassendiagramms aus Abbildung 4.4 enthalten zusätzlich die für die geplante Assistenz und deren Assistenzfunktionen erforderlichen Beschreibungen, welche jedoch aus Gründen der Übersichtlichkeit in Abbildung 4.4 nicht dargestellt sind. Diese zusätzlichen Beschreibungen, welche in UML laut [Fowler 2004] als Merkmale bezeichnet werden, umfassen die Parameter (Attribute) und Funktionen (Methoden) der Klassen. Als Beispiele für relevante Parameter seien für die Klasse Bild die Auflösung, die Anzahl der Zeilen und die Anzahl der Spalten genannt und für die Klasse Sensor der abgebildete Frequenzbereich. Als Beispiel für relevante Funktionen seien für die Klasse Bildauswertesystem die für die Aufgabenbearbeitung benötigten Funktionen des Bildauswertesystems genannt. Die Beschreibung der Wissensbereiche und ihrer Beziehungen zur Assistenz durch beispielsweise UML-Klassendiagramme sowie die Beschreibung des Zusammenwirkens zwischen dem Bildauswerter und dem Bildauswertesystem bei der Aufgabenbearbeitung, beispielsweise durch die in Abschnitt 3.3.2 (S. 68 f.) dargestellten UML-basierten Aufgabenbeschreibungen, bilden eine notwendige Grundlage für die Entwicklung einer Assistenz.

Auch während des Betriebs einer Assistenz für die interaktive Bildauswertung ist der Zugriff auf ausgewähltes Wissen aus den in Abbildung 4.3 (S. 87) dargestellten Wissensbereichen notwendig.

Angelehnt an die Übersicht des modellbasierten Softwareentwicklungsprozesses nach [Forbrig et al. 2004] zeigt Abbildung 4.5 den Zusammenhang zwischen den Wissensbereichen, die für den Betrieb einer aufgabenorientiert gestalteten Assistenz für die interaktive Bildauswertung eine Rolle spielen, dem Benutzerprofil, in dem das deklarative Wissen gehalten wird, und der Assistenz, welche die Assistenzfunktionen und deren Schnittstellen zum Bildauswerter umfasst. Das prozedurale Wissen und das konditionale Wissen sind in den Assistenzfunktionen in Form von Regeln umzusetzen, wobei im Rahmen dieser Arbeit konditionales Wissen nicht berücksichtigt wird.

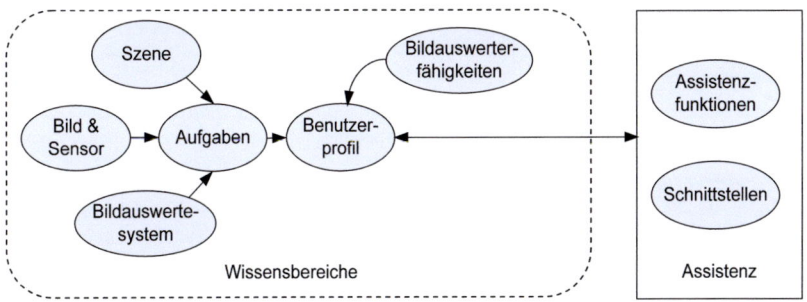

Abbildung 4.5: Übersicht über den Zusammenhang zwischen dem Benutzerprofil, in dem das für die Assistenz notwendige Domänenwissen gehalten wird, und der Assistenz selbst. Die Ausprägungen der im Benutzerprofil verwalteten Parameter ermöglichen Schlussfolgerungen auf die benötigten Assistenzfunktionen und deren Parametrierung.

Abbildung 4.5 zeigt auf der rechten Seite die Assistenz mit ihren Assistenzfunktionen, welche die Funktionalität der Assistenz bestimmen, und auf der linken Seite alle Wissensbereiche, deren Parametereinstellungen für die Auswahl, die Parametrierung und den Betrieb der Assistenzfunktionen notwendig sind. Hinzu kommen die Schnittstellen der Assistenz, welche das Aussehen der Assistenzfunktionen festlegen und den Dialog zwischen dem Bildauswerter und den Assistenzfunktionen ermöglichen.

In Abbildung 4.5 wird der Charakter einer aufgabenorientierten Assistenz verdeutlicht, indem nur jenes Wissen über die Szene, das Bild und den Sensor sowie nur jene Funktionen des Bildauswertesystems berücksichtigt wird, welches die vom Bildauswerter zu bearbeitenden Aufgaben beeinflusst. Alles für den Betrieb der aufgabenorientiert gestalteten Assistenz notwendige Wissen wird in einem Benutzerprofil gespeichert. Ergänzt werden kann das im Benutzerprofil gehaltene Wissen durch das Wissen über die Ausprägung der Fähigkeiten des Bildauswerters (siehe Abbildung 4.2, S. 87), um beispielsweise die Hilfestellungen zu den einzelnen Assistenzfunktionen an die Fähigkeiten des Bildauswerters anzupassen. Diese Möglichkeit wird im Rahmen dieser Arbeit jedoch nicht berücksichtigt. Die in dieser Arbeit konzipierte Assistenz wurde als eine Erweiterung des Bildauswertesystems ERDAS implementiert (siehe Kapitel 1, S. 113 f.). Im Bildauswertesystem ERDAS ist zur Speicherung der benutzerspezifischen Systemeinstellungen bereits ein Benutzerprofil, die *Preferences*, verfügbar. Dieses wurde im Rahmen der vorliegenden Arbeit für die Erweiterung von ERDAS um eine Assistenz genutzt und erweitert.

4.3 Konzeption einer Assistenz zur Entlastung bei Teilaufgaben

Ziel bei der Konzeption der Assistenz ist, den Bildauswerter so weit als möglich von seiner Nebenaufgabe *Systembedienung* zu entlasten und das System so sehr an der Aufgabe des Bildauswerters auszurichten, dass sich der Bildauswerter sowenig als möglich mit dem System auseinandersetzten muss und sich ganz seiner Hauptaufgabe *Visuelle Bildanalyse* widmen kann. Aber auch bei stark belastenden Hauptaufgaben sollte der Bildauswerter Entlastung erfahren. Dazu unterstützt die im Rahmen dieser Arbeit entwickelte Assistenz den Bildauswerter durch Assistenzfunktionen, die

- den Bildauswerter aufgabenbezogen unterstützten, sodass er kein vertieftes Wissen über die Bedienung des genutzten Bildauswertesystems benötigt,

- entsprechend dem Aufgabenkontext Systemvoreinstellungen übernehmen, wobei zwischen grundlegenden und aufgabenindividuellen Systemvoreinstellungen unterschieden wird,

- dem Bildauswerter während der Bearbeitung seiner Hauptaufgabe *Visuelle Bildanalyse* Systembedienungsaufgaben abnehmen und ihn bei kognitiv stark belastenden Teilen seiner Hauptaufgabe unterstützen und

- Systembedienungsaufgaben während der Abschlussphase übernehmen, beispielsweise das Aufbereiten und Exportieren von Auswerteergebnissen.

Abbildung 4.6 gibt eine grobe Übersicht über den Arbeitsablauf bei der assistenzgestützten Szenenanalyse, ergänzt um die Beschreibung der Assistenzfunktionen, welche den Bildauswerter in Abhängigkeit von seiner Aufgabe in den verschiedenen Bearbeitungsphasen unterstützen. Die Assistenzfunktionen werden, in Abhängigkeit von der Bearbeitungsphase, in der sie eingesetzt werden, unterschiedlichen Assistenzbereichen (Voreinstellungs-, Bildauswerte- und Datenaufbereitungs-/Datenexportassistenz) zugeordnet.

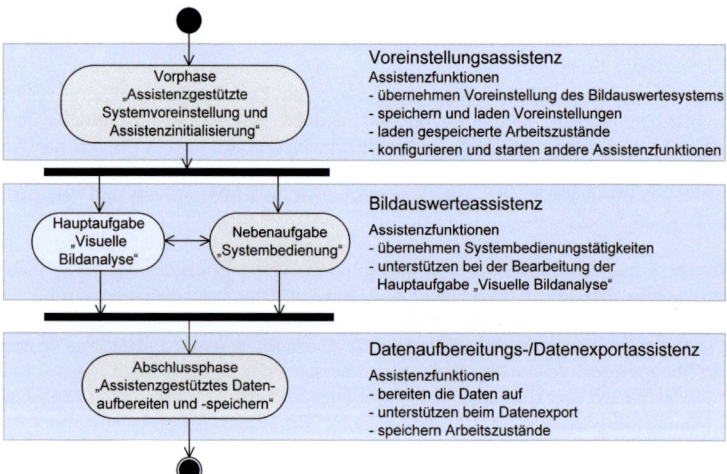

Abbildung 4.6: Arbeitsablauf bei der interaktiven Bildauswertung mit Unterstützung durch die in dieser Arbeit entwickelte Assistenz. Diese stellt Assistenzfunktionen zur Systemvoreinstellung, zur Bearbeitung der Hauptaufgabe *Visuelle Bildanalyse* und der dazu notwendigen Nebenaufgabe *Systembedienung* sowie zur Datenaufbereitung und zum Datenexport zur Verfügung.

Da zur Unterstützung des Bildauswerters bei der Bearbeitung einer bestimmten Teilaufgabe meist mehrere Assistenzfunktionen zum Einsatz kommen, werden dem Bildauswerter gegenüber aus Gründen der Übersichtlichkeit alle Assistenzfunktionen, die ihn bei einer speziellen Teilaufgabe unterstützen, als ein Assistent dargestellt. Dabei können die dem Bildauswerter dargestellten Assistenten Assistenzfunktionen aus verschiedenen Assistenzbereichen umfassen. So umfasst der Voreinstellungsassistent (siehe Abschnitt 4.3.1, S. 92 f.) zwar ausschließlich Assistenzfunktionen aus dem Bereich der Voreinstellungsassistenz, der Zählassistent (siehe Abschnitt 4.3.2, S. 102 f.)

umfasst jedoch neben Assistenzfunktionen aus dem Bereich der Bildauswerteassistenz auch Assistenzfunktionen aus dem Bereich der Datenaufbereitungs- und Datenexportassistenz.

Eine grobe Übersicht über den Aufbau der Assistenz sowie das Zusammenwirken zwischen dem Bildauswerter, der Assistenz und dem Bildauswertesystem gibt Abbildung 4.7.

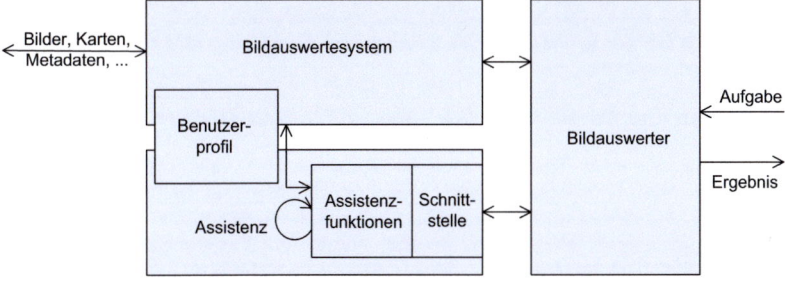

Abbildung 4.7: Die in dieser Arbeit entwickelte Assistenz im Zusammenwirken mit dem Bildauswerter und dem Bildauswertesystem.

Um den Bildauswerter entsprechend seiner Aufgabe unterstützen zu können, benötigt die Assistenz bzw. deren Assistenzfunktionen Informationen über die durchzuführende Aufgabe und deren Kontext, welcher das eingesetzte Bildmaterial, die abbildende Sensorik und die auszuwertende Szene einschließlich der auszuwertenden Objekte umfasst (siehe auch Abschnitt 4.2, S. 87 f.). Diese Informationen erhält die Assistenz teilweise vom Bildauswerter und teilweise aus dem Benutzerprofil, in welches das Bildauswertesystem alle Informationen speichert, die es aus den vom Bildauswerter ausgewählten Bild- und Kartendaten bzw. deren Metadaten (Zusatzdaten) ausliest. Im Rahmen dieser Arbeit wurde nur der Einsatz von Bildern und deren Metadaten berücksichtigt.

Die Informationen vom Bildauswerter ermittelt die Assistenz in der Vorphase (siehe Abbildung 4.6, S. 90) durch Assistenzfunktionen des Voreinstellungsassistenten. Auf Grund der aufgeführten Informationen schließt die Assistenz auf die Assistenzfunktionen, die den Bildauswerter bei der zu bearbeitenden Aufgabe entlasten, konfiguriert diese - wenn notwenig im Zusammenwirken mit dem Bildauswerter - und ruft diese auf. Die Assistenzfunktionen der Assistenz agieren zum einen aktiv, indem sie Teilaufgaben eigenständig übernehmen und, wenn notwendig, andere Assistenzfunktionen aufrufen. Sie agieren zum anderen reaktiv, indem sie ihre Unterstützung an den Aufgabenkontext bzw. die Aufgabenausprägung anpassen und anderen Assistenzfunktionen Informationen übermitteln. Alles dies sind Eigenschaften, die auch als typisch für Agenten bezeichnet werden (siehe Abschnitt 2.1.3, S. 19 f.).

Im Benutzerprofil werden auch die Informationen gespeichert, welche durch die Assistenz vom Bildauswerter in der Voreinstellungsphase ermittelt werden, damit auf diese während der eigentlichen Aufgabenbearbeitung zurückgegriffen werden kann. Zusätzlich werden im Benutzerprofil die Verweise auf die Daten der zuletzt bearbeiteten Aufgabe sowie auf Dateien, welche ausgewählte Voreinstellungen enthalten, gespeichert.

Zwei Assistenten, welche im Rahmen dieser Arbeit gezielt zur Entlastung des Bildauswerters bei der Bearbeitung der in Abschnitt 3.3.2 (S. 68 f.) als stark belastend identifizierten Teilaufgaben entwickelt wurden, werden in den beiden weiteren Abschnitten vorgestellt. In Abschnitt 4.3.1 wird auf die Arbeitsweise und den Aufbau des Voreinstellungsassistenten und in Abschnitt 4.3.2

auf die Arbeitsweise und den Aufbau des Zählassistenten eingegangen. In beiden Abschnitten wird zusätzlich die Aufgabenbearbeitung mit dem jeweils betrachteten Assistenten quantitativ unter Einsatz der in Abschnitt 3.2.2 (S. 50 f.) vorgestellten UML-basierten Methode zur quantitativen Aufgabenbeschreibung beschrieben. Die Ergebnisse dieser quantitativen Beschreibungen sind Belastungsmessgrößen, welche den Belastungsmessgrößen gegenübergestellt werden, die aus der quantitativen Beschreibung der Teilaufgabenbearbeitung ohne Assistenzunterstützung abgeleitet wurden. Aus der Gegenüberstellung der Belastungsmessgrößen werden Rückschlüsse im Hinblick auf die Entlastung und die daraus resultierende Leistungssteigerung des Bildauswerters durch den Assistenzeinsatz gezogen.

4.3.1 Aufbau und Arbeitsweise des Voreinstellungsassistenten

Die Bearbeitung jeder neuen Bildauswerteaufgabe beginnt mit der Vorphase *System einstellen*, welche auch als Voreinstellungsphase bezeichnet wird. In dieser Phase wird das Bildauswertesystem für die eigentliche Aufgabenbearbeitung voreingestellt, indem das System für die Durchführung der Hauptaufgabe *Visuelle Bildanalyse* und der dazu notwendigen Nebenaufgabe *Systembedienung* konfiguriert wird und die Dateien, welche für die Erfassung und Speicherung der Bildauswerteergebnisse notwendig sind, angelegt werden. Steht dem Bildauswerter in dieser Phase keine Assistenz zur Verfügung, wird er nicht nur informatorisch hoch belastet, sondern er muss auch ein vertieftes Verständnis für die Funktionalität und Bedienung des Bildauswertesystems besitzen. Dieses Verständnis umfasst das Wissen, welche Systemfunktionen welche Tätigkeiten unterstützten, in welcher Reihenfolge die notwendigen Funktionen zu nutzen und wie sie zu parametrieren sind.

Eine quantitative Beschreibung der Belastung des Bildauswerters bei der Bearbeitung der Teilaufgabe „System voreinstellen" erfolgte in Abschnitt 3.3.2.1 (S. 69 f.) und dort insbesondere in Tabelle 3.5 (S. 76), Tabelle 3.6 (S. 76) sowie in Tabelle 3.7 (S. 82). Die quantitative Beschreibung der Teilaufgabe machte deutlich, dass alle gemessenen Belastungsmessgrößen sehr hoch sind. Es gilt somit, die Aufgabenteilung so zu verschieben, dass Assistenzfunktionen, so weit möglich, Systembedienoperationen übernehmen und die Bedienoberfläche so günstig zu gestalten, dass der Bildauswerter nur mehr mit den unbedingt notwendigen Bedienelementen (Nutz- und Störinformationen) konfrontiert wird. Da die Summe der zu merkenden Informationen nicht reduziert werden kann, da sie die Aufgabe beschreiben, muss angestrebt werden, die Merkdauer der Merkinformationen zu reduzieren.

Das Ergebnis dieser Überlegungen ist der Voreinstellungsassistent. Er entlastet den Bildauswerter in der Vorphase, indem er im Rahmen eines aufgabenorientiert gestalteten Dialogs die vom Bildauswerter zu bearbeitende Aufgabe und die dafür relevanten Parameter eingrenzt und auf Grund dieser Informationen das Bildauswertesystem konfiguriert sowie die vom Bildauswerter im Laufe der Bildauswertung benötigten Dateien anlegt. Dieses Vorgehen entspricht dem eines Wizards (siehe Abschnitt 2.1.3, S. 19 f.). Die Vorphase „System voreinstellen" spielt noch eine weitere wichtige Rolle bei der Erweiterung eines Bildauswertesystems um Assistenzfunktionen. Assistenzfunktionen, welche den Bildauswerter bei der Bearbeitung der Hauptaufgabe *Visuelle Bildanalyse* und der parallel dazu notwendigen Nebenaufgabe *Systembedienung* unterstützen, müssen an geeigneter Stelle voreingestellt und gestartet werden. Dazu werden ebenfalls Informationen über den Aufgabenkontext benötigt, welche teilweise aus den Bildzusatzdaten der auszuwertenden Bildern abzuleiten sind und zum anderen durch den Bildauswerter ergänzt werden müssen. Um den Bildauswerter nicht während der Bildauswertephase durch Systemabfragen von seiner Hauptaufgabe *Visuelle Bildanalyse* abzulenken, bietet es sich an, diese Informationen ebenfalls im Rahmen der Vorphase durch den Voreinstellungsassistenten in Erfahrung zu bringen.

Muss der Bildauswerter Informationen über die zu bearbeitende Aufgabe geben, ist es, um den Bildauswerter nicht unnütz zu belasten, wichtig, diese Informationsmenge zwar so vollständig als

notwendig, aber auch so gering als möglich zu halten. Die Idee bei der Konzeption des Voreinstellungsassistenten ist, dass der Bildauswerter, unabhängig von der zu bearbeitenden Aufgabe,
das System immer nach einem ihm vertrauten gleich bleibenden Schema voreinstellen kann und
sich dazu keine speziellen Systembedienungskenntnisse aneignen muss. Eine weitere Forderung
an den Assistenten ist, dass der Bildauswerter sich so wenig als möglich mit der umfangreichen
Funktionalität des Bildauswertesystems auseinandersetzen muss. Aus diesem Grund wurde die
Konfiguration aller individuellen Systemvoreinstellungen, die nur äußerst selten vom Bildauswerter geändert werden, unter einem Grundeinstellungsassistenten, bezeichnet mit *Basic Settings*, zusammengefasst. Eine ausführliche aufgabenbezogene Hilfe informiert hier über die möglichen
Grundeinstellungen und deren Auswirkungen. Die aufgabenbezogenen Voreinstellungen, welche
bei jeder Bildauswertung durchgeführt werden müssen, wurden in einem aufgabenbezogenen
Voreinstellungsassistenten, bezeichnet als *Task Assistant*, zusammengefasst. Im Rahmen der aufgabenbezogenen Voreinstellungen erfolgt auch das Anlegen der Dateien, welche zur Erfassung
und Speicherung der Bildauswerteergebnisse notwendig sind. Die Auswahl der englischen Bezeichner *Basic Settings* und *Task Assistant* für die beiden Voreinstellungsassistenten rührt daher,
dass die Implementierung der Assistenz als Erweiterung des Bildauswertesystems ERDAS, welches eine englischsprachige Bedienoberfläche besitzt, realisiert wurde.

Damit der Bildauswerter die zu bearbeitende Aufgabe und deren Kontext sowie deren Ausprägung mit dem Voreinstellungsassistenten schnell und intuitiv beschreiben kann, wurden die mit
einem Bildauswertesystem bearbeitbaren Aufgaben in Zusammenarbeit mit Bildauswertern hierarchisch strukturiert. Dazu wurden Aufgaben in Aufgabenklassen zusammengefasst und für die
Aufgaben die möglichen Ausprägungen identifiziert. Abbildung 4.8 gibt eine Übersicht über die
hierarchisch gegliederte Aufgabenbeschreibung, welche der Aufgabenstrukturierung aus Sicht
von Bildauswertern entspricht, sodass eine Beschreibung der zu bearbeitenden Aufgabe durch
den Bildauswerter auf dieser Basis regelbasiert oder sogar intuitiv (siehe 3-Ebenen-Modell des
menschlichen Verhaltens von Goodstein und Rasmussen, Abbildung 1.2, S. 2) erfolgen kann,
und damit für den Bildauswerter keine außergewöhnliche Belastung darstellt.

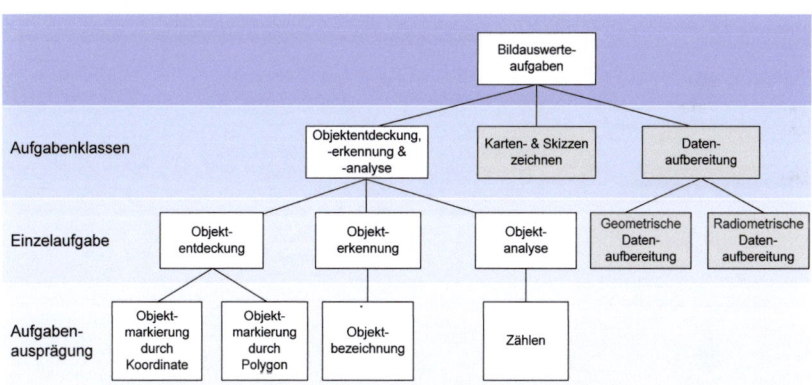

Abbildung 4.8: Beschreibung möglicher Bildauswerteaufgaben in einer hierarchischen Struktur durch Aufgabenklassen, Einzelaufgaben und Aufgabenausprägungen. Im Rahmen dieser Arbeit wurden nur die weiß und nicht die grau
gefärbten Aufgaben betrachtet.

Da anzunehmen ist, dass ein Bildauswerter die zu bearbeitende Aufgabenklasse nur sehr selten
wechselt, wird deren Auswahl den *Basic Settings* zugeordnet. Im *Task Assistant* sind somit nur
mehr die Tätigkeiten und Handlungen auszuwählen, welche für die ausgewählte Aufgabenklasse
von Relevanz sind. Dabei ist die Auswahl mehrerer Tätigkeiten möglich. Entsprechend der Aus-

4. Assistenz bei der Aufgabenbearbeitung

wahl an Tätigkeiten werden dem Bildauswerter durch den *Task Assistant* nur mehr die dafür relevanten Handlungen angeboten. Auch hier ist eine Mehrfachauswahl möglich.

Gibt der Bildauswerter in den *Basic Settings* die von ihm zu bearbeitende Aufgabenklasse und im *Task Assistant* die für die zu bearbeitende Aufgabenklasse relevanten Tätigkeiten und Handlungen an, so übernimmt der Voreinstellungsassistent die Systemvoreinstellungen und das Anlegen der für die Aufgabenbearbeitung notwendigen Dateien. Der Bildauswerter muss nur mehr jene Einstellungen vornehmen, welche der Assistent nicht eigenständig entscheiden kann. Beispiele hierfür sind die Auswahl der Symbolik für die zu entdeckenden Objekte sowie die Auswahl von Attributen und deren Datentyp für die zu erkennenden Objekte. Zur weiteren Entlastung des Bildauswerters ermöglicht der *Task Assistant*, einmal vorgenommene Einstellungen als einen sogenannten Voreinstellungsstandard zu speichern und zur Bearbeitung einer Aufgabe, für welche die identischen Einstellungen benötigt werden, wieder zu laden.

Eine Übersicht über den Arbeitsablauf bei der Auswahl der zu bearbeitenden Aufgabenklasse und den grundlegenden Systemvoreinstellungen unter Einsatz der *Basic Settings* gibt das UML-Aktivitätsdiagramm auf der linken Seite von Abbildung 4.9. Das UML-Aktivitätsdiagramm auf der rechten Seite von Abbildung 4.9 gibt eine Übersicht über das Vorgehen beim Voreinstellen des Systems mit Unterstützung durch den *Task Assistant* unter der Annahme, dass der Bildauswerter in den *Basic Settings* als durchzuführende Aufgabenklasse die *Objektentdeckung, -erkennung und -analyse* (siehe Abbildung 4.8, S. 93) ausgewählt hat. Im nächsten Schritt hat der Bildauswerter die Möglichkeit, eine oder mehrere Einzelaufgaben auszuwählen. Als mögliche Einzelaufgabe stehen die *Objektentdeckung, Objekterkennung* und *Objektanalyse* zur Auswahl. Der Dialog zwischen dem aufgabenbezogenen Voreinstellungsassistenten *Task Assistant* und dem Bildauswerter passt sich dabei an die getroffene Auswahl des Bildauswerters an.

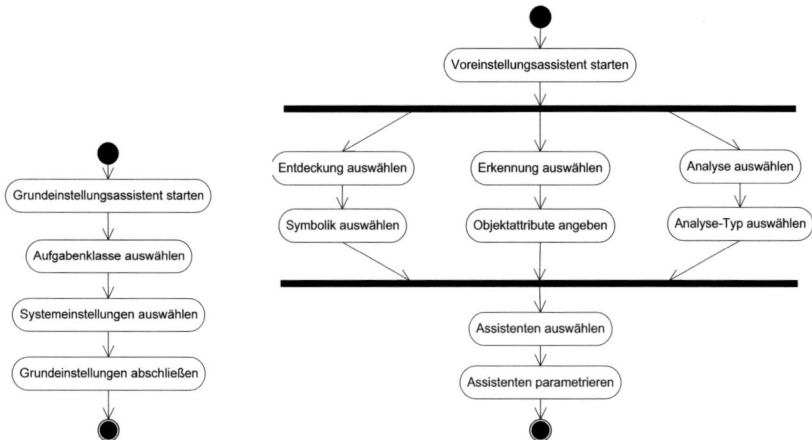

Abbildung 4.9: Links die Übersicht über das Vorgehen mit dem Grundeinstellungsassistenten (*Basic Settings*) und rechts die Übersicht über das Vorgehen bei der assistenzgestützten Voreinstellung des Bildauswertesystems mit dem aufgabenbezogenen Voreinstellungsassistenten (*Task Assistant*) unter der Annahme, dass die Aufgabenklasse „Objektentdeckung, -erkennung und -analyse" ausgewählt wurde.

Eine Übersicht über das Zusammenwirken zwischen dem Bildauswerter und dem *Task Assistant* in Form eines UML-Aktivitätsdiagramms gibt Abbildung 4.10. Die Handlungen des Bildauswerters sind dabei links und die des *Task Assistant* rechts dargestellt.

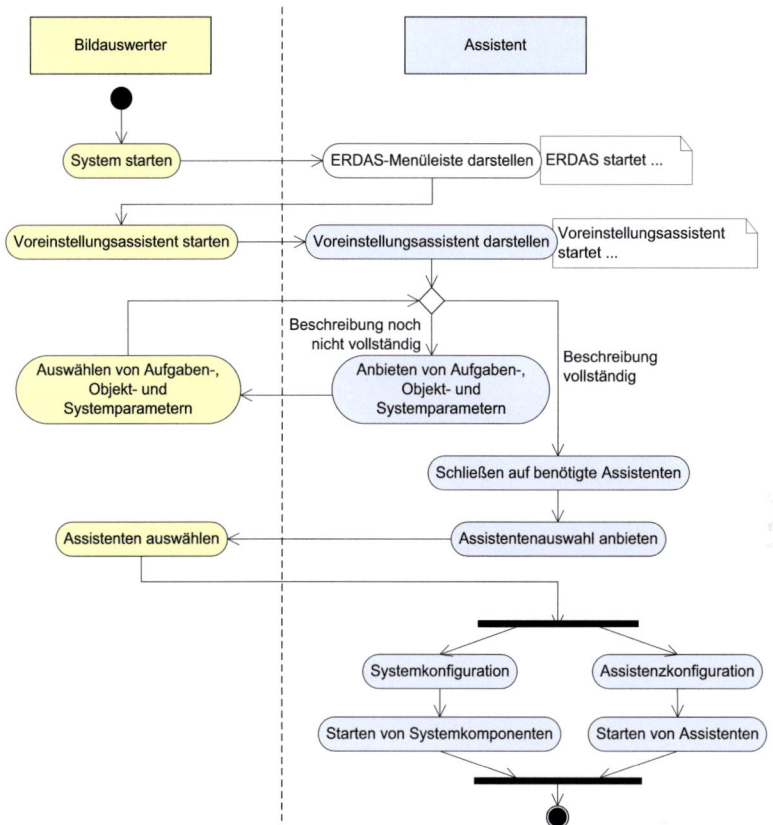

Abbildung 4.10: Arbeitsteilung zwischen dem Bildauswerter und dem *Task Assistant* beim Voreinstellen des Bildauswertesystems unter der Annahme, dass bei einer vorherigen Systemnutzung mittels der *Basic Settings* die Aufgabenklasse „Objektentdeckung, -erkennung und -analyse" ausgewählt wurde. Die Darstellung der ERDAS-Menüleiste erfolgt durch das Bildauswertesystem selbst.

Abbildung 4.11 beschreibt diesen Arbeitsablauf detaillierter für den Fall, dass der Bildauswerter
ausschließlich die Tätigkeit *Objektentdeckung* angewählt hat, wobei der Arbeitsablauf erst ab dem
Moment der Tätigkeitsauswahl (siehe Abbildung 4.10, Aktivität *Auswählen von Tätigkeiten, Objekt-
und Systemparametern*) beschrieben wird. Auch hier sind die Handlungen des Bildauswerters links
und die des Assistenten rechts dargestellt. Dass dem Bildauswerter bei dem dargestellten Arbeitsablauf keine Assistenten für die Bearbeitung seiner Hauptaufgabe *Visuelle Bildanalyse* angeboten
werden, liegt daran, dass zur Zeit keine Entdeckungsassistenten vorgesehen sind.

Es wird am Beispiel von Abbildung 4.11 deutlich, dass der Bildauswerter nach der Anwahl der
Tätigkeit *Objektentdeckung* nur mehr wenige Operationen selbst durchführen muss. Da der Voreinstellungsassistent insbesondere systemspezifische Bedienaufgaben wie z.B. das Anlegen des Vektorlayers übernimmt, benötigt der Bildauswerter für die Bearbeitung dieser Teilaufgabe zum einen kein vertieftes Systemwissen mehr und es wird ihm zum anderen eine hohe Anzahl von
Operationen abgenommen. So sind z.B. allein zum Anlegen eines Vektorlayers, welcher die sym-

4. Assistenz bei der Aufgabenbearbeitung

bolischen Daten einer Bildauswertung speichert, ohne Assistenzunterstützung 9 Operationen notwendig (siehe Abbildung 3.22, S. 78). Durch den Einsatz des *Task Assistant* ist vom Bildauswerter nur mehr eine einzige Operation durchzuführen, nämlich die Angabe, dass die zu bearbeitende Aufgabe eine Entdeckungsaufgabe ist.

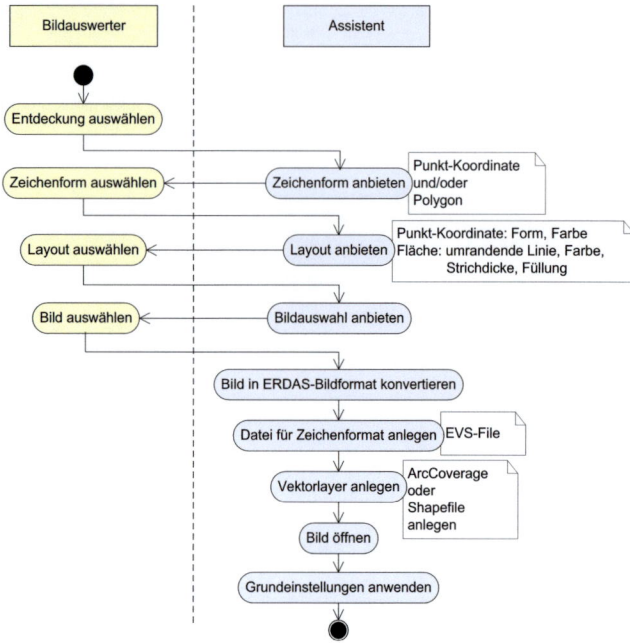

Abbildung 4.11: Aufgabenteilung zwischen dem Bildauswerter und dem *Task Assistant* nach der Auswahl der Tätigkeit *Objektentdeckung*.

In dieser Arbeit wird der Ansatz verfolgt, auf Basis einer quantitativen Aufgabenbeschreibung und den daraus abgeleiteten Belastungsmessgrößen nach der in Abschnitt 3.2.2 (S. 50 f.) vorgestellten Methode auf die Belastung des Menschen bei der Aufgabenbearbeitung zu schließen. Bisher könnte auf Basis der beispielhaft in Abbildung 4.10 (S. 95) und Abbildung 4.11 (siehe oben) vorgestellten UML-Aktivitätsdiagramme bzw. deren Verfeinerung ausschließlich die Summe der abgeschlossenen Operationen sowie die Summe der Merkinformationen und deren Merkdauer für eine Systemvoreinstellung unter Einsatz des Voreinstellungsassistenten ermittelt werden. Um eine Aussage zur Summe der Nutz- und Störinformationen machen zu können, mit welcher der Bildauswerter bei der Systemvoreinstellung unter Einsatz des Voreinstellungsassistenten konfrontiert und somit belastet wird, muss zuerst die Schnittstelle zwischen dem Bildauswerter und dem Voreinstellungsassistenten gestaltet werden.

Bei der Entwicklung der Schnittstelle wird darauf geachtet, den Bildauswerter nicht durch neue Schnittstellenformen zu belasten. Da die im Rahmen dieser Arbeit konzipierte Assistenz in das Bildauswertesystem ERDAS integriert werden soll, wird das *Look and Feel* des Graphic User Interface (GUI) von ERDAS übernommen. Um vom Bildauswerter nur Informationen einzufordern, die für eine Voreinstellung des Systems durch den Voreinstellungsassistenten notwendig sind, und um ihn auch hier nicht mit neuen Interaktionsformen zu belasten, wird sowohl für die *Basic Settings* als auch für den *Task Assistant* ein Wizard ausgewählt.

Für beide Voreinstellungsassistenten wird für den Wizard das Eclipse-Dialogdesign aus [Edgar et al. 2004] gewählt (siehe Abbildung 4.12): Eine Leiste im oberen Bereich informiert den Bildauswerter über die Einstellungsaufgabe der aktuellen Dialogseite. Aktiviert der Bildauswerter den Druckknopf *Next* (Weiter), werden vom Voreinstellungsassistenten die auf einer Dialogseite vorgenommenen Einstellungen übernommen und die folgende Dialogseite dargestellt. Um bereits vorgenommene Einstellungen zu überprüfen oder nochmals zu ändern, kann der Bildauswerter durch die Anwahl des Druckknopfs *Back* (Zurück) auf die vorherige Dialogseite wechseln. Möchte der Bildauswerter die Bearbeitung der Voreinstellungen abbrechen, kann er dies durch die Anwahl des Druckknopfs *Cancel* (Abbrechen) tun. Abgeschlossen werden die Voreinstellungen durch die Anwahl des Druckknopfs *Finish* (Fertigstellen), welcher sich auf der letzten Dialogseite des Wizards befindet. Danach werden durch eine Assistenzfunktion die Voreinstellungen gespeichert, die Bedienoberfläche des Voreinstellungsassistenten geschlossen und die Assistenzfunktionen, welche den Bildauswerter während der eigentlichen Bildauswertung unterstützen sollen, konfiguriert und gestartet. Ergänzt wurde das für einen Wizard vorgeschlagene Design nach [Edgar et al. 2004] durch einen Hilfe-Knopf, welcher links unten auf der Dialogseite zu finden ist und nach dessen Anwahl der Bildauswerter über die Voreinstellungsmöglichkeiten auf der aktuellen Wizard-Seite informiert wird.

Alle Schnittstellen werden zuerst mittels Bleistift und Papier entworfen und anschließend in einem Rapid Prototyping Verfahren als Skript in EML (ERDAS Macro Language), einer ERDAS-Skriptsprache zur Dialogentwicklung, umgesetzt. Abbildung 4.12 zeigt beispielhaft die erste Dialogseite des *Task Assistant* für den Fall, dass in den *Basic Settings* die Aufgabenklasse *Objektentdeckung, -erkennung und -analyse* ausgewählt wurde. Im mittleren Bereich des Dialogseite werden die aktuellen Einstellungsmöglichkeiten angeboten – hier die Auswahl der Tätigkeiten *Objektentdeckung* (Detection), *Objekterkennung* (Recognition) und *Objektanalyse* (Analysis). Zusätzlich wird der Bildauswerter durch folgende Möglichkeiten unterstützt: Durch die Auswahl der Checkbox *Load Session* kann er eine zuvor begonnene und gespeicherte Aufgabenbearbeitung, im Weiteren auch als Bildauswerte-Session bezeichnet, zur Weiterbearbeitung auswählen und nach dem Drücken der Schaltfläche *Load a Standard* werden ihm bereits zuvor angelegte Voreinstellungen, im Weiteren auch als Voreinstellungsstandards bezeichnet, angeboten.

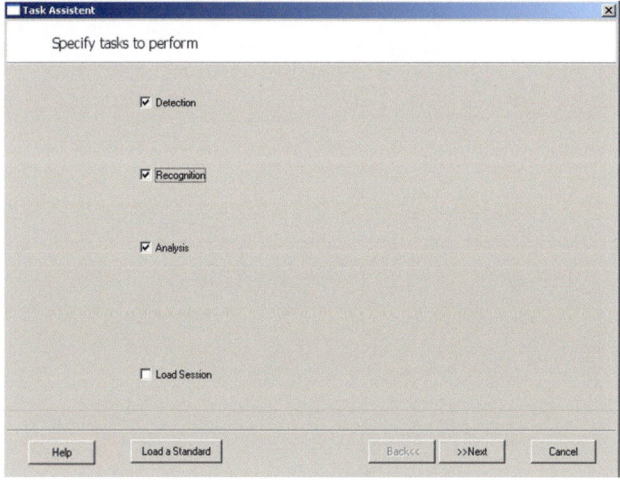

Abbildung 4.12: Die erste Dialogseite des aufgabenbezogenen Voreinstellungsassistenten (*Task Assistant*), welche zur Auswahl der durchzuführenden Tätigkeiten (*Entdecken, Erkennen, Analysieren*) dient.

4. Assistenz bei der Aufgabenbearbeitung

Wählt der Bildauswerter eine zuvor begonnene Aufgabenbearbeitung aus, so nimmt ihm der *Task Assistant* alle weiteren Voreinstellungsaufgaben ab und der Bildauswerter kann an genau der Stelle weiter arbeiten, an der er die ausgewählte Bildauswerte-Session bei ihrer letzten Bearbeitung beendet hat. Wählt der Bildauswerter einen Voreinstellungsstandard aus, so wird das Bildauswertesystem entsprechend diesem konfiguriert und der Bildauswerter muss nur mehr das auszuwertende Bild auswählen. Entscheidet sich der Bildauswerter jedoch weder für eine bereits angelegte Voreinstellung (*Load a Standard*) noch für die Weiterbearbeitung einer bereits begonnenen Aufgabe (*Load Session*), sondern wählt er eine oder mehrere der Tätigkeiten *Objektentdeckung, Objekterkennung* und *Objektanalyse* aus, so wird er im Folgenden entsprechend seiner Tätigkeitsauswahl anhand weiterer Dialogseiten durch die assistenzgestützte Systemvoreinstellung geführt. Der daraus resultierende Arbeitsablauf sowie die dazu konzipierten Dialogseiten werden in Anhang C.1 (S. 153 f.) im Detail beschrieben.

Nach der Konzeption der Arbeitsabläufe, deren Beschreibung durch UML-Aktivitätsdiagramme und der Auslegung der Bedienoberflächen für die beiden Voreinstellungsassistenten sind die Grundlagen für eine vollständige quantitative Beschreibung der Teilaufgabe „0.1.2 System voreinstellen mit Assistenzunterstützung" gegeben. Abbildung 4.13 zeigt das Ergebnis der quantitativen Aufgabenbeschreibung.

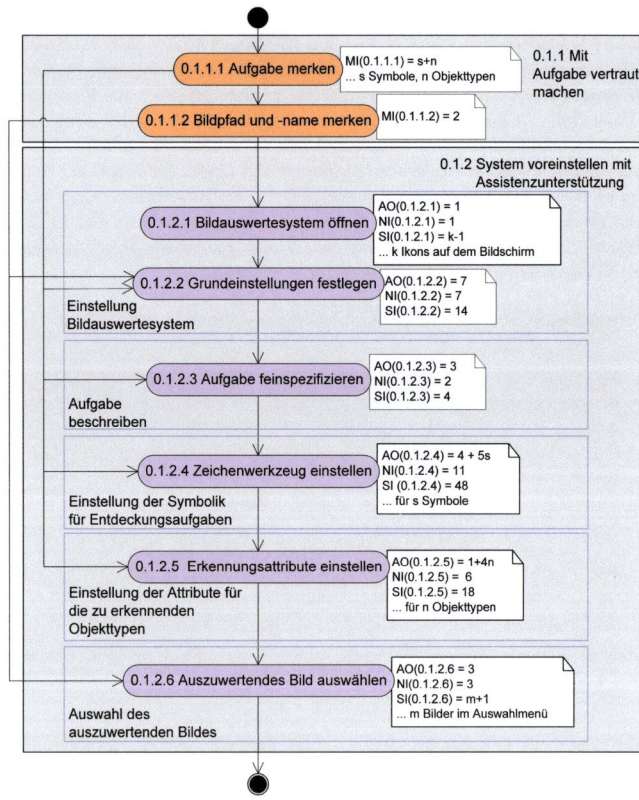

Abbildung 4.13: Quantitative Aufgabenbeschreibung für die Teilaufgaben „0.1.1 Mit Aufgabe vertraut machen" und „0.1.2 System voreinstellen mit Assistenzunterstützung".

Auch bei der quantitativen Aufgabenbeschreibung aus Abbildung 4.13 (S. 98) wurde aus Gründen der Vollständigkeit die Teilaufgabe „0.1.1 Mit der Aufgabe vertraut machen" berücksichtigt. Um die Vergleichbarkeit mit der quantitativen Aufgabenbeschreibung aus Abbildung 3.19 (S. 71) zu gewährleisten, wurde die Auswahl und Parametrierung von Assistenten bzw. deren Assistenzfunktionen jedoch nicht berücksichtigt.

Die quantitative Aufgabenbeschreibung aus Abbildung 4.13 setzt sich aus Merkoperationen und Handlungen, die nur abgeschlossenen Operationen umfassen, zusammen. Die Notizzettel rechtsseitig der Handlungen enthalten deren quantitative Belastungsmessgrößen AO (Summe der abgeschlossenen Operationen), NI (Summe der Nutzinformationen), SI (Summe der Störinformationen) und MI (Summe der Merkinformationen), wie sie in Abschnitt 3.2.2 (S. 50 f.) eingeführt wurden. Aus Gründen der Übersichtlichkeit wurde in der Aufgabenbeschreibung aus Abbildung 4.13 (S. 98) auf die Darstellung der Belastungsmessgrößen MI und D(MI) (Merkdauer) für die einzelnen Handlungen der Teilaufgabe „0.1.2 System voreinstellen mit Assistenzunterstützung" verzichtet. Die Belastungsmessgrößen AO, NI, SI, MI und D(MI) für die Teilaufgabe „0.1.2 System voreinstellen mit Assistenzunterstützung" werden in Tabelle 4.1 aus den Belastungsmessgrößen ihrer Handlungen entsprechend dem in Abschnitt 3.3.2.1 (S. 69 f.) erläuterten Vorgehen ermittelt. Dabei werden, wie auch bei der Erfassung der Belastungsmessgrößen für die Teilaufgabe „0.1.2 System voreinstellen" aus Tabelle 3.4 (S. 75), sowohl der allgemeine Fall als auch der spezielle Fall des Anwendungsbeispiels B* aus Abbildung 3.13 (S. 63) betrachtet.

Lfd. Nr. d. Handlung	Hierarchie-Nr. der Handlung bzw. Tätigkeit	Bezeichner der Tätigkeit bzw. Handlung	AO	NI	SI	MI	D(MI)
1	0.1.2.1	Bildauswertesystem öffnen	1	1	k-1	s+n+2	1
2	0.1.2.2	Grundeinstellungen festlegen	7	7	14	s+n+2	3
						s+n+1	4
3	0.1.2.3	Aufgabe feinspezifizieren	3	2	4	s+n+1	3
4	0.1.2.4	Zeichenwerkzeug einstellen	4+5s	11	48	s+n+1	5s
						s+1	4
5	0.1.2.5	Erkennungsattribute einstellen	1+4n	6	18	s+1	4n
						1	1
6	0.1.2.6	Auszuwertendes Bild auswählen	3	3	m+1	1	1
allgemein	0.1.2	System voreinstellen	19+4n+5s	30	84+k+m		
speziell	0.1.2	System voreinstellen	37	30	86		

Tabelle 4.1: Tabelle zur Erfassung der Belastungsmessgrößen für die Teilaufgabe „0.1.2 System voreinstellen mit Assistenzunterstützung" für den allgemeinen und den speziellen Fall der Aufgabe aus dem Anwendungsbeispiel B*. Die hier betrachteten Parameter sind n (Anzahl der zu erkennenden Objekttypen, speziell: n=2), s (Anzahl der einzustellenden Symbole, speziell: s=2), m (Anzahl der Bilder im Auswahlmenü, speziell: m=1) und k (Anzahl der Ikons am Bildschirm, speziell: k=1).

4. Assistenz bei der Aufgabenbearbeitung

Tabelle 4.2 und Tabelle 4.3 stellen die in Tabelle 4.1 ermittelten Belastungsmessgrößen für den allgemeinen sowie für den speziellen Fall des Anwendungsbeispiels B* aus Abbildung 3.13 (S. 63) im Überblick dar.

Belastungsmessgröße	allgemein	speziell	Erläuterung der Parameter
AO (0.1.2) Summe der abgeschlossenen Operationen AO (0.1.2)	19+4n+5s	37	n = Anzahl der zu erkennenden Objekttypen s= Anzahl der einzustellenden Symbole Spezieller Fall: n = s = 2
NI (0.1.2) Summe der Nutzinformationen	30	30	--
SI (0.1.2) Summe der Störinformationen	84+k+m	86	k = Anzahl der Ikons am Bildschirm m = Anzahl der Bilder im Auswahlmenü Spezieller Fall: k = m = 1

Tabelle 4.2: Belastungsmessgrößen der Teilaufgabe „System voreinstellen mit Assistenzunterstützung", ermittelt für den allgemeinen und den speziellen Fall aus dem Anwendungsbeispiel B* (Abbildung 3.13, S. 63).

Da die Summe der gleichzeitig zu merkenden Informationen MI_p direkt mit deren Merkdauer $D(MI_p)$ anzugeben ist, werden diese Belastungsmessgrößen für die Teilaufgabe „0.1.2 System voreinstellen mit Assistenzunterstützung" in einer eigenen Tabelle (Tabelle 4.3) aufgeführt. Dabei werden wiederum der allgemeine Fall und der spezielle Fall aus dem Anwendungsbeispiel B* berücksichtigt.

	allgemein		speziell	
p	MI_p (0.1.2)	$D(MI_p$ (0.1.2))	MI_p (0.1.2)	$D(MI_p$ (0.1.2))
1	s+n+2	4	6	4
2	s+n+1	7+5s	5	17
3	s+1	4+4n	3	12
4	1	2	1	2

Tabelle 4.3: Merkinformationen MI_p und Dauer der Merkinformationen $D(MI_p)$ für die Teilaufgabe „0.1.2 System voreinstellen mit Assistenzunterstützung" für den allgemeinen und den speziellen Fall aus dem Anwendungsbeispiel B* mit n = Anzahl der zu erkennenden Objekttypen und s = Anzahl der einzustellenden Symbole (speziell: s=n=2).

Durch einen Vergleich der Belastungsmessgrößen, die aus den quantitativen Beschreibungen der Teilaufgaben „System voreinstellen mit Assistenzunterstützung" und „System voreinstellen ohne Assistenzunterstützung" abgeleitet wurden, werden Rückschlüsse auf eine mögliche Entlastung und daraus resultierende Leistungssteigerung des Bildauswerters durch den Einsatz der Voreinstellungsassistenten gezogen. Die quantitativen Belastungsmessgrößen AO (Summe der abgeschlossenen Operationen), SI (Summe der Störinformationen) und NI (Summe der Nutzinformationen) wurden für die Bearbeitung der Teilaufgabe ohne Assistenzunterstützung in Tabelle 3.5 (S. 76) und für die mit Assistenzunterstützung in Tabelle 4.2 dargestellt. Tabelle 4.4 zeigt die Belastungsmessgrößen AO, NI und SI für die Aufgabenbearbeitung mit und ohne Assistenzunterstützung im Vergleich sowie deren Differenzen.

Belastungsmessgröße	ohne Assistenz	mit Assistenz	Differenz
AO (0.1.2) Summe der abgeschlossenen Operationen	56 + 4n + 5s	19+4n+5s	37
NI (0.1.2) Summe der Nutzinformationen	70	30	40
SI (0.1.2) Summe der Störinformationen	483+k+m	84+k+m	399

Tabelle 4.4: Differenzen zwischen den Belastungsmessgrößen, welche für die Bearbeitung der Teilaufgabe „System voreinstellen ohne Assistenzunterstützung" und „System voreinstellen mit Assistenzunterstützung" ermittelt wurden, mit n = Anzahl der zu erkennenden Objekttypen, k = Anzahl der Ikons am Bildschirm, s = Anzahl der einzustellenden Symbole und m = Anzahl der Bilder im Auswahlmenü.

Der prozentuale Vergleich der Belastungsmessgrößen AO, NI und SI für die Systemvoreinstellung mit und ohne Assistenzunterstützung erfolgt in Tabelle 4.5 anhand der Belastungsmessgrößen des speziellen Falls entsprechend dem Anwendungsbeispiel B* für die Teilaufgabe „System voreinstellen" (Abbildung 3.13, S. 63)aus dem Szenario „Fahrzeugentdeckung und -erkennung zur Verkehrsanalyse" (siehe Abschnitt 3.3.1, S. 62 f.). In der äußerst rechten Tabellenspalte ist die prozentuale Reduktion der Belastungsmessgrößen durch den Assistenzeinsatz sowohl für jede Belastungsmessgröße als auch im Mittel aufgeführt. Die Reduktion und damit Verbesserung der Belastungsmessgrößen durch den Assistenzeinsatz beträgt im Mittel 63%.

Belastungsmessgröße	ohne Assistenz	mit Assistenz	Verbesserung (%)
AO (0.1.2) Summe aller abgeschlossenen Operationen	74	37	50
NI (0.1.2) Summe aller Nutzinformationen	70	30	57
SI (0.1.2) Summe aller Störinformationen	485	86	82
		Mittlere Verbesserung	63

Tabelle 4.5: Gegenüberstellung der quantitativen Belastungsmessgrößen für die Teilaufgaben „System voreinstellen ohne Assistenzunterstützung" und „System voreinstellen mit Assistenzunterstützung" für den speziellen Fall des Anwendungsbeispiels B* aus Abbildung 3.13 (S. 63).

Tabelle 3.6 (S. 76) zeigte die Belastungsmessgrößen MI_p (Summe der Merkinformationen) und deren Merkdauer $D(MI_p)$ für die Aufgabenbearbeitung ohne Assistenzunterstützung, Tabelle 4.3 zeigte diese Belastungsmessgrößen für die Aufgabenbearbeitung mit Assistenzunterstützung. In Tabelle 4.6 werden die Belastungsmessgrößen MI_p und $D(MI_p)$ für die Aufgabenbearbeitung mit und ohne Assistenzunterstützung für den speziellen Fall aus dem Anwendungsbeispiel B* (Abbildung 3.13, S. 63) gegenübergestellt.

4. Assistenz bei der Aufgabenbearbeitung

p	ohne Assistenz		mit Assistenz	
	MI_p (0.1.2)	$D(MI_p$ (0.1.2))	MI_p (0.1.2)	$D(MI_p$ (0.1.2))
1	6	7	6	4
2	5	20	5	17
3	4	22	3	12
4	2	19	1	2

Tabelle 4.6: Merkinformationen MI_p und Dauer der Merkinformationen $D(MI_p)$ für die Teilaufgaben „System voreinstellen ohne Assistenzunterstützung" und „System voreinstellen mit Assistenzunterstützung" für den speziellen
Fall entsprechend dem Anwendungsbeispiel B* aus Abbildung 3.13 (S. 63) im Vergleich.

Der Vergleich der Belastungsmessgrößen für die Bearbeitung der Teilaufgabe „System voreinstellen" mit und ohne Assistenzunterstützung zeigt, dass durch den Assistenzeinsatz eine deutliche
Reduktion der Belastungsmessgrößen AO (Summe der abgeschlossenen Operationen), SI (Summe der Störinformationen) und NI (Summe der Nutzinformationen) erzielt wurde (siehe Tabelle
4.4, S. 101, und Tabelle 4.5, S. 101), welche für den speziellen Fall des Anwendungsbeispiels B*
im Mittel bei 63% liegt. Zwar konnte die Summe der Merkinformationen MI nicht reduziert werden, da dem Bildauswerter die Informationen über den Bildpfad und -namen, die zur Markierung
der zu entdeckten Objekte notwendigen Symbole und die zu erkennenden Objekte für die Systemvoreinstellung zwingend bekannt sein müssen. Es konnte jedoch die Merkdauer für die Merkinformation $D(MI_p)$ deutlich reduziert werden (siehe Tabelle 4.6, oben).

Auf Grund des Vergleichs der Werte, welche für die Belastungsmessgrößen bei der Systemvoreinstellung mit und ohne Assistenzunterstützung ermittelt wurden, ist eine deutliche Verbesserung der Leistung bei der Bearbeitung dieser Aufgabe durch den Einsatz des Voreinstellungsassistenten zu erwarten. Um die durch den Assistenzeinsatz angenommene Leistungssteigerung zu
überprüfen, wurden die beiden Voreinstellungsassistenten, der Grundeinstellungsassistent (*Basic
Settings*) und der aufgabenbezogene Voreinstellungsassistent (*Task Assistant*), entsprechend der in
diesem Kapitel beschriebenen Konzeption als Erweiterung des Bildauswertesystems ERDAS
implementiert und im Rahmen von Experimenten untersucht. Die Assistenzimplementierung
wird in Abschnitt 5.2 (S. 115 f.) beschrieben, die Validierung der Leistungssteigerung durch den
Einsatz des Voreinstellungsassistenten im Rahmen von Experimenten erfolgt in Abschnitt 6.2 (S.
121 f.).

4.3.2 Aufbau und Arbeitsweise des Zählassistenten

Während im vorhergehenden Abschnitt die Unterstützung des Bildauswerters bei der Voreinstellung des Bildauswertesystems betrachtet wurde, wird in diesem Abschnitt ein Assistent vorgestellt, welcher den Bildauswerter maßgeblich bei der Bearbeitung seiner Hauptaufgabe *Visuelle
Bildanalyse* und auch der dazu notwendigen Nebenaufgabe *Systembedienung* unterstützt (siehe auch
Abbildung 4.6, S. 90). Während dieser Phase hat der Bildauswerter die Aufgabe, Objekte zu entdecken, zu erkennen und zu analysieren, wobei eine häufige Analyseaufgabe das Zählen von Objekten unterschiedlichen Typs in definierten Bereichen ist.

Die in Abschnitt 3.3.2.2 (S. 79 f.) vorgestellte Analyse der quantitativen Beschreibung einer Zählaufgabe am Beispiel der Aufgabe „Fahrzeuge auf Parkplatz zählen" zeigte, dass der Bildauswerter
bzw. dessen Kurzzeitgedächtnis bei der Bearbeitung dieser Aufgabe unter ungünstigen Randbedingungen durch eine sehr hohe Summe von Merkinformationen kognitiv überbelastet wird. Beispiele für ungünstige Randbedingungen sind, dass der Bildauswerter während der Zählung eine
geometrische oder radiometrische Bildanpassung vornehmen muss oder dass der Zählbereich eine komplizierte Struktur besitzt, sodass mehr als ein Chunk zum Merken der bereits bearbeiteten

Gebiete notwendig ist. Aber auch eine hohe Anzahl von unterschiedlichen zu zählenden Objekttypen stellt eine starke Belastung für das Kurzzeitgedächtnis dar. Die hohe kognitive Belastung des Bildauswerters kann zu Fehlern führen, welche seine Leistung mindern. Bemerkt er die Fehler und wiederholt er die fehlerhaft bearbeiteten Aufgabenteile, so zieht dies eine höhere Bearbeitungszeit nach sich. Dies führt ebenfalls zu einer Reduktion seiner Leistung.

Ein Zählassistent soll den Bildauswerter beim Zählen verschiedener Objekttypen, hier der Fahrzeuge unterschiedlichen Typs, sowohl von Merkoperationen als auch von Systembedienungsaufgaben entlasten. Die höchste Entlastung würde der Bildauswerter durch den Einsatz von Algorithmen erfahren, welche die Fahrzeuge auf den Parkplätzen entdecken, deren Fahrzeugtyp erkennen, die Fahrzeuge entsprechend den erkannten Fahrzeugtypen zählen und die ermittelten Zählwerte in die Attributeliste eintragen. Es stehen heute jedoch noch keine Algorithmen (automatische Bildverarbeitungsverfahren) zur Verfügung, welche bei veränderlichen Bildparametern eine solche Aufgabe verlässlich fehlerfrei bearbeiten können (siehe Abschnitt 2.4, S. 36 f.). Da in der Fernerkundung wechselnde Aufnahmeparameter die Regel sind, ist mit Fehlern seitens der Algorithmen zu rechnen. Arbeitet der Bildauswerter mit einem Algorithmus zusammen, der zwar Fahrzeuge entdeckt und erkennt, dessen Ergebnisse er jedoch auf Fehler überprüfen muss, würde das für den Bildauswerter bedeuten, dass er zuerst die Aufgabe selbst lösen und anschließend die Fehler des Algorithmus erkennen und korrigieren muss. Es liegt daher auf der Hand, dass für die hier betrachtete Aufgabe der Einsatz eines automatischen Bildverarbeitungsverfahrens unter ungünstigen Randbedingungen die Leistung des Bildauswerters eher reduziert als verbessert.

Der in dieser Arbeit entwickelte Zählassistent unterstützt den Bildauswerter, indem er ihm Systembedienungs- und Merkoperationen abnimmt. Um diesen Zählassistenten während einer Zählaufgabe verfügbar zu haben, muss der Bildauswerter im Rahmen der aufgabenbezogenen Systemvoreinstellung dem *Task Assistant* mitteilen, dass er eine Analyseaufgabe zu bearbeiten hat. Dazu wählt der Bildauswerter im dafür vorgesehenen Dialog (siehe Abbildung 4.12, S. 97) die dementsprechende Tätigkeit aus. Da eine Analyseaufgabe voraussetzt, dass der Bildauswerter das zu analysierende Objekt entdecken und erkennen muss, hat der Bildauswerter im selben Dialog als weitere zu bearbeitende Tätigkeiten das Entdecken und das Erkennen anzugeben. Für jeden zu zählenden Objekttyp, hier Fahrzeugtyp, wird der Bildauswerter im Weiteren ein Attribut anlegen, dessen Datentyp *Integer* ist. Daraus kann der Voreinstellungsassistent ableiten, dass der Bildauswerter diesen Objekttyp eventuell zählen möchte und er wird im Weiteren dem Bildauswerter den Einsatz des Zählassistenten anbieten. Nimmt der Bildauswerter diesen Vorschlag an, bekommt er im Anschluss die Möglichkeit, Form und Farbe für die Symbole auszuwählen, die ihm für die Markierung der unterschiedlichen zu zählenden Objekttypen während der Aufgabenbearbeitung zur Verfügung stehen.

Während der Durchführung der Zählaufgabe bietet der Zählassistent dem Bildauswerter die Möglichkeit, die zu zählenden Objekttypen mit den zuvor ausgewählten Symbolen zu markieren. Dadurch wird der Bildauswerter in vielerlei Hinsicht entlastet:

- Er wird vom Merken der zu zählenden Objekttypen entlastet, da der Zählassistent die markierten Objektpositionen und entsprechend des ausgewählten Symbols zu jeder Position den dazugehörigen Objekttyp speichert und damit diese Merkaufgabe übernimmt.

- Er wird beim Merken der bereits bearbeiteten Stellen entlastet, da er die Stellen, an denen er bereits Objekte gezählt hat, durch die Objektmarkierungen dargestellt bekommt.

- Er wird vom Zählen der Objekttypen und dem Eintragen der Zählergebnisse in die Attributetabelle entlastet, da diese Tätigkeit der Zählassistent übernimmt.

4. Assistenz bei der Aufgabenbearbeitung

Selbstverständlich bietet der Zählassistent dem Bildauswerter die Möglichkeit, die Position oder den Typ bereits markierter Objekte zu ändern oder die Objektmarkierungen einfach löschen. Abbildung 4.14 gibt eine Übersicht über den Arbeitsablauf beim assistenzgestützten Zählen von Fahrzeugen auf einem Parkplatz und damit über das Zusammenwirken zwischen dem Bildauswerter und dem Zählassistenten bei der Bearbeitung dieser Teilaufgabe. Die Erläuterung des Arbeitsablaufs erfolgt im Anschluss.

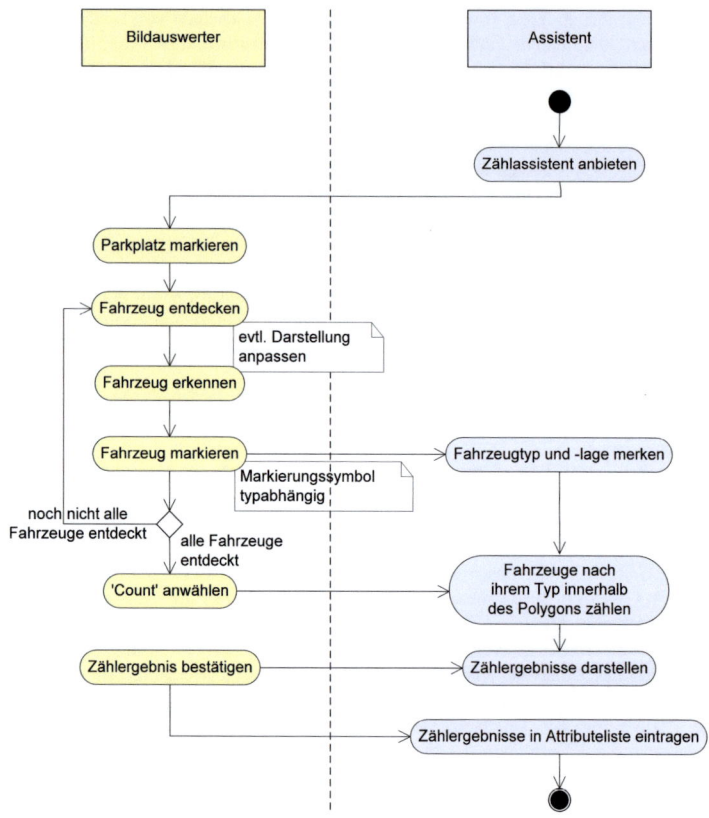

Abbildung 4.14: Arbeitsablauf beim assistenzgestützten Zählen von Fahrzeugen auf einem Parkplatz.

Zuerst markiert der Bildauswerter den entdeckten Parkplatz durch ein Polygon. Hat er ein Fahrzeug auf dem Parkplatz entdeckt, muss er dieses im nächsten Schritt erkennen. Sowohl beim Entdecken als auch beim Erkennen passt der Bildauswerter - wenn notwendig - die Bilddarstellung an, indem er das Bild unter Nutzung von Funktionen, wie sie in Abschnitt 2.3.1 (S. 28 f.) beschrieben wurden, radiometrisch oder geometrisch aufbereitet. Hat der Bildauswerter ein Fahrzeug erkannt, markiert er es, wobei er die Markierung entsprechend dem erkannten Typ wählt. Die Arbeitsschritte „Fahrzeug entdecken, erkennen und entsprechend dem erkannten Typ markieren" durchläuft der Bildauswerter nun so oft, bis er alle auf dem Parkplatz entdeckten und erkannten Fahrzeuge markiert hat. Der Bildauswerter schließt den Zählvorgang ab, indem er die Schaltfläche „Count" anwählt. Nun berechnet der Zählassistent, wie viele Fahrzeuge welchen Typs sich in dem durch das Polygon markierten Bereich, hier dem markierten Parkplatz, befinden und zeigt dem Bildauswerter die Zählergebnisse an. Ist der Bildauswerter mit den Zählergebnissen einverstanden, wird er diese bestätigen, worauf der Zählassistent die Zählergebnisse in die Attributeliste einträgt. Auch kann der Bildauswerter nachträglich den Parkplatzbereich ändern, und der Zählvorgang kann vom Assistenten für den neu definierten Bereich durchgeführt werden.

Nachdem die Aufgabenteilung zwischen dem Bildauswerter und dem Zählassistenten festgelegt wurde, ist zur Ermittlung der Belastungsmessgrößen SI (Summe der Störinformationen) und NI (Summe der Nutzinformationen) nach der Methode aus Abschnitt 3.2.2 (S. 50 f.) noch das Layout der Schnittstelle zwischen dem Bildauswerter und dem Zählassistenten festzulegen. Dazu wird wiederum nach einem Entwurf der Schnittstelle mittels Papier und Bleistift der Entwurf der Bedienoberfläche unter Einsatz der ERDAS-Skriptsprache EML umgesetzt (siehe Abbildung 4.15), wobei die Einbettung der Bedienoberfläche in die ERDAS-Bilddarstellung zur besseren Veranschaulichung des Entwurfs entsprechend Abbildung 4.15 simuliert wird. Abbildung 4.15 stellt zum einen die Bilddarstellung eines Bildausschnitts dar, der einen mit einem Polygon markierten Parkplatz zeigt. Die Fahrzeuge auf dem Parkplatz sind teilweise entsprechend ihres Typs markiert. Dazu dient die Markierungsfunktion, welche in der Symbolleiste der Bedienoberfläche des Zählassistenten durch das Symbol + ausgewiesen ist. Eine detaillierte Beschreibung der Funktionen des Zählassistenten und seiner Bedienoberfläche ist in Anhang C.2 (S. 156 f.) zu finden.

Schnelleingabe

Abbildung 4.15: Bedienoberfläche des Zählassistenten: In der Bilddarstellung sind der Parkplatzbereich und die Fahrzeuge entsprechend ihres Typs markiert. Zur Auswahl der unterschiedlichen Markierungsformen steht das sogenannte *Counting Tool* (unten links) zur Verfügung, welches für jeden auszuwertenden Fahrzeugtyp ein spezielles Symbol zur Fahrzeugmarkierung anbietet. Zusätzlich steht für jeden Fahrzeugtyp ein Textfeld für die Schnelleingabe zur Verfügung.

Bei der Konzeption des Zählassistenten wurde darauf geachtet, dass seine Bedienoberfläche übersichtlich ist und nur einen kleinen Bereich der Bilddarstellung überdeckt, sodass der Bildauswerter die Bedienoberfläche des Zählassistenten nicht zwischen den einzelnen Zählschritten schließen muss, wie dies bei den Bedienoberflächen der zum Zählen verfügbaren ERDAS-Werkzeuge heute notwendig ist. Zum Vergleich mit der Bedienoberfläche des Zählassistenten (Abbildung 4.15) sei auf die Bedienoberflächen aus Abbildung 2.20 (S. 33) verwiesen, mit welchen der Bildauswerter heute bei der Durchführung einer Zählaufgabe in ERDAS konfrontiert wird.

4. Assistenz bei der Aufgabenbearbeitung

Hat das auszuwertende Bild eine sehr gute Qualität, ist der auszuwertende Parkplatz übersichtlich strukturiert und stehen dort nur sehr wenige Fahrzeuge von nur einem oder zwei unterschiedlichen Typen, so kann der Bildauswerter das Zählergebnis eventuell auf einen Blick erfassen. In diesem Fall würde das Markieren der Fahrzeuge für den Bildauswerter einen unnotwendigen Arbeitsaufwand bedeuten. Aus diesem Grund stellt der Zählassistent für jeden Fahrzeugtyp ein Textfeld (Schnelleingabe, siehe Abbildung 4.15, S. 105) zur Verfügung, in das der Bildauswerter das Zählergebnis auch direkt eintragen kann.

Abbildung 4.16 zeigt die UML-basierte quantitative Aufgabenbeschreibung des assistenzunterstützten Zählens von Fahrzeugtypen unter Nutzung des oben beschriebenen Zählassistenten einschließlich der ebenfalls oben beschriebenen Markierungsfunktion.

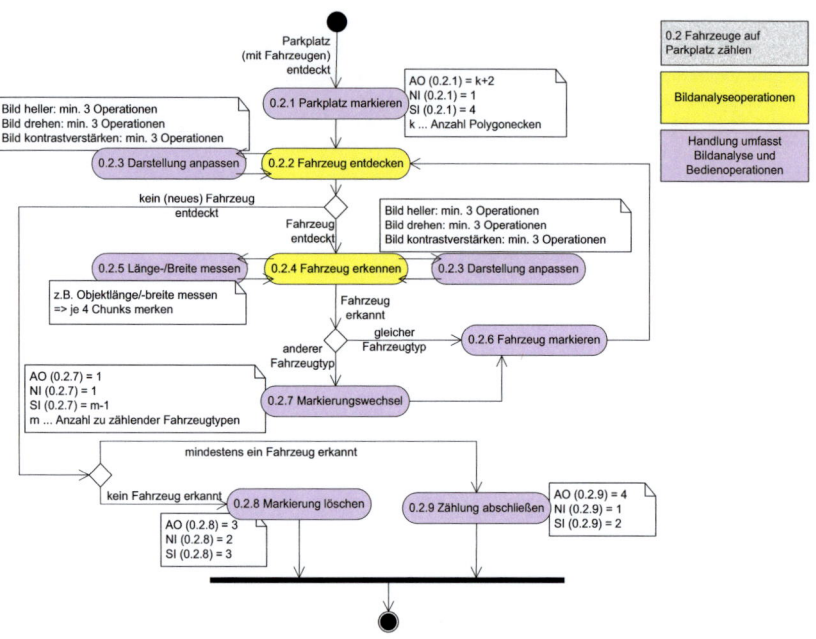

Abbildung 4.16: Quantitative Aufgabenbeschreibung der Teilaufgabe „0.2 Fahrzeuge auf Parkplatz mit Assistenzunterstützung zählen unter Nutzung der Markierungsfunktion" durch ihre Handlungen und deren Belastungsmessgrößen AO (Summe der abgeschlossenen Operationen), NI (Summe der Nutzinformationen) sowie SI (Summe der Störinformationen).

Ein Vergleich der quantitativen Aufgabenbeschreibung aus Abbildung 4.16, bei welcher der Bildauswerter durch den Zählassistenten unter Einsatz der Markierungsfunktion bei der Aufgabenbearbeitung unterstützt wird, mit der Aufgabenbeschreibung aus Abbildung 3.24 (S. 80), bei welcher der Bildauswerter die Zählaufgabe ohne Assistenzunterstützung bearbeiten muss, zeigt, dass durch den Assistenzeinsatz die beiden Merkoperationen „0.2.7 Anzahl gezählte Fahrzeuge merken" und „0.2.8 Bereits bearbeitete Bereiche merken" sowie die kognitive Operation „0.2.6 Ergebnis aktualisieren" entfallen. Dafür sind die beiden abgeschlossenen Operationen „0.2.7 Markierungswechsel" und „0.2.6 Fahrzeug markieren" durchzuführen. Der Markierungswechsel ist jedoch nur notwendig, wenn zwischen zwei Fahrzeugmarkierungen der Fahrzeugtyp wechselt. Es werden somit durch den Zählassistenten drei kognitiv anspruchsvolle Operationen durch zwei einfach durchzuführende Eingabeoperationen ersetzt. Die Handlung „0.2.10 Ergebnis notieren" aus dem Arbeitsablauf ohne Assistenz wird im assistenzunterstützten Arbeitsablauf durch die Handlung „0.2.9 Zählung abschließen" ersetzt, wobei für die Handlung „0.2.9 Zählung abschließen" weniger Operationen durchzuführen sind als für die Handlung „0.2.10 Ergebnis notieren".

Tabelle 4.7 gibt eine Übersicht über die Belastungsmessgrößen, welche aus der in Abbildung 4.16 (S. 106) dargestellten quantitativen Aufgabenbeschreibung abgeleitet wurden und die Belastung des Bildauswerters bei der Bearbeitung der Zählaufgabe unter Nutzung der Assistenzunterstützung mit Markierungsfunktion beschreiben. Dabei sind die Belastungsmessgrößen sowohl für den allgemeinen als auch für den speziellen Fall aus B** (siehe Abbildung 3.23, S. 79) angegeben.

H.-Nr.	Tätigkeit bzw. Handlung	AO	NI	SI	MI
0.2.1	Parkplatz markieren	k+2	1	4	0
	Schleife - Beginn	◄---			
0.2.2	Fahrzeug entdecken	1	0	0	0
0.2.4	Fahrzeug erkennen	1	0	0	0
0.2.6	Fahrzeug markieren	1	0	0	0
	Schleife - Ende	---			
0.2.7	Markierungswechsel	w	1	m-1	0
0.2.9	Zählung abschließen	4	1	2	0
0.2	Fahrzeuge zählen, allgemein	$6 + k + w + 3\sum_{i=1}^{m} n_i$	3	m+5	0
0.2	Fahrzeuge zählen, speziell (w=10)	200	3	8	0

Tabelle 4.7: Belastungsmessgrößen AO (Summe der abgeschlossenen Operationen), NI (Summe der Nutzinformationen), SI (Summe der Störinformationen) und MI (Summe der Merkinformationen) für die Teilaufgabe „0.2 Fahrzeuge auf Parkplatz zählen mit Assistenzunterstützung unter Nutzung der Markierungsfunktion" in Abhängigkeit von den Parametern k (Anzahl der Polygonecken), m (Anzahl der Fahrzeugtypen) und n_i (Anzahl der Fahrzeuge je Fahrzeugtyp) für den allgemeinen und den speziellen Fall aus dem Anwendungsbeispiel B** (Abbildung 3.23, S. 79). Für den hier betrachten Fall der Aufgabenbearbeitung wurden die Parameter um w ergänzt, wobei w die Anzahl der Markierungswechsel angibt, die während der Zählaufgabe durchgeführt werden. w wird für den speziellen Fall mit w=10 festgelegt. Das Mehrfachdurchlaufen der Vorgänge des Entdeckens, Erkennens und Markierens wird durch eine Schleife angezeigt. Mi H.-Nr. wurde die Hierarchienummer abgekürzt.

Ist die Zählaufgabe auf Grund der Randbedingungen sehr einfach durchzuführen, z.B. da sich nur wenige Fahrzeuge im Zählbereich befinden oder nur ein Fahrzeugtyp in einer sehr übersichtlichen Aufstellung zu zählen ist, und wäre daher das Markieren der zu zählenden Objekte zu aufwendig, kann der Bildauswerter alternativ dazu die ermittelten Zählwerte in dafür vorgesehene Felder des Zählassistenten eintragen. Der Assistent überträgt diese Zählwerte beim Abschließen der Zählung in die Attributliste. In diesem Fall erfährt der Bildauswerter zwar keine Arbeitserleichterung während der eigentlichen Zählaufgabe, er muss aber weniger Operationen zum Eintragen der Zählergebnisse in die Attributliste durchführen, da er vor dem Ergebniseintrag nicht zuerst die Attributetabelle aufrufen und die passenden Zeilen und Zellen für den Eintrag der Zählergebnisse suchen muss. Außerdem wird der Bildauswerter beim Einsatz des Zählassistenten mit einer geringeren Summe von Störinformationen konfrontiert, als dies beim Einsatz der Attributliste von ERDAS der Fall ist. Abbildung 4.17 zeigt die UML-basierte quantitative Aufgaben-

4. Assistenz bei der Aufgabenbearbeitung

beschreibung für die Zählaufgabe unter Nutzung des Zählassistenten mit der zuvor beschriebenen Möglichkeit, also ohne die Verwendung der Markierungsfunktion.

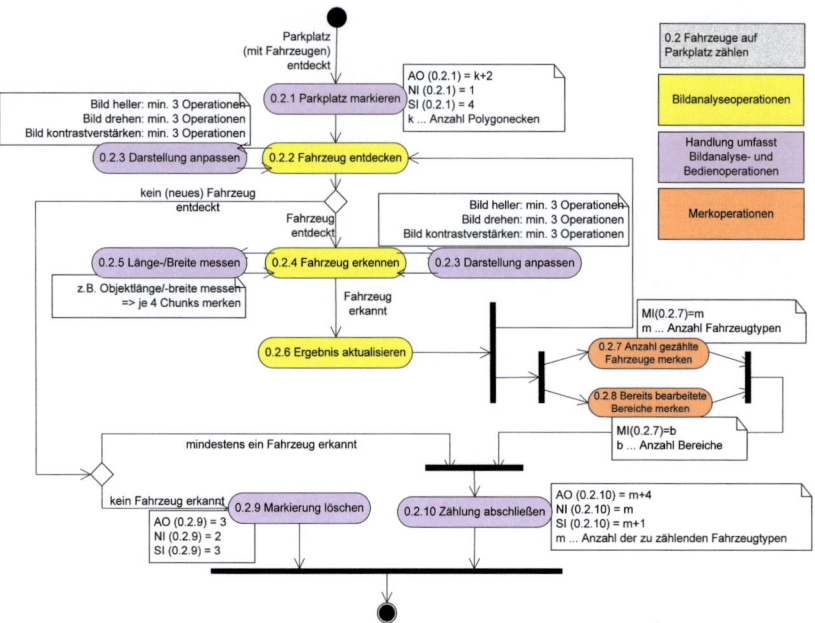

Abbildung 4.17: Quantitative Aufgabenbeschreibung der Teilaufgabe „Fahrzeuge auf Parkplatz zählen unter Nutzung des Zählassistenten ohne Markierungsfunktion" durch die Belastungsmessgrößen AO (Summe der abgeschlossenen Operationen), NI (Summe der Nutzinformationen), SI (Summe der Störinformationen) sowie die MI (Summe der Merkinformationen).

Tabelle 4.8 gibt eine Übersicht über die Belastungsmessgrößen, welche aus der quantitativen Aufgabenbeschreibung für die Teilaufgabe „Fahrzeuge auf Parkplatz zählen unter Nutzung des Assistenten ohne Markierungsfunktion" (siehe Abbildung 4.17) abgeleitet wurden und die Belastung des Bildauswerters bei der Bearbeitung dieser Zählaufgabe beschreiben. Dabei sind die Belastungsmessgrößen AO (Summe der abgeschlossenen Operationen), NI (Summe der Nutzinformationen), SI (Summe der Störinformationen), MI (Summe der Merkinformationen) und D(MI) (Dauer der Merkinformationen) sowohl für den allgemeinen als auch für den speziellen Fall aus dem Anwendungsbeispiel B** (siehe Abbildung 3.23, S. 79) angegeben. Auch hier muss wieder darauf hingewiesen werden, dass das Merken der bearbeiteten Gebiete durch die Merkinformation b am Anfang des Zählvorgangs nur eine Speichereinheit im Kurzzeitgedächtnis beansprucht und erst im Laufe der Aufgabenbearbeitung die maximale Höhe annimmt, welche durch die Anzahl der Zählbereiche gegeben ist.

H.-Nr.	Bezeichner der Tätigkeit bzw. Handlung	AO	NI	SI	MI	
0.2.1	Parkplatz markieren	k+2	1	4	m+b	
	Schleife - Beginn					
0.2.2	Fahrzeug entdecken	1	0	0	m+b	mit $1 \leq b \leq n,\, n \in \mathbb{N}$
0.2.4	Fahrzeug erkennen	1	0	0	m+b	
0.2.6	Ergebnis aktualisieren	1	0	0	m+b	
0.2.7	Anzahl gezählte Fahrzeuge merken	0	0	0	m	parallele Operationen zu 0.2.2, 0.2.4 und 0.2.6
0.2.8	Bereits bearbeitete Bereiche merken	0	0	0	b	
	Schleifen - Ende					
0.2.10	Zählung abschließen	m+4	m	m+1	0	**D(MI)**
0.2	**Fahrzeuge zählen (allgemein)**	$6 + k + m + 3\sum\limits_{i=1}^{m} n_i$	**m+1**	**m+5**	**b+m**	$k + m + 4 + 3\sum\limits_{i=1}^{m} n_i$
0.2	**Fahrzeuge zählen (speziell)**	**193**	**4**	**8**	**6**	**191**

Tabelle 4.8: Übersicht über die Belastungsmessgrößen AO, NI, SI, MI und D(MI), berechnet nach der Methode aus Abschnitt 3.2.2 (S. 50 f.) für die Teilaufgabe „0.2 Fahrzeuge auf Parkplatz zählen mit Assistenzunterstützung ohne Nutzung der Markierungsfunktion", wobei sowohl der allgemeine Fall als auch der spezielle Fall aus dem Anwendungsbeispiel B** (Abbildung 3.23, S. 79) betrachtet werden. Das mehrfache Durchlaufen des Entdeckens, Erkennens und Zählens von Fahrzeugen sowie des Merkens von Bereichen ist durch eine Schleife dargestellt. Mit Hr.-Nr. wurde die Hierarchienummer abgekürzt.

Tabelle 4.9 stellt die Belastungsmessgrößen für die Bearbeitung der Teilaufgabe „Fahrzeuge auf Parkplatz zählen" für folgende drei Bearbeitungsformen gegenüber: für die Aufgabenbearbeitung ohne Assistenzunterstützung (siehe auch Abbildung 3.24 auf S. 80 und Tabelle 3.7 auf S. 82), für die Aufgabenbearbeitung mit Assistenzunterstützung und unter Nutzung der Markierungsfunktion (siehe auch Abbildung 4.16 auf S. 106 und Tabelle 4.7 auf S. 107) und für die Aufgabenbearbeitung mit Assistenzunterstützung ohne Nutzung der Markierungsfunktion (siehe auch Abbildung 4.17 auf S. 108 und Tabelle 4.8 auf S. 109). In Tabelle 4.10 erfolgt dieselbe Gegenüberstellung für den speziellen Fall aus dem Anwendungsbeispiel B** (Abbildung 3.23, S. 79).

4. Assistenz bei der Aufgabenbearbeitung

Belastungsmessgröße für den allgemeinen Fall	ohne Assistenz	mit Assistenz und Markierungsfunktion	mit Assistenz ohne Markierungsfunktion
AO (0.2) Summe der abgeschlossenen Operationen	$7 + k + m + 3\sum_{i=1}^{m} n_i$	$6 + k + w + 3\sum_{i=1}^{m} n_i$	$6 + k + m + 3\sum_{i=1}^{m} n_i$
NI (0.2) Summe der Nutzinformationen	$m+1$	3	$m+1$
SI (0.2) Summe der Störinformationen	$m+40$	$m+5$	$m+5$
MI (0.2) Summe der parallel zu merkenden Informationen	$b+m$	0	$b+m$
D(MI(0.2)) Merkdauer für MI(0.2)	$k + m + 6 + 3\sum_{i=1}^{m} n_i$	0	$k + m + 4 + 3\sum_{i=1}^{m} n_i$

Tabelle 4.9: Vergleich der allgemeinen Belastungsmessgrößen AO, NI, SI, MI und D(MI) für die Bearbeitung der Teilaufgabe „0.2 Fahrzeuge auf Parkplatz zählen" für die drei Fälle (1) ohne Assistenzunterstützung, (2) mit Assistenzunterstützung und Markierungsfunktion und (3) mit Assistenzunterstützung ohne Nutzung der Markierungsfunktion in Abhängigkeit von den Parametern k (Anzahl der Polygonecken), m (Anzahl der zu zählenden Fahrzeugtypen), n_i (Anzahl Fahrzeuge je Typ), b (Anzahl der zu merkenden Bereiche) und w (Anzahl der Markierungswechsel).

Belastungsmessgröße für den allgemeinen Fall	ohne Assistenz	mit Assistenz und Markierungsfunktion	mit Assistenz ohne Markierungsfunktion
AO (0.2) Summe der abgeschlossenen Operationen	194	200	193
NI (0.2) Summe der Nutzinformationen	4	3	4
SI (0.2) Summe der Störinformationen	43	8	8
MI (0.2) Summe der parallel zu merkenden Informationen	6	0	6
D(MI(0.2)) Merkdauer für MI(0.2)	193	0	191

Tabelle 4.10: Vergleich der Belastungsmessgrößen AO, NI, SI, MI und D(MI) für die Bearbeitung der Teilaufgabe „0.2 Fahrzeuge auf Parkplatz zählen" für die drei Fälle (1) ohne Assistenzunterstützung, (2) mit Assistenzunterstützung und Markierungsfunktion und (3) mit Assistenzunterstützung ohne Nutzung der Markierungsfunktion, wobei die Parameter für den speziellen Fall aus dem Anwendungsbeispiel B** (siehe Abbildung 3.23, S. 79) berechnet wurden. Die Parameter für diesen Fall lauten: k=4, m=3, b=3, n_i=20 für $1 \leq i \leq 3$ und w = 10.

Die Gegenüberstellung der Belastungsmessgrößen zeigt, dass der Zählassistent sowohl mit als auch ohne Markierungsfunktion eine Entlastung für den Bildauswerter bedeutet. So wird der Bildauswerter durch die aufgabenspezifische Auslegung der Bedienoberfläche des Zählassistenten mit deutlich weniger Störinformation konfrontiert. Sind mehrere Fahrzeugtypen zu zählen oder die Fahrzeuge nicht systematisch aufgestellt und dadurch unterschiedliche Bereiche zu merken, erfährt der Bildauswerters durch den Einsatz des Zählassistenten mit Markierungsfunktion eine deutliche Entlastung. Mit dieser Variante des Zählassistenten kann sich der Bildauswerter ganz auf das Entdecken und Erkennen der zu zählenden Fahrzeugtypen konzentrieren, da er sein Kurzzeitgedächtnis nicht mehr mit dem Merken der Zählergebnisse und der bereits ausgewerteten Bereiche belasten muss. Bei nur wenigen zu zählenden Fahrzeugen ist die Schnelleingabe des Zählassistenten, also sein Einsatz ohne Markierungsfunktion, eine Verbesserung zum bisherigen Werkzeug, da der Bildauswerter neben der bereits oben erwähnten Entlastung auf Grund der kompakten und übersichtlichen Bedienoberfläche des Zählassistenten und eine daraus resultierende geringere Anzahl von Nutz- und Störinformationen eine Operation weniger durchführen muss und sich die Merkinformationen weniger lange merken muss.

Auf Grund des Vergleichs der Belastungsmessgrößen ist eine Verbesserung der Leistung durch den Assistenzeinsatz anzunehmen, insbesondere, wenn komplexere Zählaufgaben unter Nutzung des Zählassistenten mit Markierungsfunktion durchgeführt werden. Um die durch den Assistenzeinsatz angenommene Leistungssteigerung zu überprüfen, wurde der Zählassistent in der oben beschriebenen Form als Assistenzfunktion im Bildauswertesystems ERDAS implementiert und im Rahmen von Experimenten untersucht. Auf die Assistenzimplementierung wird in Kapitel 5 (S. 113 f.) eingegangen und die experimentelle Untersuchung zur Validierung der Leistungssteigerung durch den Einsatz des Zählassistenten wird in Abschnitt 6.3 (S. 128 f.) beschrieben.

4.4 Weitere Assistenztypen für die interaktive Bildauswertung

Wie bereits in Abschnitt 2.1.3 (S. 19 f.) erläutert wurde, werden Assistenzfunktionen abhängig von der Art der Unterstützung, die sie dem Menschen bieten, in fünf Assistenztypen gegliedert. Nachdem in Abschnitt 4.3 (S. 89 f.) jener Assistenztyp betrachtet wurde, bei dem Assistenzfunktionen dem Bildauswerter Teilaufgaben abnehmen, wird in diesem Abschnitt auf den möglichen Einsatz der vier weiteren Assistenztypen eingegangen, welche abhängig vom Typ informieren, beraten, intervenieren oder kommandieren. Diese Assistenztypen sollten, wie die in Abschnitt 4.3 (S. 89 f.) vorgestellten, aufgabenbezogen und nicht, wie heute in den meisten Systemen üblich, funktionsbezogen unterstützen.

Eine informierende Assistenz wird mit dem Wissen über die Aufgabe und an welcher Stelle der Aufgabenbearbeitung bzw. des Arbeitsablaufs sich der Bildauswerter befindet, welche Szenen-, Bild- und Sensorausprägungen vorliegen und über welche Funktionalität das zur Verfügung stehende Bildauswertesystem verfügt, den Bildauswerter über die geeigneten Funktionen des Bildauswertesystems und deren Nutzung informieren. Damit ist beispielsweise die Information, welche vom Voreinstellungsassistenten nach der Anwahl des Hilfeknopfs (siehe Abbildung 4.12, S. 97) angeboten wird, eine informierende Assistenz. Eine beratende Assistenz wird, ebenfalls situationsabhängig, den Bildauswerter beispielsweise hinsichtlich des weiteren Vorgehens bei der Aufgabenbearbeitung beraten. Insbesondere dient informierende und beratende Assistenz zur Unterstützung von Bildauswertern, welche in einem oder mehreren Wissensbereichen entsprechend Abbildung 4.2 (S. 87) Anfänger oder Fortgeschrittene sind. Günstig ist bei diesen beiden Assistenztypen daher, wenn die Fähigkeiten des Bildauswerters bekannt sind, da die beiden zuvor beschriebenen Formen der Unterstützung nur als solche empfunden werden, wenn sie nicht unnötig mit bereits bekannten Informationen versorgen. Eine Erweiterung des Benutzerprofils um die

4. Assistenz bei der Aufgabenbearbeitung

Fähigkeiten des Bildauswerters und die Berücksichtigung von deren Ausprägung bei der Unterstützung durch informierende oder beratende Assistenz gewährleistet deren effizienten Einsatz.

Intervenierende Assistenz rät dem Bildauswerter von einem gewählten Vorgehen ab. So wird beispielsweise intervenierende Assistenz dem Bildauswerter davon abraten, zur Aufbereitung eines Bildes Filterfunktionen einzusetzen, die dafür ungeeignet sind. Eine verstärkte Form der intervenierenden Assistenz ist die kommandierende Assistenz. Sie verhindert sogar Benutzeraktionen. So würde eine kommandierende Assistenz gar nicht zulassen, dass der Bildauswerter zur Aufbereitung eines Bildes eine dafür ungeeignete Filterfunktion aufruft.

Für alle oben aufgeführten Assistenztypen wird, wie auch für den Einsatz von Assistenzfunktionen, welche dem Bildauswerter Teilaufgaben abnehmen, Domänenwissen benötigt, insbesondere das Wissen, welche Bildauswertefunktion in welcher Bildauswertesituation zielführend bzw. nicht zielführend ist.

5 Implementierung der Assistenz zur Entlastung bei Teilaufgaben

In diesem Kapitel wird auf die Implementierung der in Abschnitt 4.3 vorgestellten Assistenz für die interaktive bildgestützte Szenenanalyse eingegangen. Da die Assistenz als eine Erweiterung des Bildauswertesystems ERDAS realisiert wurde, gibt zuerst Abschnitt 5.1 eine Übersicht über die Möglichkeiten, ERDAS um selbst entwickelte Komponenten zu erweitern. In Abschnitt 5.2 wird speziell auf die Implementierung des Voreinstellungsassistenten und des Zählassistenten eingegangen.

5.1 Anpassung und Erweiterung des ERDAS-Bildauswertesystems

Das im Rahmen dieser Arbeit eingesetzte Bildauswertesystem ERDAS steht für die Betriebssysteme *UNIX* und *Windows* zur Verfügung, kann als Einzelplatz- oder Netzwerklizenz betrieben werden und bietet unterschiedliche Möglichkeiten für eine Systemanpassung oder -erweiterung. Die im Rahmen dieser Arbeit durchgeführten ERDAS-Anpassungen und -Erweiterungen erfolgten unter *Windows XP*.

In ERDAS wird unter einer Systemanpassung eine Anpassung der Bedienoberfläche an die Benutzeranforderungen und unter einer Systemerweiterung eine Erweiterung des Systems um neue Anwendungen, beispielsweise eine Assistenz mit ihren Assistenzfunktionen, verstanden. Entsprechend den Anforderungen an die Systemmodifikation müssen unterschiedliche Werkzeuge eingesetzt werden.

Eine Anpassung der graphischen Bedienoberfläche kann durch den Einsatz des Preference-Editors oder der *ERDAS Macro Language* EML [ERDAS 2003-A] erreicht werden. Der Preference-Editor ermöglicht den Zugriff auf eine benutzerspezifische Datenbasis, die *Preferences*, welchen ein Benutzerprofil zu Grunde liegt und deren Werte die Systemeinstellungen, welche das Aussehen und Verhalten der ERDAS-Dialogkomponenten bestimmen, festlegen. Mittels des Preference-Editors können die Systemeinstellungen geändert und lokal, d.h. nur für den individuellen Systemnutzer, oder global, d.h. für alle Systemnutzer einer gemeinsamen ERDAS-Lizenz, gespeichert werden. EML ist eine Skriptsprache, die zur Definition der Struktur und des Inhalts der ERDAS-Bedienoberflächen verwendet wird. Wünscht der Bildauswerter eine Erweiterung von ERDAS um zusätzliche Bedienoberflächen, kann er dies durch die Erstellung von EML-Skripten erreichen [ERDAS 2003-A]. Für jede ERDAS-Dialogkomponente existiert also eine Datei mit der Endung „.eml", in der Aussehen und Verhalten dieser Komponente festgelegt ist. Die EML-Dateien können vom Bildauswerter editiert werden, um Oberflächenmerkmale wie beispielsweise die Titel von Menüs, Schaltflächen und anderen Bedienelementen zu ändern. Mittels EML können ERDAS-Bedienoberflächen nicht nur modifiziert sondern auch erweitert werden, beispielsweise Menübalken um neue Menüs, Menüs um weitere Menüoptionen und Symbolleisten um zusätzliche Schaltflächen.

Soll ERDAS um Anwendungen, wie z.B. die in Abschnitt 4.3 (S. 89 f.) konzipierte Assistenz mit ihren Assistenten bzw. Assistenzfunktionen, erweitert werden, sind diese Erweiterungen in der Programmiersprache C++ zu erstellen. ERDAS stellt hierzu als Unterstützung das IMAGINE Developers' Toolkit zur Verfügung [ERDAS 2003-B]. Dieses umfasst

- eine Sammlung von Programm-Bibliotheken mit zugehörigen Header-Dateien,
- Softwaredokumentation, welche auch von den ERDAS-Softwareentwicklern zur Erstellung der ERDAS-eigenen Anwendungen benutzt wird und

5. Implementierung der Assistenz zur Entlastung bei Teilaufgaben

- Beispielprogramme, welche sowohl zur Einarbeitung in das IMAGINE Developers' Toolkit als auch als Basis für die Entwicklung eigener ERDAS-Anwendungen dienen können.

Zur Entwicklung eigener Anwendungen wird folgende Entwicklungsstruktur vorgegeben:

- der Ordner *sources* enthält die Programmquellen,

- der Ordner *bin* enthält die übersetzten und damit ausführbaren Programme,

- der Ordner *icons* enthält die für die Bedienoberflächen benötigten Piktogramme,

- der Ordner *scripts* enthält die EML-Skripte und

- der Ordner *defaults* enthält Standardeinstellungen, die auch über den Preference-Editor modifizierbar sind.

Um neu entwickelte $C++$ -Programme allen Benutzern einer Netzwerklizenz zur Verfügung zu stellen, müssen die Programme aus dem privaten Entwicklungsbereich in den öffentlichen Bereich von ERDAS-Imagine kopiert werden. Die öffentliche Struktur umfasst die Ordner *bin, icons, scripts* und *defaults*.

Die im Rahmen dieser Arbeit entwickelte aufgabenorientierte Assistenz für die interaktive bildgestützte Szenenanalyse umfasst in EML erstellte Bedienoberflächen sowie Anwendungen, welche in C++ unter Nutzung des IMAGINE Developers' Toolkit implementiert wurden. Abbildung 5.1 zeigt den Softwareaufbau des Bildauswertesystems ERDAS, erweitert um die in dieser Arbeit entwickelte Assistenz.

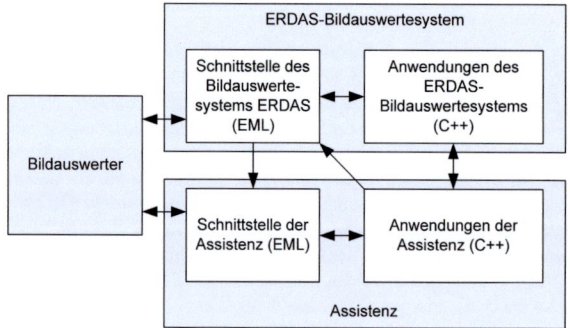

Abbildung 5.1: Softwareaufbau des Bildauswertesystems ERDAS, erweitert um die in dieser Arbeit entwickelte Assistenz.

Um eine einfache softwaretechnische Erweiterung der Assistenz um weitere Assistenzfunktionen zu gewährleisten, wurde die Assistenz modular implementiert. Die Verwaltung und Steuerung der Assistenzfunktionen erfolgt über ein zentrales Programmmodul. Alle softwaretechnischen Implementierungsdetails sind in [Friedrich 2005] beschrieben.

5.2 Implementierung des Voreinstellungs- und des Zählassistenten

Der **Voreinstellungsassistent** besteht aus zwei Komponenten (siehe auch 4.3.1, S. 92 f.):

- Der Grundeinstellungsassistent (*Basic Settings*) dient der intuitiven Auswahl der grundlegenden Systemvoreinstellungen sowie dem Festlegen der zu bearbeitenden Aufgabenklasse.

- Der aufgabenbezogene Voreinstellungsassistent (*Task Assistant*) unterstützt den Bildauswerter bei weiteren Systemvoreinstellungen sowie dem Anlegen, Konfigurieren und Wandeln von Dateien. Außerdem schließt er auf jene Assistenten bzw. Assistenzfunktionen, welche der Bildauswerter für die eigentliche Bildauswertephase benötigt, bietet dem Bildauswerter Assistenten an und startet die Assistenzfunktionen sowohl für jene Assistenten, die vom Bildauswerter angewählt wurden, als auch für jene, die allein auf Grund des Kontexts einschließlich der zu bearbeitenden Aufgabe eine Entlastung des Bildauswerters gewährleisten.

Zur Anwahl der *Basic Settings* und des *Task Assistant* wurde die ERDAS-Werkzeugleiste, welche einen Menübalken und eine Symbolleiste umfasst und in der Datei *imagine.eml* spezifiziert ist, erweitert (siehe Abbildung 5.2). Hinter dem Menü *Basic Settings* verbirgt sich der Grundeinstellungsassistent, hinter der Schaltfläche *Task* der aufgabenbezogene Voreinstellungsassistent (*Task Assistant*).

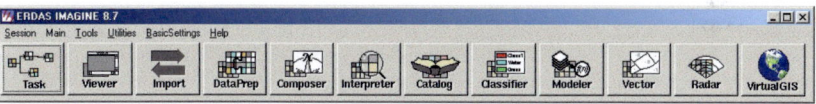

Abbildung 5.2: Die ERDAS-Werkzeugleiste, erweitert um das Menü *Basic Settings* zum Aufruf des Grundeinstellungsassistenten und die Schaltfläche *Task* zum Start des aufgabenorientierten Voreinstellungsassistenten.

Die *Basic Settings* wurden als reines EML-Skript implementiert. Da anzunehmen ist, dass der Bildauswerter öfter die Aufgabenklasse und nur sehr selten die grundlegenden Systemvoreinstellungen anpassen wird, ist der Zugriff auf die Einstellmöglichkeiten der *Basic Settings* zweigeteilt, indem das drop-down-Menü *Basic Settings* zwei Menüoptionen anbietet (siehe Abbildung 5.3). Unter der Menüoption *System Settings* ermöglicht der Grundeinstellungsassistent in Form eines Wizards das intuitive Einstellen grundlegender Systemvoreinstellungen, unter der Menüoption *Task Settings* kann der Bildauswerter die zu bearbeitende Aufgabenklasse auswählen.

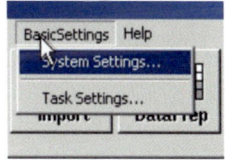

Abbildung 5.3: Ausschnitt aus der ERDAS-Werkzeugleiste mit dem geöffneten drop down-Menü der *Basic Settings*, über das die grundlegenden Systemvoreinstellungen (*System Settings*) und die Auswahl der Aufgabenklasse (*Task Settings*) vorgenommen werden.

Der *Task Assistant*, welcher sich dem Bildauswerter ebenfalls als Wizard darstellt, umfasst sowohl ein EML-Skript als auch ein C++-Programm. Zum Start des *Task Assistant* dient die Schaltfläche *Task*, welche sich in der ERDAS-Symbolleiste auf der äußerst linken Seite befindet.

Neben der EML- und C++-Datei umfasst die Softwarekomponente des Voreinstellungsassistenten eine Datei namens *assistant.pdf*, in welcher die *Preferences* (benutzerindividuellen Systemeinstellungen) für den Voreinstellungsassistenten gehalten werden. Diese pdf-Datei beinhaltet die Benutzerdaten, d.h. die benutzerspezifischen Einstellungen des Voreinstellungsassistenten, die im Benutzerprofil festgelegt wurden und welche beim Beenden des Assistenten gespeichert und bei dessen Start durch den selben Bildauswerter wieder geladen werden. Eine Änderung dieser Werte durch den ERDAS-eigenen Preference-Editor ist nicht vorgesehen, da die in den *Preferences* gespeicherten Werte teilweise nicht selbsterklärend sind und der Bildauswerter durch eine komplexe Einstellaufgabe nicht unnötig belastet werden soll.

Eine zusätzliche Entlastung erfährt der Bildauswerter bei der Systemvoreinstellung, wenn er bereits einen geeigneten Voreinstellungsstandard verfügbar hat und diesen nur mehr laden muss. Aber auch beim Fortsetzen einer Bildauswertung unterstützt der Voreinstellungsassistent den Bildauswerter, indem der Bildauswerter diesen letzten Stand speichern und bei der Weiterbearbeitung im Rahmen der Systemvoreinstellung wieder laden kann. Sowohl die Voreinstellungsstandards, welche Systemvoreinstellungen beschreiben, als auch die Bildauswerte-Sessions, welche Stände von Bildauswertungen beschreiben, werden im XML-Format gespeichert.

Die in EML implementierten Bedienoberflächen der *Basic Settings* und des *Task Assistant* wurden, wie in Abschnitt 4.3.1 (S. 92) und Anhang C.1 (S 153 f.) ausführlich dargestellt, in Form eines Wizards in mehrere Dialogseiten unterteilt, welche vom Bildauswerter nacheinander zu durchlaufen sind. Auf jeder Seite kann der Bildauswerter zwischen Einstellungsmöglichkeiten wählen oder konkrete Attribute angeben. Jede Dialogseite des Voreinstellungsassistenten enthält Bedienelemente wie z.B. Checkboxen, Schaltflächen, Textfelder, Dateiauswahlelemente oder Stilwähler für Linien-, Polygon- oder Punkt-Stile. Da EML bezüglich der automatischen Positionierung von graphischen Elementen im Graphikrahmen unflexibel ist – ein Layout Manager wie z.b. in Java ist nicht vorhanden – müssen alle Elemente absolut positioniert und den Dialogseiten eine nicht veränderbare Größe zugewiesen werden. Des Weiteren werden alle Elemente einer Seite in einer Gruppe, einem sogenannten EML-*group*-Element, zusammengefasst. Beim Anzeigen einer Seite wird das der Seite zugeordnete *group*-Element sichtbar gemacht, alle anderen *group*-Elemente werden ausgeblendet.

Als Grundlage zur Implementierung des Voreinstellungsassistenten, insbesondere des hinterlegten Regelwerks, dienen UML-Aktivitätsdiagramme. Während Abbildung 4.10 (S. 95) und Abbildung 4.11 (S. 96) beispielhaft UML-Aktivitätsdiagramme zeigten, die das Zusammenwirken von Bildauswerter und Assistenz für Teilaspekte beschreiben, zeigt Abbildung 5.4, ebenfalls in Form eines UML-Aktivitätsdiagramms, das dem *Task Assistant* hinterlegte Regelwerk und die Abhängigkeit des Verhaltens des *Task Assistant* von den Angaben des Bildauswerters. Eine genaue Beschreibung eines speziellen Arbeitsablaufs mit dem *Task Assistant* sowie die dabei eingesetzten Dialogseiten sind in Anhang C.2 (S. 156 f.) zu finden.

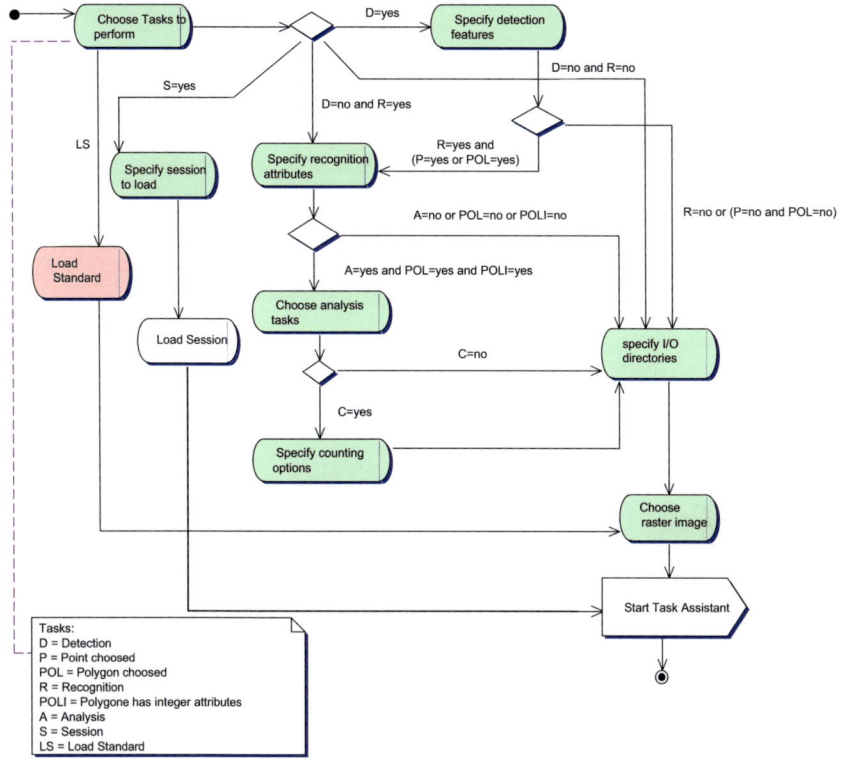

Abbildung 5.4: UML-Aktivitätsdiagramm, welches den Arbeitsablauf des aufgabenbezogenen Voreinstellungsassistenten beschreibt.

Der **Zählassistent** unterstützt den Bildauswerter beim Zählen von Objekten in durch Polygone begrenzten Flächen. Er wird durch den Voreinstellungsassistenten gestartet und ist in einer EML- und einer C++ -Datei implementiert. Der Zählassistent übernimmt die im Voreinstellungsassistenten angelegten Objekte und benutzt das *edis*-Paket des IMAGINE Developers' Toolkit, das ein Einbinden der ERDAS-Bilddarstellung in eigene Programme gestattet.

6 Empirische Untersuchung der Leistungserhöhung durch Assistenzeinsatz

In diesem Kapitel wird die empirische Untersuchung zur Validierung der Leistungssteigerung des Bildauswerters bei der Bearbeitung der Teilaufgaben „System voreinstellen" und „Fahrzeuge auf Parkplätzen zählen" durch den Einsatz der in Abschnitt 4.3 (S. 89 f.) beschriebenen Assistenten vorgestellt. Die Untersuchungsergebnisse erlauben vor allem Rückschlüsse auf die Eignung der in dieser Arbeit entwickelten UML-basierten Aufgabenbeschreibungsmethode (siehe Abschnitt 3.2.2, S. 50 f.) zur (1) Ermittlung stark belastender Teilaufgaben sowie (2) theoretischen Überprüfung von konzipierten Assistenten bzw. deren Assistenzfunktionen im Hinblick auf eine Entlastung und daraus resultierende Leistungssteigerung des Bildauswerters bei der Bearbeitung der betrachteten Teilaufgaben. Nachdem zuerst in Abschnitt 6.1 die eingesetzte Untersuchungsmethode erläutert wird, wird in Abschnitt 6.2 auf die Untersuchung des Voreinstellungsassistenten und in Abschnitt 6.3 auf die des Zählassistenten eingegangen. In Abschnitt 6.4 werden die Untersuchungsergebnisse zusammengefasst und bewertet.

6.1 Beschreibung der Untersuchungsmethode

Zur Validierung der Leistungserhöhung durch die in Abschnitt 4.3 (S. 89 f.) vorgestellten Assistenten bzw. Assistenzfunktionen wurden Experimente durchgeführt, bei denen Versuchspersonen die Teilaufgaben „System voreinstellen" und „Fahrzeuge auf Parkplätzen zählen" sowohl mit als auch ohne Assistenzunterstützung bearbeiteten, und daraus Leistungsdaten ermittelt. Die Erhebung der Leistungsdaten wurde durch die Erfassung der von den Versuchspersonen subjektiv empfundenen Beanspruchung ergänzt. Die Erfassung der subjektiv empfundenen Beanspruchung erfolgte in Interviews und durch den Einsatz des NASA Task Load Index (TLX), einer standardisierten Methode zur Beanspruchungsmessung, welche in [Pfendler & Schweingruber 1996] im Detail beschrieben ist.

Bei Experimenten muss, nachdem der Untersuchungsgegenstand festgelegt ist, im Rahmen der Planungsphase der Versuchsaufbau und -ablauf sowie alle zu betrachtenden Variablen festgelegt werden. Unter Variablen werden im Weiteren entsprechend der Begriffswelt der empirischen Forschung und Statistik [Bortz 1993] Merkmale verstanden, die (im Gegensatz zu Konstanten) in mindestens zwei Abstufungen vorkommen können. Hier wird zwischen unabhängigen und abhängigen Variablen unterschieden. Unter den unabhängigen Variablen werden diejenigen Merkmale verstanden, deren Auswirkungen auf andere Merkmale – die abhängigen Variablen – im Rahmen der empirischen Untersuchung überprüft werden. In der hier beschriebenen Untersuchung ist die betrachtete unabhängige Variable der *Assistenzeinsatz* und die abhängigen Variablen sind alle jenen Variabeln, welche die Leistung des Bildauswerters beschreiben und auf die der Einfluss der unabhängigen Variablen *Assistenzeinsatz* untersucht wird.

In den im Folgenden beschriebenen Untersuchungen soll der Einfluss des Assistenzeinsatzes auf die Leistung L des Bildauswerters untersucht werden. Diese ist laut Formel 2.1 (S. 12) $L=(A-A_n-A_f)/t$, wobei A die Anzahl der zu bearbeitenden Teilaufgaben, A_n die Anzahl der nicht bearbeiteten Teilaufgaben, A_f die Anzahl der falsch bearbeiteten Teilaufgaben und t die zur Aufgabenbearbeitung benötigte Zeit ist. Während A durch die betrachteten Teilaufgaben „System voreinstellen" und „Fahrzeuge auf Parkplätzen zählen" vorgegeben ist, müssen die Parameter A_n, A_f und t in den Experimenten gemessen werden. Damit werden in den nachfolgenden Experimenten diese drei Parameter als die abhängigen Parameter betrachtet. Dabei gilt, dass eine Leistungssteigerung des Bildauswerters durch Assistenzeinsatz auf jeden Fall gegeben ist, wenn die drei in Abbildung 6.1 aufgeführten Bedingungen erfüllt sind:

$$(1)\ A_n(AE_m) < A_n(AE_o) \qquad (2)\ A_f(AE_m) < A_f(AE_o) \qquad (3)\ t(AE_m) < t(AE_o)$$

mit AE_m … Aufgabenbearbeitung mit Assistenzeinsatz und
AE_o … Aufgabenbearbeitung ohne Assistenzeinsatz

Abbildung 6.1: Hinreichende Bedingung zum Nachweis für eine Leistungssteigerung durch Assistenzeinsatz.

Sollten die in Abbildung 6.1 aufgeführten Bedingungen nicht erfüllt werden, muss die Leistung L, berechnet nach Formel 2.1 (S. 12) als weitere unabhängige Variable betrachtet und die Bedingung aus Abbildung 6.2 überprüft werden:

$$L(AE_m) < L(AE_o)$$

mit AE_m … Aufgabenbearbeitung mit Assistenzeinsatz und
AE_o … Aufgabenbearbeitung ohne Assistenzeinsatz

Abbildung 6.2: Notwendige Bedingung zum Nachweis für eine Leistungssteigerung durch Assistenzeinsatz.

Des Weiteren gibt es noch Kontrollvariablen. Diese gehören zwar nicht zu den unabhängigen Variablen, ihre Ausprägung wird aber dennoch erfasst, beispielsweise um einen möglichen Einfluss auf die abhängigen Variablen zu erfassen oder um die statistische Verteilung dieser Variablen festzuhalten. Die folgende Tabelle gibt eine Übersicht über alle Variablen, die bei den im Rahmen dieser Arbeit durchgeführten Experimenten berücksichtigt wurden:

Variablentyp	**Beschreibung**	**Variablen der durchgeführten Experimente**
unabhängige Variable	Variable, deren Einfluss auf die abhängigen Variablen untersucht wird	- Assistenzunterstützung: ja / nein
abhängige Variable	Variable, deren Abhängigkeit von den unabhängigen Variablen untersucht wird	- A_f … Anzahl falsch bearbeiteter Teilaufgaben - A_n … Anzahl nicht bearbeiteter Teilaufgaben - t … Bearbeitungszeit
Kontrollvariable	Variable, die bei der Versuchsgruppenbildung berücksichtig werden oder deren Verteilung bei der Versuchsergebnisanalyse von Interesse ist	- Bildauswertekenntnisse - Kenntnisse bei der Aufgabenbearbeitung mit dem Bildauswertesystem ERDAS - Geschlecht der Versuchspersonen - Alter der Versuchspersonen

Tabelle 6.1: Übersicht über die bei einer empirischen Untersuchung zu betrachtenden Variablentypen nach [Bortz 1993] mit deren Kurzbeschreibungen und Zuordnung zu den in den beschriebenen Untersuchungen betrachteten Variablen.

Die Erfassung der beiden Kontrollvariablen *Bildauswertekenntnisse* und *Kenntnisse bei der Aufgabenbearbeitung mit dem Bildauswertesystem ERDAS* erfolgt nach den in Tabelle 6.2 aufgeführten Stufen. Nach Abbildung 4.2 (S. 87) werden im Folgenden Versuchspersonen (Vp), die keine Fachkenntnisse besitzen, als Anfänger, solche, die fortgeschrittene Kenntnisse besitzen, als Fortgeschrittene und diejenigen, die sehr gute Kenntnisse besitzen, als Experten bezeichnet.

Bildauswertekenntnisse	
fortgeschritten	Vp setzt sich zwar bereits seit einem längeren Zeitraum mit der Bearbeitung von Bildauswerteaufgaben auseinander, bearbeitet solche Aufgaben aber weniger als einmal wöchentlich.
sehr gut	Vp setzt sich seit einem längeren Zeitraum mit der Bearbeitung von Bildauswerteaufgaben auseinander und führt mindestens einmal wöchentlich eine Bildauswerteaufgabe durch.
Kenntnisse bei der Bedienung des Bildauswertesystems ERDAS	
keine	Vp hat noch nie mit ERDAS gearbeitet
fortgeschritten	Vp arbeitet gelegentlich mit ERDAS
sehr gut	Vp arbeitet mehrfach wöchentlich mit ERDAS

Tabelle 6.2: Einstufung der Bildauswertekenntnisse einer Versuchsperson (Vp) sowie Einstufung ihrer Kenntnisse bei der Aufgabenbearbeitung unter Nutzung des Bildauswertesystems ERDAS.

Die Experimente zur Untersuchung der beiden Bildauswerteassistenten wurden in mehreren Phasen durchgeführt: Die **Einführungsphase** diente dazu, den Versuchspersonen das Versuchsziel, die Versuchsaufgabe und den Versuchsablauf zu vermitteln. Während der **Trainingsphase** machten sich die Versuchspersonen mit der Bedienung des Bildauswertesystems ERDAS und der visuellen Analyse des eingesetzten Bildmaterials im Hinblick auf die zu bearbeitende Aufgabe vertraut. Die zeitliche Dauer des Trainings richtete sich dabei nach den Vorkenntnissen der Versuchsperson. In der **Testphase** mussten die Versuchspersonen vorgegebene Aufgaben eigenständig bearbeiten. Die Ergebnisse der Aufgabenbearbeitung in der Testphase lieferten die Messwerte für die abhängigen Variablen. Im Anschluss an die Testphase erfolgte die Beanspruchungsmessung mittels NASA TLX. Dazu mussten die Versuchspersonen die *Rating Scales* der NASA TLX Fragebögen ausfüllen, wobei die Versuchspersonen in eine Skala einzutragen hatten, wie hoch sie die körperlichen, geistigen und zeitlichen Anforderungen während der Aufgabenbearbeitung empfunden hatten und wie hoch ihre Frustration dabei gewesen war. Der Wertebereich der Skalen des NASA TLX Fragebogens liegt zwischen eins und hundert, wobei ein niedriger Wert eine geringe Beanspruchung und ein hoher Wert eine hohe Beanspruchung repräsentiert. Mit der **Interviewphase**, in der die Versuchspersonen Fragen zur Aufgabenbearbeitung mit und ohne Assistenzeinsatz zu beantworten hatten, wurden die Experimente abgeschlossen. Sowohl das Experiment zur Untersuchung des Voreinstellungsassistenten als auch das zur Untersuchung des Zählassistenten dauerten mehrere Stunden, sodass in beiden Fällen die Versuchsdurchführung auf zwei Tage aufgeteilt werden musste.

Die Experimente, im Weiteren auch als Versuche bezeichnet, wurden von einem Versuchsleiter durchgeführt, der die Versuchspersonen betreute und für den Versuchsablauf verantwortlich war. Insgesamt nahmen an den Experimenten neun Personen teil, wobei bei einem Experiment jeweils nur die aktuelle Versuchsperson und der Versuchsbetreuer zugegen waren. Das Versuchsumfeld war ruhig und die Versuchspersonen wurden während der Versuchsdurchführung durch keinerlei äußere Einflüsse abgelenkt. Als Versuchsrechner wurde ein Laptop der Marke *IBM* Think Pad mit 4 GByte RAM, einer CPU-Leistung von 2 GHz, dem Betriebssystem *Windows XP* und einer Displaygröße von 17" eingesetzt. Während der Experimente wurde der Laptop im Stand-Alone-Betrieb gefahren und es liefen ausschließlich die Programme ERDAS und *Viewlet-Cam*, sodass für alle Versuchspersonen dieselbe Rechnerleistung gewährleistet werden sollten. Die Software *ViewletCam* wurde zur Aufzeichnung der Versuchsaufgabenbearbeitung verwendet, wobei im Vorfeld verifiziert wurde, dass die Aufzeichnungssoftware das Laufzeitverhalten der Bildauswerte-Software ERDAS nicht beeinflusst.

ViewletCam zeichnet das Geschehen auf einem Montitor entsprechend einem Video auf (siehe Abschnitt 3.3, S. 60 f.). Zur Ermittlung der Leistungsdaten wurden die *ViewletCam*-Aufzeichnungen der Aufgabenbearbeitungen analysiert. Es wurden zur Erhebung der für die Aufgabenbearbeitung benötigten Zeit t Ereignisse definiert, welche den Start sowie das Ende der Aufgabenbearbeitung festlegten. Der Zeitpunkt dieser Ereignisse wurde von der Zeitleiste der *ViewletCam*-Aufzeichnungen abgelesen und die zwischen den beiden Ereignissen verstrichene Zeit t berechnet. Die Anzahl der korrekt bearbeiteten, nicht bearbeiteten und falsch bearbeiteten Teilaufgaben konnte ebenfalls den *ViewletCam*-Aufzeichnungen entnommen werden. Im Fall der Teilaufgabe „System voreinstellen" wurde anhand der Aufzeichnungen überprüft, ob die Versuchsperson alle Einstellungen korrekt vorgenommen hatte. Im Fall der Teilaufgabe „Fahrzeuge auf Parkplätzen zählen" konnte von den in *ViewletCam* abgebildeten Attributelisten die Anzahl der gezählten Fahrzeugtypen abgelesen werden.

In Abschnitt 6.2 wird die Untersuchung des Voreinstellungsassistenten und in Abschnitt 6.3 die des Zählassistenten beschrieben. Dabei wird jeweils zuerst auf die Versuchsplanung und -durchführung eingegangen, welche das Versuchsziel, die Versuchsaufgabe, das eingesetzte Bildmaterial, die Versuchspersonen, den Versuchsablauf und die betrachteten Variablen umfassen. Danach werden die Versuchsergebnisse vorgestellt und diskutiert.

6.2 Untersuchung des Voreinstellungsassistenten

6.2.1 Versuchsplanung und -durchführung

Versuchsziel

Ziel dieses Versuchs war, zu ermitteln, ob der Einsatz des im Rahmen dieser Arbeit entwickelten Voreinstellungsassistenten zu einer Leistungssteigerung bei der Bearbeitung der Teilaufgabe „System voreinstellen" führt. Daraus kann geschlossen werden, ob die in dieser Arbeit entwickelte UML-basierte Methode zur quantitativen Aufgabenbeschreibung bzw. die daraus abgeleiteten Belastungsmessgrößen Rückschlüsse auf die Belastung des Bildauswerters bei der Bearbeitung von Teilaufgaben ermöglichen. Die Hypothese des Versuchs lautete:

Die Belastung des Bildauswerters bei der Teilaufgabe „System voreinstellen" wird durch den Einsatz des Voreinstellungsassistenten gesenkt und damit die Leistung des Bildauswerters bei der Bearbeitung dieser Teilaufgabe gesteigert.

Versuchsaufgabe

Die zur Überprüfung der Hypothese ausgewählte Aufgabe lehnt sich an das in Abschnitt 3.3.1 (S. 62 f.) vorgestellte Szenario und das in Abbildung 3.13 (S. 63) formulierte Anwendungsbeispiel B* zur Fahrzeugentdeckung und -erkennung an und lautet:

„Stellen Sie das Bildauswertesystem ERDAS so ein, dass Sie damit

(I) allein stehende Fahrzeuge mittels roter Punktsymbole der Größe fünf markieren und den erkannten Fahrzeugtyp (PKW und LKW) in eine zuvor erstellte Attributetabelle mit den dazu notwendigen Attributfeldern eintragen können und

(II) entdeckte Parkplätze mit einem blauen Polygon der Strichdicke drei markieren und die Anzahl der auf dem Parkplatz gezählten PKW und LKW für jeden der beiden Typen getrennt in die Attributetabelle und die dazu angelegten Attributfelder eintragen können.

Überprüfen Sie die vorgenommenen Systemvoreinstellungen auf Korrektheit, indem Sie fünf LKW und fünf PKW markieren und deren Typ in die Attributetabelle eintragen sowie einen Parkplatz markieren und die Anzahl der dort gezählten PKW und LKW ebenfalls in die Attributetabelle eintragen. "

Da es Ziel des Versuchs war, aus der Anzahl der korrekt, nicht und falsch vorgenommenen Voreinstellungen sowie der zur Systemvoreinstellung benötigten Zeit auf die Leistung der Versuchspersonen bei der Bearbeitung der Teilaufgabe „System voreinstellen" zu schließen, war es nicht relevant, in welchem Bildbereich die allein stehenden Fahrzeuge und der Parkplatz entdeckt und ausgewertet wurden. Eine Übersicht über die durchzuführenden Systemvoreinstellungen, d.h. die zu bearbeitenden Teilaufgaben A im Hinblick auf eine Leistungsmessung nach Formel 2.1 (S. 12), gibt Tabelle 6.3.

Systemvoreinstellungen	zu bearbeitende Teilaufgaben A
Auswahl des auszuwertenden Bildes	1
Anlegen einer Attributetabelle mit den drei vorgegebenen Attributen (Fahrzeugtyp, Anzahl LKW, Anzahl PKW)	3
Anlegen eines Vektorlayers zum Einzeichnen der Symbole	1
Einstellen der Punkt-Symbolik auf die vorgegebene Farbe und Größe	2
Einstellen der Polygon-Symbolik auf die vorgegebene Farbe und Größe.	2
Summe	**9**

Tabelle 6.3: Beschreibung der notwendigen Voreinstellungen bzw. der daraus abgeleiteten Anzahl korrekt durchzuführender Teilaufgaben A für die zur Untersuchung des Voreinstellungsassistenten ausgewählte Versuchsaufgabe.

Bildmaterial

Als auszuwertendes Bildmaterial wurde Luftbildmaterial von einer Reihenmesskamera (RMK) gewählt, welches von den deutschen Landesvermessungsämtern landesdeckend zur Verfügung gestellt wird. Das in den Versuchen eingesetzte Bildmaterial hat eine Auflösung von ca. 33 cm, zeigt städtisches Gebiet im Süden von Karlsruhe und entspricht den Anforderungen der in Abschnitt 3.3.1 (S. 62) im Rahmen der Beispielszenarien vorgestellten Verkehrsanalyseaufgabe. Abbildung 6.3 zeigt linksseitig das zu bearbeitende Bildmaterial in der Übersicht und auf der rechten Seite einen Bildausschnitt mit Fahrzeugen unterschiedlichen Typs.

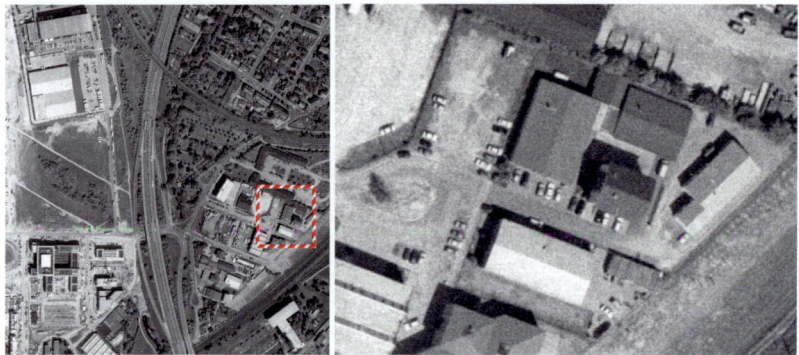

Abbildung 6.3: Übersichtsbild und Bildausschnitt eines Versuchsbilds zur Untersuchung des Voreinstellungsassistenten. Auf dem Bildausschnitt sind Fahrzeuge unterschiedlichen Typs abgebildet. In der Bildmitte sind PKW und am rechten oberen Bildrand mehrere LKW zu erkennen.

Versuchspersonen

Insgesamt nahmen acht Personen am Versuch zur Untersuchung des Voreinstellungsassistenten teil. Alle Versuchspersonen hatten Kenntnisse beim Auswerten von optischem Luftbildmaterial und waren zum Zeitpunkt der Versuche mit mindestens einem Bildauswertesystem gut vertraut. Die Versuchspersonen hatten jedoch unterschiedliche Kenntnisse bei der Bedienung des Bildauswertesystems ERDAS. Während vier Versuchspersonen mehrmals in der Woche mit diesem Bildauswertesystem arbeiteten und daher als Experten für dieses Bildauswertesystem bezeichnet werden konnten, arbeiteten drei Versuchspersonen nur wenige Male im Monat mit diesem Bildauswertesystem und eine Versuchsperson hatte noch nie zuvor damit gearbeitet. Eine Übersicht über die Kenntnisse der Versuchspersonen gibt Tabelle 6.4.

	Kenntnisse bei der Bedienung von ERDAS		
Bildauswertekenntnisse	keine	fortgeschritten	sehr gut
fortgeschritten	0	1	2
sehr gut	1	2	2

Tabelle 6.4: Übersicht über die Verteilung der acht Versuchspersonen im Hinblick auf ihre Kenntnisse bei der Nutzung des Bildauswertesystems ERDAS sowie bei der Auswertung von optischem Bildmaterial.

Es nahmen zwei Frauen und sechs Männer an den Versuchen teil. Tabelle 6.6 ordnet diese Altersklassen zu.

	Geschlecht	
Alter	männlich	weiblich
18 - 38	3	1
38 - 58	3	1

Tabelle 6.5: Übersicht über die Verteilung der neun Versuchspersonen im Hinblick auf deren Alter und Geschlecht.

Versuchsablauf

Die Durchführung der Versuche erfolgte zeitlich in zwei Abschnitten, wobei jeder der beiden Abschnitte an einem anderen Versuchstag stattfand. An jedem der beiden Versuchstage, zwischen denen mehrere Tage lagen, waren mindestens zwei Stunden für den Versuch aufzuwenden. Eine Übersicht über den Versuchsablauf gibt Tabelle 6.6, wobei jeder Versuchsschritt einer der in Abschnitt 6.1 (S. 118 f.) beschriebenen Versuchsphasen (Einführung, Training, Test, Interview) zugeordnet werden kann.

Versuchsschritt	Umsetzung
1. Versuchstag	
1. Einführung in das Versuchsziel	Mündlich durch den Versuchsleiter
2. Einführung in den Versuchsablauf	Mündlich durch den Versuchsleiter
3. Einführung in die Versuchsaufgabe	Durch die Aufgabenbeschreibung, Diskussion mit dem Versuchsleiter möglich
4. Training der Systemvoreinstellung ohne Assistenzunterstützung	Durch schriftliche Anleitung, Unterstützung durch den Versuchsleiter möglich
5. Training der Systemvoreinstellung mit Assistenzunterstützung	Durch schriftliche Anleitung, Unterstützung durch den Versuchsleiter möglich
2. Versuchstag	
6. Wiederholung der Versuchsaufgabe	Durch die Aufgabenbeschreibung, Diskussion mit dem Versuchsleiter möglich
7. Training der Systemvoreinstellung ohne Assistenzunterstützung	Durch schriftliche Anleitung, Unterstützung durch den Versuchsleiter möglich
8. Training der Systemvoreinstellung mit Assistenzunterstützung	Durch schriftliche Anleitung, Unterstützung durch den Versuchsleiter möglich
9. Test der Systemvoreinstellung ohne Assistenzunterstützung	Unterstützung durch schriftliche Anleitung möglich
10. Test der Systemvoreinstellung mit Assistenzunterstützung	Unterstützung durch schriftliche Anleitung möglich
11. Befragung zum Arbeiten mit und ohne Voreinstellungsassistenten	Gespräch mit dem Versuchsleiter

Tabelle 6.6: Ablauf des Versuchs bzw. Experiments zur Validierung der Leistungserhöhung durch den Einsatz des Voreinstellungsassistenten. Jeder Versuch wurde an zwei Tagen in 11 Versuchsschritten durchgeführt.

Die Versuche begannen am ersten Versuchstag mit der Einführungsphase. Der Versuchsperson wurde im 1. Versuchsschritt vom Versuchsleiter eine mündliche Einführung in das Versuchsziel gegeben und im 2. Versuchsschritt der geplante Versuchsablauf erläutert. Im 3. Versuchsschritt erhielt die Versuchsperson die zu bearbeitende Versuchsaufgabe in schriftlicher Form, wobei diese, wenn notwendig, vom Versuchleiter erläutert wurde. Mit dem 4. Versuchsschritt begann die Trainingsphase. In diesem Versuchsschritt trainierte die Versuchsperson die Systemvoreinstellungen des ERDAS-Bildauswertesystems ohne Assistenzunterstützung. Insbesondere übte die Versuchsperson das Voreinstellen des Bildauswertesystems ERDAS für genau die im Rahmen des Experiments vorgegebene Aufgabe. Der 5. Versuchsschritt hatte die Einarbeitung in den Voreinstellungsassistenten zum Ziel. Diese Einarbeitung erfolgte ebenfalls unter dem Aspekt, das Bildauswertesystem ERDAS für die durchzuführende Aufgabe einzustellen - nun natürlich mit Assistenzeinsatz.

Im Rahmen der Trainingsphase standen zur Einarbeitung in die Aufgabe und die dafür notwendige Bedienung des Bildauswertesystems ERDAS - mit und ohne Voreinstellungsassistent - jeweils schriftliche Anleitungen zur Verfügung. Damit wurde gewährleistet, dass alle Versuchspersonen sowohl mit der Aufgabe als auch mit dem Bildauswertesystem nach dem selben Schema vertraut gemacht wurden. Ergänzend stand während der Trainingsphase der Versuchsleiter zur Diskussion offener bzw. nicht verstandener Punkte zur Verfügung. Am zweiten Versuchstag wurde die Trainingsphase fortgesetzt. Zuvor konnte die Versuchsperson im Rahmen des 6. Versuchsschritts die durchzuführende Aufgabe nochmals in Erinnerung rufen. Dazu standen ihr wiederum der Aufgabentext zum Selbststudium sowie der Versuchsleiter für Diskussionen zur Verfügung. Im 7. Versuchsschritt trainierte die Versuchsperson zum zweiten Mal die Systemvoreinstellungen ohne Assistenzunterstützung, im 8. Versuchsschritt wurde das Training unter Einsatz des Voreinstellungsassistenten wiederholt.

Erst nach dieser intensiven Trainingsphase begann die eigentliche Testphase. Im Rahmen dieser Phase, welche über den 9. und 10. Versuchsschritt ging, musste die Versuchsperson die Versuchsaufgabe unter Zeitdruck bearbeiten. Die Aufgabenbearbeitung wurde in dieser Phase mit der Software *ViewletCam* aufgezeichnet. Während der Testphase hatte die Versuchsperson das Bildauswertesystem so schnell als möglich vollständig und fehlerfrei einzustellen. Zur Verifikation der fehlerfreien Systemvoreinstellung waren fünf PKW und fünf LKW zu entdecken, mit einem roten Punktsymbol der Größe 5 zu markieren, zu erkennen und die Erkennungsergebnisse in eine Attributetabelle einzutragen. Zudem war ein Parkplatz zu entdecken, mit einem blauen Polygon der Strichdicke 3 zu markieren, die PKW und LKW auf diesem Parkplatz zu zählen und die Zählergebnisse ebenfalls in die Attributetabelle einzutragen. Im 9. Versuchsschritt musste die Versuchsperson ohne Voreinstellungsassistent arbeiten, im 10. Versuchsschritt stand der Versuchsperson der Voreinstellungsassistent wieder zur Verfügung. Da sich das Vorgehen beim Voreinstellen des Bildauswertesystems ERDAS ohne Assistenzunterstützung vom Vorgehen bei der Systemvoreinstellung mit Assistenzunterstützung grundlegend unterscheidet, konnte ausgeschlossen werden, dass sich die Testphase ohne Assistenzunterstützung (9. Versuchsschritt, siehe Tabelle 6.6, S. 124) als zusätzliches Training für die Testphase mit Assistenzunterstützung auswirkte. In der abschließenden Interviewphase befragte der Versuchsleiter die Versuchsperson, ob und in welcher Form die Versuchsperson durch den Voreinstellungsassistent eine Entlastung erfuhr. Die Versuchsperson konnte zwischen den einzelnen Versuchsschritten eine Pause machen, die Pausen wurden den individuellen Bedürfnissen der Versuchsperson angepasst.

Betrachtete Variablen

Tabelle 6.7 gibt eine Übersicht über die bei dem hier beschriebenen Versuch betrachteten Variablen, wobei die zu bearbeitenden Teilaufgaben in Tabelle 6.3 (S. 122) aufgeführt sind und eine Übersicht über die erfassten Kontrollvariablen in Tabelle 6.4 (S. 123) und in Tabelle 6.5 (S. 123) gegeben wurde.

Variablentyp	Variablen der durchgeführten Experimente
unabhängige Variable	- Assistenzunterstützung: ja / nein
abhängige Variablen	- Anzahl der nicht vorgenommenen Voreinstellungen A_n
	- Anzahl der falsch vorgenommenen Voreinstellungen A_f
	- Bearbeitungszeit t
Kontrollvariablen	- Bildauswertekenntnisse
	- Kenntnisse bei der Bedienung des Bildauswertesystems ERDAS
	- Geschlecht und Alter der Versuchspersonen

Tabelle 6.7: Übersicht über die im Experiment zur Validierung einer Leistungserhöhung durch den Voreinstellungsassistenten betrachteten Variablen.

6.2.2 Versuchsergebnisse

Die Auswertung der *ViewletCam*-Aufzeichnungen zeigte, dass alle neun Versuchspersonen die Teilaufgabe „System voreinstellen" sowohl mit als auch ohne Assistenzunterstützung korrekt durchgeführt hatten, da für alle Versuchspersonen galt, dass

- die Anzahl der korrekten bearbeiteten Aufgaben $A_k = A = 9$ mit A als die Anzahl der insgesamt durchzuführenden Teilaufgaben (siehe Tabelle 6.3 auf S. 122),
- die Anzahl der fehlerhaften Voreinstellungen $A_f = 0$ und
- die Anzahl der nicht durchgeführten Voreinstellungen $A_n = 0$.

Damit sind die hinreichenden Bedingungen zum Nachweis einer Leistungssteigerung durch den Assistenzeinsatz nach Abbildung 6.1 (S. 119) nicht erbracht und es ist somit die notwendige Bedingung aus Abbildung 6.2 (S. 119) nachzuweisen. Da nach Formel 2.1 (S. 12) $L=(A-A_k-A_t)/t$ und für die hier betrachteten Versuchsergebnisse gilt, dass $A_f(AE_o)=A_f(AE_m)$ sowie $A_n(AE_o)=A_n(AE_m)$, ist somit nachzuweisen, dass $t(AE_m)<t(AE_o)$. Es wird daher im Weiteren nur mehr die von den Versuchspersonen zur Systemvoreinstellung aufgewendete Bearbeitungszeit t betrachtet.

Tabelle 6.8 gibt eine Übersicht über die Bearbeitungszeit t für die Systemvoreinstellungen mit und ohne Assistenzunterstützung in Sekunden, sowie über den durch den Assistenzeinsatz erzielten Zeitgewinn in Sekunden und Prozent. Den Versuchspersonen sind die Kenntnisse bei der Bedienung des Bildauswertesystems ERDAS zugeordnet, wobei dies entsprechend der Versuchspersonenübersicht aus Tabelle 6.4 (S. 123) vier Experten (E1 – E4), drei Fortgeschrittene (F1 – F3) und ein Anfänger (A1) sind. Ergänzt sind die für die Versuchspersonen ermittelten Messwerte durch den jeweiligen Mittelwert sowie das Maximum und das Minimum.

ERDAS-Nutzertyp	Voreinstellungszeit t ohne Assistent (sec)	Voreinstellungszeit t mit Assistent (sec)	Zeitgewinn durch Assistent (sec)	Zeitgewinn durch Assistent (%)
E 1	157	81	76	48
E 2	168	89	79	47
E 3	201	101	100	50
E 4	203	81	122	60
F 1	363	153	210	58
F 2	368	106	262	71
F 3	371	130	241	65
A 1	894	425	469	52
Mittelwert	302	130	172	57
Minimum	157	81	76	47
Maximum	894	425	469	71

Tabelle 6.8: Zeitbedarf für die Bearbeitung der Teilaufgabe „System voreinstellen" mit und ohne Assistenzunterstützung in Sekunden sowie der Zeitgewinn durch den Assistenzeinsatz, gegeben in Sekunden und Prozent.

In der äußerst rechten Spalte von Tabelle 6.8 ist der Zeitgewinn durch den Einsatz des Voreinstellungsassistenten in Prozent ausgewiesen und damit der Nachweis erbracht, dass alle Versuchspersonen eine deutliche Leistungserhöhung durch den Einsatz des Voreinstellungsassistenten erzielten. Der geringste Zeitgewinn beträgt 47%, der höchste Zeitgewinn 71%, der mittlere Zeitgewinn 57% und die Standardabweichung s beträgt 7,64%, wobei der prozentuale Zeitgewinn durch den Assistenzeinsatz unabhängig von den ERDAS-Kenntnissen der Versuchspersonen ist.

Ergänzend zur tabellarischen Darstellung der Versuchsergebnisse wird in Abbildung 6.4 eine graphische Darstellung der Bearbeitungszeiten $t(AE_m)$ und $t(AE_o)$ gegeben. Für jede Versuchsperson ist hier die Bearbeitungszeit für die Teilaufgabe „System voreinstellen" mit und ohne Assistenzunterstützung in Sekunden aufgezeigt.

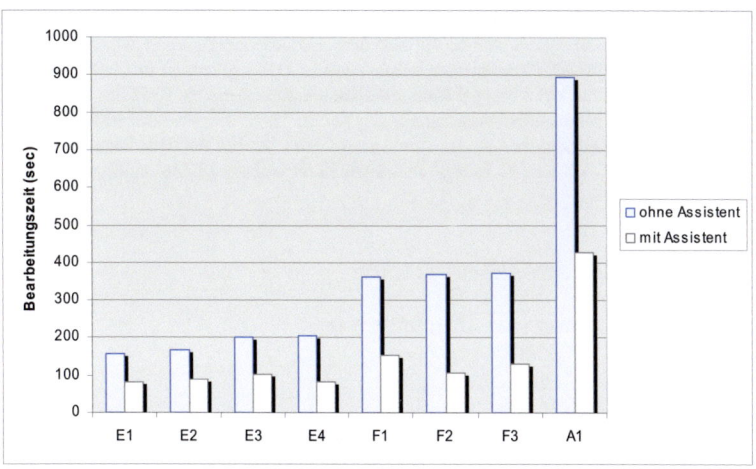

Abbildung 6.4: Bearbeitungszeit in Sekunden für die Teilaufgabe „System voreinstellen" mit und ohne Assistenzunterstützung für die vier ERDAS-Experten E1 bis E4, die drei ERDAS-Fortgeschrittenen F1 bis F3 und den ER-DAS-Anfänger A1.

In der Interviewphase wurden die Ergebnisse aus der Leistungsmessung bestätigt. Auf die Frage, wie die Versuchspersonen den Einsatz des Voreinstellungsassistenten empfunden hatten, gaben alle Versuchspersonen an, durch den Voreinstellungsassistenten eine deutliche Entlastung erfahren zu haben. Besonders betont wurde von den Versuchspersonen die empfundene kognitive Entlastung, da bei der Systemvoreinstellung mit Assistenzunterstützung nicht mehr überlegt werden musste, für welche Teilaufgabe welche Systemfunktion aufgerufen werden muss und die benötigten Funktionen im Gegensatz zur komplexen Bedienoberfläche von ERDAS einfach zu finden waren.

6.2.3 Ergänzende Untersuchungen

Zur Bewertung von Softwarekomponenten hinsichtlich ihrer Eignung zur Bearbeitung definierter Aufgaben können nach [Preim 1999] ergänzend zu den oben betrachteten objektiven Leistungsdaten und subjektiven Aussagen auch die in Tabelle 6.9 beschriebenen objektiven Parameter Behaltenszeit und die Konsultationsrate herangezogen werden.

Parameter	Beschreibung
Behaltenszeit	Zeitdauer, über die hinweg sich der Systemnutzer die Bedienaktionen, die er zur Aufgabenbearbeitung benötigt, merken kann
Konsultationsrate	Maß, wie oft Hilfen in Anspruch genommen werden müssen

Tabelle 6.9: Die Parameter Behaltenszeit und Konsultationsrate können ebenfalls zur Bewertung einer Softwarekomponente herangezogen werden.

Um Aussagen zur Behaltenszeit und zur Konsultationsrate machen zu können, wurde folgende ergänzende Untersuchung durchgeführt: Ein professioneller Bildauswerter, der vor den Versuchen noch nie mit dem Bildauswertesystem ERDAS gearbeitet hatte und bei dem oben beschriebenen Experiment teilgenommen hatte, wurde einen halben Tag, nachdem er die Testphase des Experiments bearbeitet hatte, gebeten, das Bildauswertesystem ERDAS für dieselbe Aufgabe wie beim zuvor beschriebenen Experiment (siehe Abschnitt 6.2.1, S. 121) voreinzustellen. Im Fall der Nutzung des Voreinstellungsassistenten musste dem Bildauswerter gezeigt werden, wie er den Assistenten aus der ERDAS-Symbolleiste heraus startet. Danach konnte er ohne weitere Hilfe das System entsprechend der vorgegebenen Aufgabe voreinstellen. Im Falle der Voreinstellung des ERDAS-Systems ohne Assistenzunterstützung musste dem Bildauswerter nicht nur der Einstieg gezeigt werden, in diesem Fall der Druckknopf zum Starten der Bilddarstellung über die ERDAS-Symbolleiste, sondern es musste ihm auch noch weitere 13 Mal Hilfestellung geleistet werden.

6.3 Untersuchung des Zählassistenten

6.3.1 Versuchsplanung und -durchführung

Versuchsziel

Ziel dieses Versuchs war, zu ermitteln, ob der Einsatz des im Rahmen dieser Arbeit entwickelten Zählassistenten zu einer Leistungssteigerung bei der Bearbeitung der Teilaufgabe „Zählen von Fahrzeugen auf Parkplätzen" führt. Daraus kann geschlossen werden, ob die in dieser Arbeit entwickelte UML-basierte Methode zur quantitativen Aufgabenbeschreibung bzw. die daraus abgeleiteten Belastungsmessgrößen Rückschlüsse auf die Belastung des Bildauswerters bei der Bearbeitung von Teilaufgaben ermöglichen. Die Hypothese des Versuchs lautete:

Die Belastung des Bildauswerters bei der Bearbeitung der Teilaufgabe „Fahrzeuge unterschiedlichen Typs in vorgegebenen Bereichen zählen" wird durch den Einsatz des Zählassistenten gesenkt und damit die Leistung des Bildauswerters bei der Bearbeitung dieser Teilaufgabe gesteigert.

Versuchsaufgabe

Die zur Überprüfung der Hypothese ausgewählte Aufgabe lehnt sich an das in Abschnitt 3.3.1 (S. 62 f.) vorgestellte Szenario zur Fahrzeugentdeckung und -erkennung und das in Abbildung 3.23 (S. 79) formulierte Anwendungsbeispiel B** an und lautet:

„Zählen Sie alle Personenkraftwagen (PKW), Lastkraftwagen (LKW) und Anhänger (AH) in den vorgegebenen Parkplatzbereichen. Die vorgegebenen Bereiche sind mit Polygonen zu markieren und die Zählergebnisse der gezählten Fahrzeugtypen in die Attributetabelle einzutragen."

Nicht in der Aufgabe enthalten war die Voreinstellung des Bildauswertesystems für die durchzuführende Zählaufgabe.

Bildmaterial

In den Versuchen waren Bildausschnitte zu bearbeiten, welche aus zwei verschiedenen Bildern stammten. Zum einen aus dem RMK-Bild, welches bereits für die Untersuchung des Voreinstellungsassistenten eingesetzt wurde (siehe Abbildung 6.3, S. 122), und zum anderen aus einem weiteren RMK-Bild, welches einen Industriebereich im Nordwesten von Karlsruhe zeigt (siehe Abbildung 6.5).

Abbildung 6.5: Übersichtsbild des zweiten Versuchsbilds zur Untersuchung des Zählassistenten.

Die zwölf Bildausschnitte, die in den Versuchen verwendet wurden, sind in Abbildung 6.6 bis Abbildung 6.10 dargestellt. Die Markierungen in den Bildausschnitten zeigen die Bereiche, in welchen die Fahrzeuge zu zählen waren. Für die Untersuchung wurden diese zwölf auszuwertenden Parkplatzbereiche P_i (i=1,..,12) in drei Bildgruppen geteilt: Die Bildgruppe BT, die in den Trainingsphasen eingesetzt wurde (siehe Abbildung 6.6) sowie die Bildgruppen B1 (siehe Abbildung 6.7 und Abbildung 6.8) und B2 (siehe Abbildung 6.9 und Abbildung 6.10), welche in den Testphasen eingesetzt wurden.

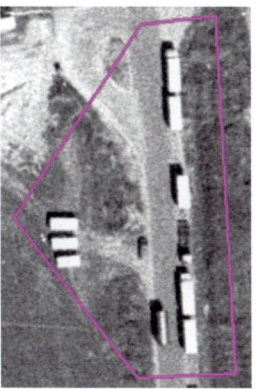

Abbildung 6.6: Die Parkplatzbereiche P1 und P2 der Bildgruppe BT, die in den Trainingsphasen eingesetzt wurde. Der Parkplatzbereich P1 (links) zeigt eine symmetrische Aufstellung parkender PKW, der Parkplatzbereich P2 (rechts) zeigt eine gemischte Aufstellung mit einem PKW, zwei LKW und sieben Anhängern.

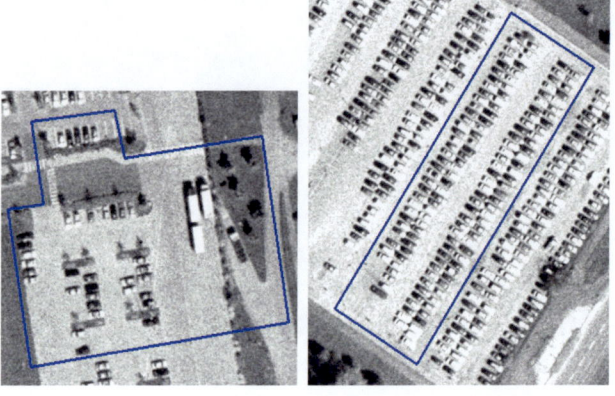

Abbildung 6.7: Die Parkplatzbereiche P3 (links) und P4 (rechts) der Bildgruppe B1.

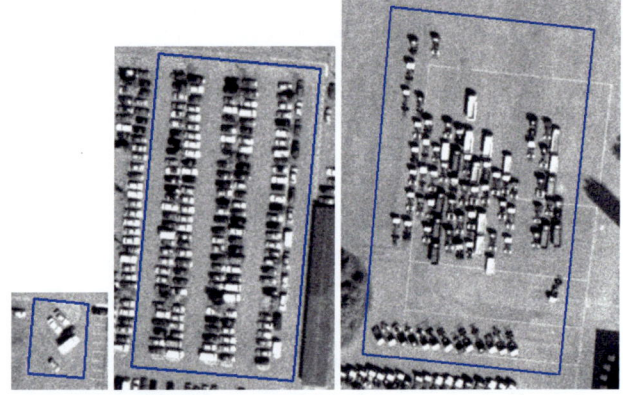

Abbildung 6.8: Die Parkplatzbereiche P5 (links), P6 (mittig) und P7 (rechts) der Bildgruppe B1.

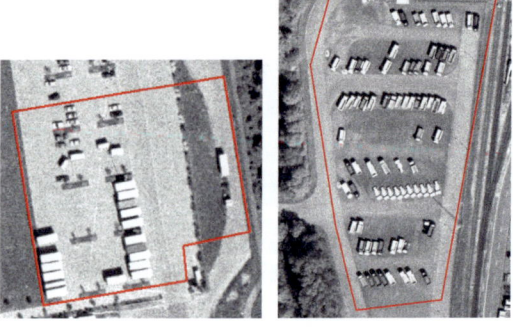

Abbildung 6.9: Die Parkplatzbereiche P8 (links) und P9 (rechts) der Bildgruppe B2.

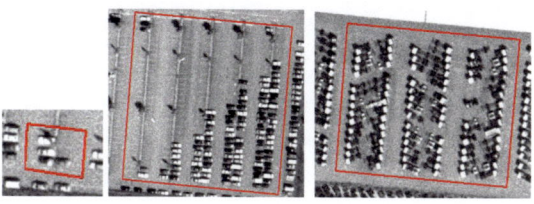

Abbildung 6.10: Die Parkplatzbereiche P10 (links), P11 (mittig) und P12 (rechts) der Bildgruppe B2.

Die Auswahl der Parkplatzbereiche basierte auf folgenden Kriterien:

1. Kleine übersichtliche Bereiche.
2. Bereiche, bei denen sich zwischen den Fahrzeugen Parkinseln mit Bäumen befinden, welche Schatten werfen oder Teile von Fahrzeugen verdecken.
3. Bereiche mit unsystematischer Fahrzeugaufstellung, sodass der Zählbereich in viele Zählgebiete zerfällt.
4. Bereiche mit gemischten Fahrzeugaufstellungen (LKW, PKW und Anhänger).

Bei der Auswahl der Parkplatzbereiche wurden daher sowohl Bereiche ausgewählt, in denen die Fahrzeuge einfach zu zählen sind und die damit dem ersten der oben genannten Kriterien entsprechen, als auch solche, in denen das Zählen der Fahrzeuge schwierig ist, und die damit mindestens einem der von 2. – 4. genannten Kriterien entsprechen. Zudem wurde darauf geachtet, dass der Schwierigkeitsgrad zwischen den Bildgruppen B1 und B2 ausgewogen ist.

Da während der Bildaufnahme niemand vor Ort war, mussten die Vergleichsdaten, d.h. die korrekte Anzahl an PKW, LKW und Anhängern in den auszuwertenden Bildausschnitten, durch Referenzbildauswertungen ermittelt werden. Im Rahmen dieser Referenzauswertungen einigten sich zwei in der Bildauswertung sachkundige Personen für jeden Parkplatzbereich und jeden Fahrzeugtyp auf einen Wertebereich, innerhalb dessen die Ergebnisse als korrekt bewertet wurden. Jeder Wertebereich wurde durch ein Minimum und ein Maximum festgelegt. Die Ergebnisse der Referenzauswertung für jeden der zwölf Parkplatzbereiche zeigt Tabelle 6.10.

Parkpl.-	PKW		LKW		Anhänger		typunabhängig	
Bereich	Min.	Max.	Min.	Max.	Min.	Max.	Min.	Max.
P 1	54	54	0	0	0	0	54	54
P 2	1	1	3	3	7	7	11	11
P 3	33	35	3	3	1	1	37	39
P 4	142	145	1	1	0	0	143	146
P 5	3	3	1	2	0	1	4	6
P 6	143	155	5	7	0	2	148	164
P 7	0	0	78	82	2	4	80	82
P 8	9	11	1	1	21	22	31	34
P 9	5	5	79	80	1	1	85	85
P 10	4	4	0	0	0	0	4	4
P 11	105	114	0	8	0	0	113	116
P 12	0	0	86	86	0	0	86	86
Summe	499	527	257	273	31	38	796	827

Tabelle 6.10: Referenzdaten in Form von Wertebereichen für die Auswertung der Versuchsergebnisse. Jeder Wertebereich ist durch seinen minimalen und seinen maximalen Wert festgelegt. Die beiden äußerst rechten Spalten geben die fahrzeugtypunabhängige minimale und maximale Anzahl aller Fahrzeuge auf dem betrachteten Parkplatzbereich an.

6. Empirische Untersuchung der Leistungserhöhung durch Assistenzeinsatz

Da es Fahrzeuge gibt, die entsprechend der Referenzauswertung unterschiedlichen Fahrzeugtypen angehören können - beispielsweise könnte ein Fahrzeug ein PKW oder kleiner LKW sein - werden diese Fahrzeuge beiden Typen zugewiesen, bei der Festlegung des fahrzeugtypunabhängigen Wertebereichs (äußerst rechte Spalten von Tabelle 6.10) werden sie jedoch nur einmal gewertet.

Versuchspersonen

Der Versuch zur Untersuchung des Zählassistenten, welcher abzüglich der Pausen zwischen vier und sechs Stunden in Anspruch nahm und von den Versuchspersonen zumindest fortgeschrittene Bildauswertekenntnisse voraussetzte, wurde mit sechs Personen durchgeführt. Nicht alle Versuchspersonen waren zum Zeitpunkt der Versuche mit dem Bildauswertesystem ERDAS ausreichend gut vertraut. Während drei Versuchspersonen bereits mehrmals in der Woche mit diesem Bildauswertesystem arbeiteten und daher als Experten für dieses Bildauswertesystem bezeichnet werden konnten, arbeitete eine Versuchsperson nur wenige Male im Monat mit diesem System und zwei Versuchspersonen hatten noch nie zuvor damit gearbeitet. Das Verhältnis von männlichen zu weiblichen Versuchspersonen war vier zu zwei. Eine Übersicht über die Kenntnisse der Versuchspersonen gibt Tabelle 6.11, eine Übersicht über ihr Geschlecht und Alter gibt Tabelle 6.12.

Bildauswertekenntnisse	Kenntnisse bei der Bedienung von ERDAS		
	keine	fortgeschritten	sehr gut
fortgeschritten	1	1	1
sehr gut	1	---	2

Tabelle 6.11: Übersicht über die Verteilung der sechs Versuchspersonen im Hinblick auf ihre Kenntnisse bei der Nutzung des Bildauswertesystems ERDAS sowie der Auswertung von optischem Bildmaterial.

Alter	Geschlecht	
	männlich	weiblich
18 - 38	2	1
38 - 58	2	1

Tabelle 6.12: Übersicht über die Verteilung der sechs Versuchspersonen im Hinblick auf deren Alter und Geschlecht.

Da die Versuche in Form von Kreuzversuchen durchgeführt wurden, erfolgte die Einrichtung der zwei Versuchsgruppen G1 und G2. Jede Versuchsperson wurde unter Berücksichtigung der gleichmäßigen Verteilung der erfassten Kenntnisse, des Alters und des Geschlechts einer der beiden Versuchsgruppen zugeordnet. Eine Übersicht über die Zuordnung der Versuchspersonen in Abhängigkeit von ihren Bildauswerte- und ERDAS-Kenntnissen zu den beiden Versuchsgruppen gibt Tabelle 6.13. Sowohl die Gruppe G1 als auch die Gruppe G2 umfasste eine weibliche und zwei männliche Versuchspersonen.

Bildauswertekenntnisse	Kenntnisse bei der Bedienung von ERDAS		
	keine	fortgeschritten	sehr gut
fortgeschritten	G2	G2	G1
sehr gut	G1	---	G1 & G2

Tabelle 6.13: Zuordnung der Versuchspersonen entsprechend ihrer Kenntnisse zu den Versuchsgruppen G1 und G2.

Versuchsablauf

Die Durchführung der Versuche erfolgte zeitlich in acht Phasen. Nach einer tabellarischen Übersicht über den Versuchsablauf (Tabelle 6.14) wird dieser im Detail beschrieben.

Versuchsschritt	Umsetzung
Einführungsphase	
1. Einführung in das Versuchsziel	Mündlich durch den Versuchsleiter
2. Einführung in den Versuchsablauf	Mündlich durch den Versuchsleiter
3. Einführung in die Versuchsaufgabe	Durch den Aufgabentext, Diskussion mit dem Versuchsleiter möglich
1. Trainingsphase	
4. Training „Zählen von Fahrzeugen ohne Assistenzunterstützung"	Mit Aufgabentext und Unterstützung durch den Versuchsleiter
1. Testphase (T1)	
5. Test „Zählen von Fahrzeugen ohne Assistenzunterstützung"	Mit Aufgabentext
6. Fragebogen NASA TLX	Schriftlich in Fragebogenform
7. Pause	
2. Trainingsphase	
8. Training „Zählen von Fahrzeugen mit Assistenzunterstützung"	Mit Aufgabentext und Unterstützung durch den Versuchsleiter
2. Testphase (T2)	
9. Test „Zählen von Fahrzeugen mit Assistenzunterstützung"	Mit Aufgabentext
10. Fragebogen NASA TLX	Schriftlich in Fragebogenform
11. Pause	
3. Testphase (T3)	
12. Test „Zählen von Fahrzeugen mit Assistenzunterstützung"	Mit Aufgabentext
13. Fragebogen NASA TLX	Schriftlich in Fragebogenform
14. Pause	
4. Testphase (T4)	
15. Test „Zählen von Fahrzeugen ohne Assistenzunterstützung"	Mit Aufgabentext
16. Fragebogen NASA TLX	Schriftlich in Fragebogenform
Interviewphase	
17. Abschließende Befragung hinsichtlich der Entlastung durch den Zählassistenten	Diskussion mit dem Versuchsleiter

Tabelle 6.14: Versuchsablauf zur Untersuchung der Leistungssteigerung durch den Einsatz des Zählassistenten.

In der Einführungsphase bekam die Versuchsperson nach einer mündlichen Einführung in das Versuchsziel und den Versuchsablauf durch den Versuchsleiter den Text mit der Aufgabenstellung. Anhand des Textes konnte die Versuchsperson die durchzuführende Aufgabe mit dem Versuchsleiter besprechen. Danach begann die erste Trainingsphase. In dieser Phase trainierte die Versuchsperson das Zählen von Fahrzeugen mit dem ERDAS-Bildauswertesystem ohne Assistenzunterstützung. Als Bildmaterial stand das der Bildgruppe BT mit den Parkplatzbereichen P1 und P2 aus Abbildung 6.6 (S. 129) zur Verfügung. Anhand dieses Materials wurde auch, soweit notwendig, das Vorgehen bei der visuellen Bildanalyse zur Entdeckung und Erkennung von

6. Empirische Untersuchung der Leistungserhöhung durch Assistenzeinsatz

Fahrzeugen und die Zuordnung von Fahrzeugsignaturen zu den Objekttypen PKW, LKW und Anhänger besprochen. Da zur bildgestützten Entdeckung und Erkennung von Fahrzeugen die Versuchsperson die dazu erforderlichen Kenntnisse bzw. Fähigkeiten besitzen musste (siehe auch Anhang B, S. 149 f.), wurde an dieser Stelle besonders auf die Form und Textur der drei zu erkennenden Fahrzeugtypen eingegangen sowie auf deren Schattenform und Größe. Parallel dazu wurde, ebenfalls soweit notwendig, mit der Versuchsperson der Umgang mit den notwendigen ERDAS-Funktionen trainiert. Beispiele für solche Funktionen sind das Ändern des Bildkontrasts und der Bildhelligkeit sowie das Messen von Objektgrößen.

Im Anschluss an die erste Trainingsphase folgte die erste Testphase (T1). Während der ersten Testphase musste die Versuchsperson die vorgegebenen Fahrzeugtypen auf fünf Parkplätzen ohne Assistenzunterstützung zählen. Die erste Testphase wurde durch das Ausfüllen eines NASA TLX Fragebogens abgeschlossen, wobei vor dem Ausfüllen den Versuchspersonen der NASA TLX Fragebogen erläutert wurde. Dieser Fragebogen dient zur Messung der von der Versuchsperson empfundenen körperlichen und geistigen Beanspruchung, des Zeitdrucks, dem sich die Versuchsperson unterworfen gefühlt hatte, sowie der Messung des Frustrationsgrads der Versuchsperson bei der Durchführung der Zählaufgabe.

Nach der ersten Testphase (T1) erfolgte eine Pause, deren Länge sich am Bedarf seitens der Versuchsperson orientierte. Im Anschluss an die Pause wurde die Versuchsperson im Rahmen der zweiten Trainingsphase in das Zählen von Fahrzeugtypen mit Assistenzunterstützung eingewiesen. Das zum Training genutzte Bildmaterial war dasselbe, das bereits zum Training in ERDAS ohne Assistenzunterstützung verwendet wurde und das in Abbildung 6.6 (S. 129) dargestellt wurde. Danach begann die Versuchsperson mit der zweiten Testphase (T2) und bearbeitete die Aufgabe „Zählen der Fahrzeugtypen PKW, LKW und Anhänger mit Assistenzunterstützung" an fünf vorgegebenen Bildausschnitten. Abgeschlossen wurde die zweite Testphase wiederum mit dem Ausfüllen eines NASA TLX Fragebogens. Da die Bearbeitung der Versuchsaufgaben für die Versuchspersonen eine hohe körperliche und geistige Beanspruchung darstellte, wurde der Versuch erst an einem anderen Tag fortgesetzt.

In der dritten Testphase (T3) hatte die Versuchsperson das Bildmaterial, das sie in der zweiten Testphase (T2) ohne Assistenzunterstützung ausgewertet hatte, mit Assistenzunterstützung auszuwerten. In der vierten Testphase (T4) musste sie das Bildmaterial, das sie in der Testphase T2 mit Assistenzunterstützung ausgewertet hatte, ohne Assistenzunterstützung auswerten. Auch die Testphasen T3 und T4 wurden mit dem Ausfüllen eines NASA TLX Fragebogens abgeschlossen. An die vierte Testphase (T4) schloss die Interviewphase an, in der die Versuchsperson befragt wurde, ob und wenn, in welchem Umfang, sie den Einsatz des Zählassistenten bei der Aufgabenbearbeitung als entlastend empfunden hatte.

Um eine ausgewogene Versuchsstatistik zu erzielen, wurden Kreuzversuche durchgeführt, indem die Versuchsgruppen G1 und G2 in den Testphasen T1 bis T4 die Bildgruppen B1 und B2 in einer gegensätzlichen Reihenfolge zu bearbeiten hatten. Die Zuordnung zwischen den Testphasen, den Versuchsgruppen und den Bildgruppen zeigt Tabelle 6.15. Durch den Einsatz von Kreuzversuchen wurde gewährleistet, dass jede Versuchsperson jedes Bild sowohl mit als auch ohne Assistenzunterstützung auswertete mit dem Ziel, den Einfluss der Bildauswertekenntnisse der einzelnen Versuchspersonen auf die Versuchsergebnisse so weit als möglich zu reduzieren. Auch wurde durch die lange Pause zwischen der zweiten und dritten Testphase versucht, die Erinnerung an das auszuwertende Bildmaterial so weit als möglich zu reduzieren.

Versuchsgruppe G1	Versuchsgruppe G2
Testphase T1 - ohne Assistenzunterstützung	
B2	B1
Testphase T2 - mit Assistenzunterstützung	
B1	B2
P A U S E	
Testphase T3 - mit Assistenzunterstützung	
B2	B1
Testphase T4 - ohne Assistenzunterstützung	
B1	B2

Tabelle 6.15: Zuordnung der Testphasen T1 bis T4 zu den Versuchsgruppen G1 und G2 sowie den Bildgruppen B1 und B2 unter dem Aspekt des Kreuzversuchs.

Betrachtete Variablen

Tabelle 6.16 gibt eine Übersicht über die in diesem Experiment betrachteten Variablen. Die Verteilung der Bildauswerte- und ERDAS-Kenntnisse auf die Versuchspersonen zeigte Tabelle 6.11 (S. 132) und die Verteilung von Alter und Geschlecht ist in Tabelle 6.12 (S. 132) dargestellt.

Variablentyp	Variablen der durchgeführten Experimente
unabhängige Variable	- Assistenzunterstützung: ja / nein
abhängige Variablen	- Anzahl der falsch und nicht gezählten Fahrzeugtypen A_f - Bearbeitungszeit t
Kontrollvariablen	- Bildauswertekenntnisse - Kenntnisse bei der Bedienung des Bildauswertesystems ERDAS - Geschlecht und Alter der Versuchspersonen

Tabelle 6.16: Übersicht über die im Experiment betrachteten Variablen. Bei diesem Experiment wurden sowohl die falsch, also die zu viel gezählten, als auch die nicht gezählten Fahrzeuge zusammengefasst und der unabhängigen Variablen A_f zugewiesen.

6.3.2 Versuchsergebnisse

Für jede Versuchsperson und jeden Parkplatzbereich wurde die Bearbeitungszeit t ermittelt, welche von der Versuchsperson zum Zählen der Fahrzeuge im jeweiligen Parkplatzbereich benötigt wurde.

Zur Ermittlung der nicht und falsch gezählten Fahrzeugtypen A_f mussten für jede der

i Versuchspersonen V_i (i=1,..,6)
die Zählergebnisse $z(F_j, P_k, V_i)$ in Abhängigkeit
vom Fahrzeugtyp F_j (F_1=PKW, F_2=LKW, F_3=Anhänger) und
vom Parkplatzbereich P_k (k=3,..,12)

ermittelt und mit den Referenzdaten verglichen werden.

Da, wie bereits oben erläutert, während der Bildaufnahme niemand vor Ort war, und damit die tatsächliche Anzahl der in den Zählbereichen befindlichen Fahrzeugtypen nicht bekannt war, mussten die Vergleichsdaten, d.h. die korrekte Anzahl an PKW, LKW und Anhängern, in Referenzbildauswertungen ermittelt werden. Weil die Anzahl der auf den Parkplätzen befindlichen Fahrzeugtypen in manchen Fällen nicht eindeutig ist, wurden die Vergleichsdaten in Form von Wertebereichen $W(F_j,P_k)=[\min(F_j,P_k),\max(F_j,P_k)]$ bereitgestellt (siehe Tabelle 6.10, S. 131), wobei $\min(F_j,P_k)$ die kleinste und $\max(F_j,P_k)$ die größte mögliche Anzahl der Fahrzeuge vom Typ F_j im Parkplatzbereich P_k ist.

Somit gilt beispielsweise:
$W(PKW, P4) = [142,145]$ -> „Wertebereich für PKW im Parkplatzbereich P4 liegt zwischen 142 und 145"

Liegt der für die i-te Versuchsperson V_i ermittelte Zählwert $z(F_j,P_k,V_i)$ innerhalb des Wertebereichs $W(F_j,P_k)$, d.h., es gilt, dass $\min(F_j,P_k) \leq z(F_j,P_k,V_i) \leq \max(F_j,P_k)$, kann die Aussage gemacht werden, dass die Versuchsperson V_i den Zählwert $z(F_j,P_k,V_i)$ korrekt ermittelt hat und damit $A_f(F_j,P_k,V_i) = 0$. Liegt der Zählwert $z(F_j,P_k,V_i)$ jedoch außerhalb des Wertebereichs $W(F_j,P_k)$, d.h. gilt, dass $z(F_j,P_k,V_i) < \min(F_j,P_k)$ oder $\max(F_j,P_k) < z(F_j,P_k,V_i)$, ist das Ergebnis „Fahrzeuge des Fahrzeugtyps F_j wurden für den Parkplatzbereich P_k durch die Versuchsperson V_i nicht korrekt gezählt" und es wird im Weiteren die Anzahl $A_f(F_j,P_k,V_i)$ der falsch bzw. nicht gezählten Fahrzeuge vom Fahrzeugtyp F_j auf dem Parkplatzbereich P_k für die Versuchsperson V_i nach Formel 6.1 (siehe unten) ermittelt, wobei bei der Berechnung der Anzahl der falsch gezählten Fahrzeuge vom Fahrzeugtyp F_j auf dem Parkplatzbereich P_k nicht unterschieden wird, ob die Versuchsperson V_i zu viele oder zu wenige Fahrzeuge gezählt hat.

$A_f(F_j,P_k,V_i) = \min(F_j,P_k) - z(F_j,P_k,V_i)$, wenn $z(F_j,P_k,V_i) < \min(F_j,P_k)$ und
$A_f(F_j,P_k,V_i) = z(F_j,P_k,V_i) - \max(F_j,P_k)$, wenn $z(F_j,P_k,V_i) > \max(F_j,P_k)$ Formel 6.1

Wird beispielsweise $z(PKW, P4, V_i) < 142$ gemessen, d.h. wurden auf dem Parkplatzbereich P4 von der Versuchsperson V_i zu wenige PKW gezählt, beträgt die Anzahl der falsch bearbeiteten Teilaufgaben $A_f(PKW, P4,V_i) = 142 - z(PKW, P4)$. Wird $z(PKW, P4,V_i) > 145$ gemessen, d.h. wurden von der Versuchsperson V_i zu viele PKW auf dem Parkplatzbereich P4 gezählt, beträgt die Anzahl der falsch bearbeiteten Teilaufgaben $A_f(PKW, P4,V_i) = z(PKW, P4) - 145$.

Für jede Versuchsperson V_i wurden die fahrzeugtypabhängigen Zählfehler $A_{f,typabhängig}(V_i)$ über alle Parkplätze P_k (ausgenommen die Trainingsparkplätze $P_1 - P_2$) sowohl für die Aufgabenbearbeitung mit als auch für die Aufgabenbearbeitung ohne Assistenzeinsatz wie folgt ermittelt:

$$A_{f,typabhängig}(V_i) = \sum_{k=3}^{12} A_f(Fahrzeugtyp,P_k,V_i) \text{ mit}$$

$A_{f,typabhängig}(P_k,V_i)=A_f(PKW,P_k,V_i)+A_f(LKW,P_k,V_i)+A_f(Anhänger,P_k,V_i).$ Formel 6.2

Zusätzlich wurde für jede Versuchsperson V_i der fahrzeugtypunabhängige Zählfehler $A_{f,typunabhängig}(V_i)$ ermittelt, welcher angibt, wie viele Fahrzeuge, unabhängig vom Fahrzeugtyp, von der Versuchsperson V_i zu viel oder zu wenig gezählt wurden. Dazu wurde für die betrachteten Parkplatzbereiche die Anzahl aller gezählten Fahrzeuge nach Formel 6.3 ermittelt:

$$z(F,P_k,V_i) = \sum_{j=1}^{3} z(F_j,P_k,V_i)$$ Formel 6.3

Dann wurde nach Formel 6.4 geprüft, ob sich die gezählten Fahrzeuge innerhalb des Wertebereichs der Referenzauswertung befinden.

$A_{f,typunabhängig}(P_k,V_i) = min(F,P_k) - z(F,P_k,V_i)$ wenn $z(F,P_k,V_i) < min(F,P_k)$ und

$A_{f,typunabhängig}(P_k,V_i) = z(F,P_k,V_i) - max(F,P_k)$ wenn $z(F,P_k,V_i) > max(F,P_k)$ Formel 6.4

Die Werte $min(F,P_k)$ und $max(F,P_k)$ wurden in Tabelle 6.10 (S. 130) in den beiden äußert rechten Spalten dargestellt. Wie bereits oben erwähnt, ist dabei zu beachten, dass sich der kleinste korrekte Zählwert über alle Fahrzeugtypen nicht aus der Summe der kleinsten korrekten Zählwerte für alle Fahrzeugtypen zusammensetzt, da in manchen Fällen Fahrzeuge entweder dem einen oder dem anderen Fahrzeugtyp zugerechnet werden dürfen, in der Summe, d.h. Fahrzeugtypunabhängig, das Fahrzeug aber nur einmal gezählt werden darf. Es gilt daher:

$min(PKW,P_k) + min(LKW,P_k) + min(Anhänger,P_k)$ muss nicht identisch sein mit $min(F,P_k)$ und $max(PKW,P_k) + max(LKW,P_k) + max(Anhänger,P_k)$ muss nicht identisch sein mit $max(F,P_k)$

Abschließend wurden für jede Versuchsperson V_i sowohl die bei der Aufgabenbearbeitung mit als auch die bei der Aufgabenbearbeitung ohne Assistenzeinsatz falsch gezählte Anzahl an Fahrzeugen $A_{f,typunabhängig}(V_i)$ über alle Parkplätze P_k (ausgenommen die drei Trainingsparkplätze $P_1 - P_3$) entsprechend Formel 6.5 ermittelt:

$$A_{f,typunabhängig}(V_i) = \sum_{k=3}^{12} A_{f,typunabhängig}(P_k,V_i)$$ Formel 6.5

In Anhang D (S. 159 f.) sind die Versuchsergebnisse für die Untersuchung der Teilaufgabe „Fahrzeuge auf Parkplätzen zählen" für jede der sechs Versuchspersonen im Detail aufgeführt. Es ist darauf zu verweisen, dass bei der Versuchsperson V6 bei der Auswertung des Parkplatzbereichs P11 die Aufzeichnung des Versuchs misslang und daher die Auswertung dieses Parkplatzes nicht berücksichtigt werden konnte.

Die folgenden Tabellen und Abbildungen zeigen die Versuchsergebnisse der sechs Versuchspersonen, summiert über alle Testphasen. Tabelle 6.17, Abbildung 6.11 und Abbildung 6.12 geben eine Übersicht über die Anzahl der falsch gezählten Fahrzeugtypen $A_{f,typabhängig}(V_i)$, Tabelle 6.18, Abbildung 6.13 und Abbildung 6.14 geben eine Übersicht über die falsch gezählten Fahrzeuge $A_{f,typunabhängig}(V_i)$, unabhängig vom Fahrzeugtyp, und Tabelle 6.19, Abbildung 6.15 und Abbildung 6.16 geben eine Übersicht über die für die Zählungen aufzuwendende Zeit in Minuten.

In allen drei Fällen werden die Ergebnisse nach demselben Schema präsentiert: Zuerst werden die Versuchsergebnisse für jede Versuchsperson tabellarisch aufgezeigt. In der darauf folgenden Grafik werden die Versuchsergebnisse für jede Versuchsperson grafisch dargestellt, wobei die Ergebnisse ohne Assistenzunterstützung auf der Abszisse und die mit Assistenzunterstützung auf der Ordinate abgebildet sind. Durch die Winkelhalbierende wird jener Wertebereich angezeigt, bei dem die Ergebnisse für beide Fälle gleich gut wären. In der zweiten Grafik werden wiederum die Versuchsergebnisse für alle Versuchspersonen dargestellt, diesmal jedoch als Säulendiagramm. Jeder Säule sind die Kenntnisse der Versuchsperson zugeordnet: E = Experte, F = Fortgeschrittener und A = Anfänger, wobei der erste Buchstabe sich auf die Bildauswertekenntnisse und der zweite sich auf die Kenntnisse bei der Aufgabenbearbeitung mit dem Bildauswertesystem ERDAS bezieht.

6. Empirische Untersuchung der Leistungserhöhung durch Assistenzeinsatz

Versuchsperson	ohne Assistent	mit Assistent	Verbesserung (%)
V1	14	0	100
V2	6	4	33
V3	24	15	38
V4	36	12	67
V5	34	20	41
V6	25	18	28
Mittelwert	23	12	51
Minimum	6	0	28
Maximum	36	20	100

Tabelle 6.17: Anzahl der falsch gezählten **Fahrzeugtypen** über alle Zählbereiche, ermittelt für jede der sechs Versuchspersonen V1 bis V6. Die Reduktion des Zählfehlers durch den Einsatz des Zählassistenten gegenüber dem Zählfehler ohne Assistenzunterstützung ist in der äußerst rechten Spalte in Prozent aufgetragen.

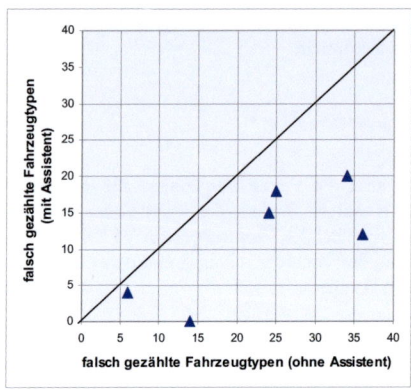

Abbildung 6.11: Anzahl der falsch gezählten **Fahrzeugtypen** über alle Zählbereiche, ermittelt für jede der sechs Versuchspersonen. Dass alle Werte rechts unterhalb der Winkelhalbierenden liegen, zeigt, dass die Zählfehler beim Zählen mit Assistenzeinsatz geringer sind als beim Zählen ohne Assistenzeinsatz.

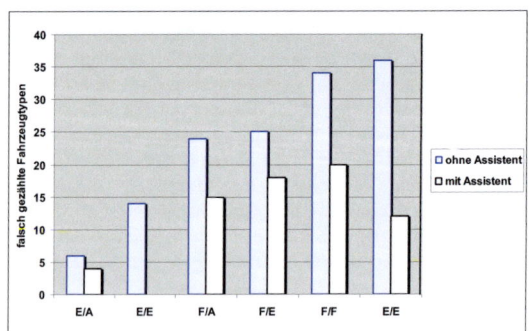

Abbildung 6.12: Anzahl der falsch gezählten **Fahrzeugtypen** über alle Zählbereiche, ermittelt für die sechs Versuchspersonen. Jedem Ergebnispaar (ohne und mit Assistenzunterstützung) einer Versuchsperson sind die Kenntnisse der Versuchsperson zugeordnet (E = Experte, F = Fortgeschrittener, A = Anfänger). Der erste Buchstabe gibt die Bildauswertekenntnisse und der zweite die Kenntnisse beim Arbeiten mit bzw. bei der Bedienung des Bildauswertesystems ERDAS an.

Versuchsperson	ohne Assistent	mit Assistent	Verbesserung (%)
V1	16	1	94
V2	4	1	75
V3	5	2	60
V4	16	1	94
V5	28	3	89
V6	8	7	13
Mittelwert	13	3	71
Minimum	4	1	13
Maximum	28	7	94

Tabelle 6.18: Anzahl der falsch gezählten **Fahrzeuge (unabhängig vom Fahrzeugtyp)** über alle Zählbereiche, ermittelt für jede der sechs Versuchspersonen V1 bis V6. Die Reduktion des Zählfehlers durch den Einsatz des Zählassistenten gegenüber dem Zählfehler ohne Assistenzunterstützung ist in der äußerst rechten Spalte in Prozent aufgetragen.

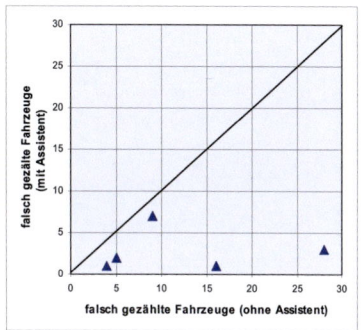

Abbildung 6.13: Anzahl der falsch gezählten **Fahrzeuge (unabhängig vom Fahrzeugtyp)** über alle Zählbereiche, ermittelt für jede der sechs Versuchspersonen. Dass alle Werte rechts unterhalb der Winkelhalbierenden liegen, zeigt, dass die Zählfehler beim Zählen mit Assistenzunterstützung auch geringer sind beim Zählen ohne Assistenzunterstützung.

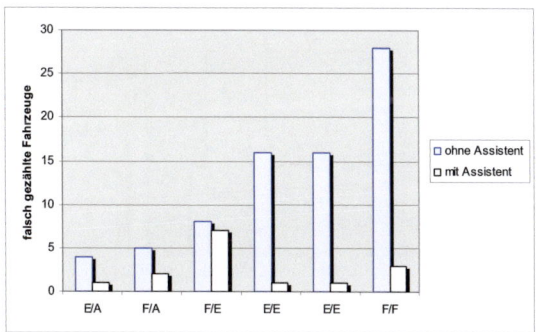

Abbildung 6.14: Summe der falsch gezählten **Fahrzeuge (unabhängig vom Fahrzeugtyp)** über alle Zählbereiche, ermittelt für die sechs Versuchspersonen. Jedem Ergebnispaar (ohne u. mit Assistent) einer Versuchsperson sind die Kenntnisse der Versuchsperson zugeordnet (E = Experte, F = Fortgeschrittener, A = Anfänger). Der erste Buchstabe gibt die Bildauswertekenntnisse und der zweite die Kenntnisse beim Arbeiten mit bzw. bei der Bedienung des Bildauswertesystems ERDAS an.

6. Empirische Untersuchung der Leistungserhöhung durch Assistenzeinsatz

Versuchsperson	ohne Assistent	mit Assistent	Verbesserung (%)
V1	30	21	30
V2	30	16	47
V3	38	21	45
V4	40	15	63
V5	40	23	43
V6	25	16	36
Mittelwert	34	19	44
Minimum	25	15	30
Maximum	40	23	63

Tabelle 6.19: **Zeitbedarf** für das Zählen aller Fahrzeuge über alle Zählbereiche für jede der sechs Versuchspersonen, ermittelt in Minuten. Die Reduktion des Zeitbedarfs durch den Einsatz des Zählassistenten gegenüber dem Zeitbedarf ohne Assistenzunterstützung ist in der äußerst rechten Spalte in Prozent aufgetragen.

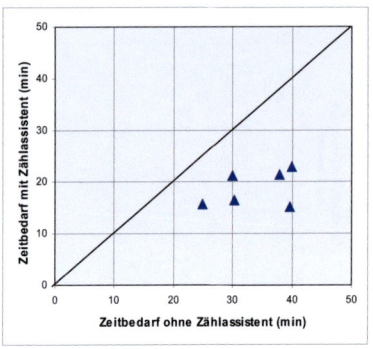

Abbildung 6.15: **Zeitbedarf** für das Zählen aller Fahrzeuge über alle Zählbereiche für jede der sechs Versuchspersonen, ermittelt in Minuten. Dass alle Werte rechts unterhalb der Winkelhalbierenden liegen, zeigt, dass der Zeitbedarf beim Zählen mit Assistenzunterstützung geringer ist als beim Zählen ohne Assistenzunterstützung.

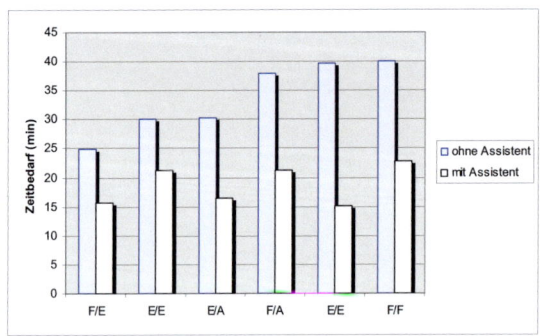

Abbildung 6.16: **Zeitbedarf** für das Zählen aller Fahrzeuge über alle Zählbereiche, ermittelt für die sechs Versuchspersonen. Jedem Ergebnispaar (ohne u. mit Assistent) einer Versuchsperson sind die Kenntnisse der Versuchsperson zugeordnet (E = Experte, F = Fortgeschrittener, A = Anfänger). Der erste Buchstabe gibt die Bildauswertekenntnisse und der zweite die Kenntnisse beim Arbeiten mit bzw. bei der Bedienung des Bildauswertesystems ERDAS an.

Durch die Versuchsergebnisse konnte nach den in Abbildung 6.1 (S. 119) aufgeführten hinreichenden Bedingungen eine Leistungssteigerung durch Assistenzeinsatz nachgewiesen werden, wobei in dieser Untersuchung die nicht und falsch bearbeiteten Teilaufgaben unter A_f zusammengefasst wurden und damit der Nachweis, dass $A_n(AE_m) < A_n(AE_o)$ (AE_m ist die Aufgabenbearbeitung mit Assistenzeinsatz und AE_o ist die Aufgabenbearbeitung ohne Assistenzeinsatz) entfällt.

Ergänzend zur Erfassung der objektiv messbaren Leistungsdaten wurde die von den Versuchspersonen empfundene Beanspruchung nach der NASA TLX Methode mittels Fragebögen erfasst. Da die NASA TLX Methode vorschreibt, dass der erste ausgefüllte Fragebogen als Übungstest gilt und nicht bewertet werden darf, wurden nur die Ergebnisse der zweiten Befragung, d.h. die Fragebögen, welche nach den Testphasen T3 und T4 beantwortet wurden, ausgewertet. Die Auswerteergebnisse sind in Abbildung 6.17 dargestellt und geben an, wie die Versuchspersonen im Mittel ihre geistige, körperliche und zeitliche Anforderung sowie Frustration bei der Aufgabenbearbeitung empfunden hatten. Niedrige Werte repräsentieren eine geringe Beanspruchung und hohe Werte eine hohe Beanspruchung.

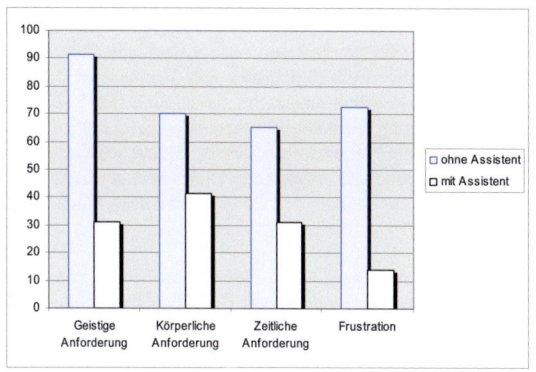

Abbildung 6.17: Ergebnisse der Beanspruchungsmessung, welche im Anschluss an die dritte und vierte Testphase (T3 und T4) erfolgte.

Die oben dargestellten Versuchsergebnisse zeigen, dass durch den Einsatz des Zählassistenten durchgängig sowohl eine deutliche Verbesserung der Leistung erzielt wurde als auch die Versuchspersonen eine starke Entlastung empfanden, was sich in einer als deutlich niedriger empfundenen Beanspruchung niederschlägt (siehe Abbildung 6.17).

6.4 Zusammenfassung und Interpretation der Versuchsergebnisse

Durch den Einsatz des Voreinstellungsassistenten

1. wurde im Mittel ein Zeitgewinn von 57% erzielt (der Zeitgewinn lag zwischen mindestens 47% und maximal 71%).
2. wurde laut Aussage aller Versuchspersonen ihre Beanspruchung deutlich reduziert.
3. wurde die Konsultationsrate deutlich reduziert. Daraus ist zu schließen, dass das Vorgehen bei der Systemvoreinstellung mit Assistenzeinsatz leichter zu merken ist als das mit dem alleinigen Einsatz des Bildauswertesystems ERDAS.

6. Empirische Untersuchung der Leistungserhöhung durch Assistenzeinsatz

Durch den Einsatz des Zählassistenten
1. wurde ein mittlerer Zeitgewinn von 44% erzielt (der Zeitgewinn lag zwischen mindestens 30% und maximal 63%).
2. wurde im Mittel der Zählfehler beim Fahrzeugtyp-unabhängigen Zählen um 71% reduziert (die Reduktion der Zählfehler lag zwischen mindestens 13% und maximal 94%).
3. wurde im Mittel der Zählfehler beim Fahrzeugtyp-abhängigen Zählen um 51% reduziert (die Reduktion der Zählfehler lag zwischen mindestens 28% und maximal 100%). Dass der Zählassistent bei der Fahrzeugtyp-unabhängigen Zählung von Fahrzeugen im Mittel zu besseren Ergebnissen führte als bei der Fahrzeugtyp-abhängigen Zählung ist plausibel, da der Zählassistent zwar eine Unterstützung beim Zählen aber keine Unterstützung beim Erkennen von Fahrzeugen darstellt. D.h. Versuchspersonen, die nicht gut beim Erkennen von Fahrzeugtypen waren, konnten diese Schwäche auch nicht durch den Einsatz des Zählassistenten wettmachen.
4. wurde im Mittel die Frustration um 81%, die geistige Beanspruchung um 66%, die zeitliche Beanspruchung um 52% und die körperliche Beanspruchung um 41% reduziert.

Die ermittelten Versuchsergebnisse zeigen einen deutlichen Leistungszugewinn durch den Einsatz der Assistenten bzw. deren Assistenzfunktionen. Auch gab es keine einzige Versuchsperson, die im Mittel ohne Assistenzeinsatz ein besseres Versuchsergebnis erzielte als mit Assistenzeinsatz. Dies bestätigen die subjektiv erhobenen Daten: Alle Versuchspersonen fühlten sich durch den Assistenzeinsatz deutlich geringer beansprucht. Es ist auch festzustellen, dass kein Zusammenhang zwischen der Ausprägung der Kenntnisse der Versuchspersonen und der Höhe der objektiv gemessenen Versuchsergebnisse nachzuweisen ist. Erfasst wurden die Kenntnisse bei der Bildauswertung und der Bedienung des eingesetzten Bildauswertesystems ERDAS. Dies bedeutet, dass die Versuchspersonen unabhängig von ihren Kenntnissen gleichermaßen durch die Assistenten unterstützt werden.

Bei der Konzeption der Assistenten bzw. deren Assistenzfunktionen wurde darauf geachtet, die Bildauswerter gezielt zu entlasten, indem die bei der Aufgabenbearbeitung ohne Assistenz als besonders hoch gemessenen Belastungsmessgrößen durch den Assistenzeinsatz gezielt reduziert wurden. So wurde bei der Konzeption des Zählassistenten auf die Entlastung des Bildauswerters vom Merken einer hohen Anzahl von Informationen geachtet und die Bedienoberfläche des Zählassistenten genau für diese Aufgabe zugeschnitten, wodurch die Anzahl der Störinformationen deutlich reduziert werden konnte. Dass eine gezielte Entlastung des Bildauswerters durch eine gezielte Reduktion der Belastungsmessgrößen erfolgreich ist, bestätigte die von den Versuchspersonen durch den Einsatz des Zählassistenten als besonders hoch empfundene Reduktion der Frustration (im Mittel um 81%) und der geistigen Beanspruchung (im Mittel um 66%). Dass die Reduktion der empfundenen körperlichen Beanspruchung (im Mittel um 41%) am geringsten ist, bestätigt dies ebenfalls, da das durch den Voreinstellungsassistenten notwendige Markieren der zu zählenden Fahrzeuge eine - wenn auch geringe - körperliche Belastung darstellt und der Zählassistent die Beanspruchung der Augen durch die Konzentration auf das Bild nicht mindert.

Auf Grund der Versuchsergebnisse, welche in beiden untersuchten Fällen eine deutliche Leistungssteigerung sowie eine deutliche Reduktion der Beanspruchung durch den Assistenzeinsatz unabhängig von den Kenntnissen der Versuchsperson zeigen, darf geschlossen werden, dass das in dieser Arbeit entwickelte Vorgehen unter Einsatz der ebenfalls in dieser Arbeit entwickelten UML-basierten quantitativen Aufgabenbeschreibung für einen gezielten Assistenzeinsatz zur Entlastung und daraus resultierenden Leistungssteigerung des Menschen geeignet ist. Es darf zudem darauf geschlossen werden, dass die in dieser Arbeit entwickelte UML-basierte Methode zur quantitativen Aufgabenbeschreibung sich sowohl zur Messung der Belastung des Menschen durch die Bearbeitung von (Teil-)Aufgaben an einem computergestützten System als auch zur theoretischen Validierung einer Entlastung bzw. daraus resultierenden Leistungssteigerung des Menschen durch Assistenzeinsatz eignet.

7 Zusammenfassung und Ausblick

Menschen bearbeiten heute in unterschiedlichen Bereichen Aufgaben im Zusammenwirken mit einem computergestützten System, wobei sie durch den Einsatz des computergestützten Systems nicht nur unterstützt, sondern durch die parallel zu ihrer Hauptaufgabe zu bearbeitende Nebenaufgabe *Systembedienung* zusätzlich belastet werden. Ziel dieser Arbeit war, ein Vorgehen zu entwickeln, welches eine gezielte Entlastung des Menschen durch Assistenzeinsatz und eine daraus resultierende Leistungssteigerung für die Hauptaufgabe ermöglicht. Dazu waren folgende Teilziele zu erreichen.

1. Finden einer Methode zur quantitativen Aufgabenbeschreibung, welche objektive Messgrößen liefert, die die Belastung des Menschen beschreiben, und damit die Identifikation von Teilaufgaben ermöglicht, die den Menschen besonders stark belasten. Die sogenannten Belastungsmessgrößen sollen sowohl Hinweise auf die Höhe als auch auf die Art der Belastung geben.

2. Aufzeigen eines Weges zur Konzeption von Assistenzfunktionen, sodass Aufgabenteile vom Menschen gezielt zu Assistenzfunktionen hin verschoben werden und der Mensch dadurch entlastet wird.

3. Aufzeigen eines Weges zur theoretischen Überprüfung der Entlastung des Menschen durch die konzipierten Assistenzfunktionen. Dazu soll ebenfalls die zu entwickelnde Methode zur quantitativen Aufgabenbeschreibung einsetzbar sein.

4. Validierung des zu entwickelnden Vorgehens zur Entlastung des Menschen durch Assistenzeinsatz und einer daraus resultierenden Leistungssteigerung für die Hauptaufgabe.

Die Entwicklung des geforderten Vorgehens zum gezielten leistungssteigernden Assistenzeinsatz entsprechend der oben genannten Teilziele erfolgte am Beispiel von Aufgaben aus dem Bereich der interaktiven bildgestützten Szenenanalyse. Bildgestützte Szenenanalyse hat die Ableitung von Informationen über eine Szene aus dem von einem bildgebenden Sensor erzeugten Szenenabbild zum Ziel und wird heute von Bildauswertern unter Einsatz technisch hochwertiger computergestützter Bildschirmarbeitsplätze, sogenannter Bildauswertesysteme, in verschiedenen Aufgabenbereichen durchgeführt. Das Aufgabenspektrum reicht hier von der bildgestützten Diagnose in der Medizin über die Kartenerstellung und -aktualisierung in der Kartographie bis hin zur Überwachung von Verkehr und zu sichernden Einrichtungen. Wie auch in anderen Anwendungsfeldern, in denen der Mensch Aufgaben unter Nutzung eines computergestützten Systems bearbeitet, wird der Mensch als Bildauswerter bei der Bearbeitung von Aufgaben aus dem Bereich der interaktiven bildgestützten Szenenanalyse durch die parallele Bearbeitung seiner Hauptaufgabe, hier der *Visuellen Bildanalyse,* und der dazu notwendigen Nebenaufgabe *Systembedienung* oftmals hoch belastet. Dies kann zu einer Reduktion seiner Leistung für die Hauptaufgabe führen. Dabei machte eine anthropotechnische Untersuchung heute verfügbarer Bildauswertesysteme deutlich, dass durch deren funktions- und nicht aufgabenorientierte Systemauslegung ein besonders hohes Maß an Leistung in die Nebenaufgabe zu investieren ist.

Die Auswahl einer geeigneten Methode zur quantitativen Aufgabenbeschreibung setzte voraus, dass jene Faktoren bekannt sind, welche den Menschen bei der Bearbeitung von Aufgaben im Zusammenwirken mit einem computergestützten System besonders stark belasten. Die Betrachtung des Informationsflusses zwischen dem Menschen und dem computergestützten System bei der Aufgabenbearbeitung durch das Mensch-Maschine-System machte deutlich, dass der Mensch, insbesondere der Bildauswerter, bei der Bearbeitung von Aufgaben am computergestützten System durch das Wahrnehmen und Verarbeiten optisch dargestellter Information eine hohe Belastung erfährt. Zum einen muss er das dargestellte Bild und zum anderen die graphisch dargestellte

Bedienoberfläche mit ihren Bedienelementen entsprechend seiner Aufgabe wahrnehmen und verarbeiten.

Durch die Zusammenführung des Modells *Model Human Processor* aus [Card et. al 1983], welches die Grenzen des Menschen bei der Informationswahrnehmung und -verarbeitung beschreibt, und des *Modells der Informationsverarbeitung durch das menschliche Gedächtnis* aus [Schumacher 1981], welches das Verhalten des Menschen bei der Informationsverarbeitung bei hohen Belastungen aufzeigt, entstand das erweiterte Modell der menschlichen Informationsverarbeitung *Extended Model Human Processor* (EMHP). Dieses macht die Engpässe des Menschen bei der Informationsverarbeitung und sein Verhalten in Folge informatorischer Überlastung besonders deutlich: Der Engpass bei der Informationsverarbeitung durch den Menschen ist maßgeblich sein Kurzzeitgedächtnis mit einer mittleren Speicherkapazität von nur 7 Chunks (Informationseinheiten) und einer Speicherdauer von beispielsweise 7 Sekunden für 3 Chunks. Kommen auf den Menschen mehr Informationen zu, als er im Kurzzeitgedächtnis halten kann, und steht ihm nicht ausreichend Zeit zur Verfügung, diese ins Langzeitgedächtnis zu speichern, so wird er informatorisch überlastet. Auf diese Überlastung reagiert der überbeanspruchte Mensch, indem er entweder neu auf ihn zukommende Informationen abweist oder bereits im Kurzzeitgedächtnis befindliche Informationen vergisst oder bewusst alle im Kurzzeitgedächtnis befindlichen Informationen verdrängt (ignoriert) und mit der Aufgabenbearbeitung wieder von vorne beginnt. Zwar kann aus dem EMHP nicht abgeleitet werden, welche der genannten Strategien der Mensch bei informatorischer Überlastung anwendet, das Modell macht jedoch deutlich, dass jede informatorische Überlastung des Menschen zu einer Reduktion seiner Leistung führt, da er durch die Überlastung seines Kurzzeitgedächtnisses und dem daraus resultierenden Informationsverlust Aufgaben falsch oder nicht bearbeitet oder eine längere Bearbeitungszeit benötigt. Damit resultiert als Forderung an die zu findende Methode zur quantitativen Aufgabenbeschreibung, dass sie die Ableitung von sogenannten Belastungsmessgrößen ermöglicht, welche Art und Höhe der informatorischen Belastung des Menschen beschreiben. Zusätzlich zu dieser Anforderung wurden noch folgende weitere Forderungen an die Methode bzw. die mit ihr zu erstellenden Aufgabenbeschreibungen formuliert:

- Die Methode muss die Beschreibung nebenläufiger Aufgaben ermöglichen, da die Hauptaufgabe, hier die *Visuelle Bildanalyse*, und die Nebenaufgabe *Systembedienung* parallel bearbeitet werden.

- Die Methode muss auch für komplexe Aufgabenstrukturen, wie sie beispielsweise im Bereich der interaktiven Szenenanalyse vorkommen, eine übersichtliche Aufgabenbeschreibung liefern.

- Die Notation der Aufgabenbeschreibung muss im Hinblick auf deren Diskussion mit den Aufgabenbearbeitern bzw. Systemnutzern zur Verifikation und Optimierung der Aufgabenstruktur leicht interpretierbar sein.

- Die Erstellung der Aufgabenbeschreibung muss einfach durchzuführen sein und darf keinen hohen Aufwand erfordern.

- Es muss eine Vorgehensweise zur Erstellung der Aufgabenbeschreibung vorliegen, um eine Systematik und damit auch die Wiederholbarkeit der Aufgabenbeschreibung zu gewährleisten.

Es wurden folgende gängige Aufgabenbeschreibungsmethoden entsprechend den oben aufgeführten Anforderungen untersucht und bewertet: Petrinetze entsprechend ihrem Einsatz nach [Rauterberg 1996], die *Hierarchical Task Analysis* (HTA) nach [Annet & Stanton 2000], die Methode GOMS (*Goals, Operators, Methods and Selection Rules*) nach [Card et al. 1983] und ihre Erweiterungen nach [Polson & Kieras 1985] und [Nirschl 1990] sowie die Aktivitätsdiagramme aus der UML (*Unified Modeling Language*) nach [Bough et al. 1999].

Die Bewertung der untersuchten Aufgabenbeschreibungsmethoden ergab, dass UML-Aktivitäts-diagramme die meisten der oben genannten Anforderungen erfüllen. Hinzu kommt, dass UML heute bereits als De-facto-Standard in der Industrie bei der Entwicklung computergestützter Systeme eingesetzt wird. UML-Aktivitätsdiagramme besitzen eine graphische Notation und stellen die zeitliche Struktur von Aufgaben und damit den zur Aufgabenbearbeitung erforderlichen Ablauf dar. Sie ermöglichen jedoch weder die Ableitung von quantitativen Belastungs-messgrößen noch bieten sie eine systematische Vorgehensweise zur Aufgabenbeschreibung. Sie wurden daher im Rahmen dieser Arbeit entsprechend diesen Anforderungen erweitert.

Da die Beschreibung von Aufgaben, die der Mensch im Zusammenwirken mit einem komplexen funktionsorientierten System bearbeitet, ein äußerst umfangreiches UML-Aktivitätsdiagramm ergäbe, wurde eine Vorgehensweise gewählt, bei welcher die Aufgabe in einer hierarchischen Struktur beschrieben wird. Als Strukturierung wurde die Gliederung der Aufgabe nach [Charwat 1994] in Tätigkeiten, Handlungen und Operationen vorgeschlagen. Auf Grund der vorgeschlagenen Hierarchisierung der zu beschreibenden Aufgabe sind für jede Hierarchieebene getrennte UML-Diagramme zu erstellen. Um auch bei komplexen Aufgabenbeschreibungen den Zusammenhang zwischen den Aufgabenelementen zu gewährleisten, wurde die hierarchische Aufgabennummerierung aus der HTA übernommen.

Durch die hierarchische Beschreibung der Aufgabe bis auf die Operationsebene wurde die Aufgabe so fein granuliert, dass basierend darauf Teilaufgaben ermittelt werden können, welche besonders belastend sind. Dabei wurde zwischen zwei Typen von Operationen unterschieden. Die *Merkoperationen* dienen dem Merken von Informationen und müssen parallel zur Aufgabenbearbeitung bis zu dem Zeitpunkt durchgeführt werden, an dem die zu merkenden Informationen zur Aufgabenbearbeitung verwendet und danach vergessen werden können. Im Gegensatz dazu werden die zur Aufgabenbearbeitung erforderlichen *abgeschlossenen Operationen* seriell bearbeitet. Für jede *Merkoperation* wurde die Anzahl der zu merkenden Informationen erfasst und durch einen Notizzettel an die graphisch repräsentierte *Merkoperation* „geheftet". Für jede *abgeschlossene Operation*, bei welcher der Mensch mit Bedienelementen des computergestützten Systems interagiert, wurde zusätzlich die Anzahl der Bedienelemente ermittelt, welche ihn bei der Aufgabenbearbeitung unterstützen (Nutzinformationen), sowie die Anzahl der Bedienelemente, die ihn bei der Aufgabenbearbeitung nicht unterstützen und die er mit den benötigten Bedienelementen verwechseln könnte (Störinformationen). Die für eine *abgeschlossene Operation* ermittelte Anzahl der Nutz- und Störinformationen wurde ebenfalls durch einen Notizzettel an diese Operation „geheftet".

Auf der Basis einer solchen UML-basierten Aufgabenbeschreibung konnten für jede Teilaufgabe, die sich je nach Größe aus einer Menge von Tätigkeiten, Handlungen oder nur wenigen Operationen zusammensetzt, die im Folgenden aufgeführten fünf quantitativen Belastungsmessgrößen ermittelt werden:

- die *Summe der abgeschlossenen Operationen,*
- die *Summe der Störinformationen,*
- die *Summe der Nutzinformationen,*
- die *Summe der Merkinformationen,* gemessen in Chunks, und
- die *Merkdauer.*

Da die zu merkende Informationsmenge im Laufe einer Teilaufgabenbearbeitung variieren kann, wurde für jeden Teilaufgabenabschnitt, für den die zu merkende Informationsmenge konstant blieb, ein Wertepaar, bestehend aus den Belastungsmessgrößen *Summe der Merkinformationen* und *Merkdauer*, ermittelt. Die *Merkdauer* wurde durch die Summe der abgeschlossenen Operationen angegeben, welche während der Merkdauer zu bearbeiten sind. Damit stand eine UML-basierte quantitative Aufgabenbeschreibung zur Verfügung, welche die Belastung des Menschen bei der Bearbeitung von Teilaufgaben an Hand von Belastungsmessgrößen ermöglichte.

Da die ermittelten Belastungsmessgrößen deutlich machten, wodurch und an welcher Stelle der Mensch informatorisch stark belastet wird, eigneten sie sich auch dazu, Anforderungen an die zu konzipierenden Assistenzfunktionen abzuleiten. Somit konnten mit dem Wissen über die Vorteile von Mensch und Computer gezielt Assistenzfunktionen entworfen werden, welche dem Menschen besonders stark belastende Aufgabenteile abnehmen. Während der Konzeptionsphase der Assistenzfunktionen wurden UML-Aktivitätsdiagramme erstellt, welche das Zusammenwirken zwischen dem Menschen und dem computergestützten System einschließlich der geplanten Assistenzfunktionen darstellten. Zusätzlich wurden die Bedienoberflächen für die Assistenzfunktionen entworfen, was die Ermittlung der Nutz- und Störinformationen ermöglichte. Mit einem geringen Arbeitsaufwand konnte nun die UML-basierte quantitative Aufgabenbeschreibung für eine Aufgabenbearbeitung mit Assistenzeinsatz erstellt werden. Durch den Vergleich der Belastungsmessgrößen, welche aus der zuerst erstellten quantitativen Aufgabenbeschreibung zur Ermittlung stark belastender Teilaufgaben resultierten, mit den Belastungsmessgrößen aus der quantitativen Aufgabenbeschreibung, welche während des Entwurfs der Assistenzfunktionen erstellt wurde, konnte auf die Entlastung des Menschen und damit auf eine Leistungssteigerung durch den Einsatz der Assistenzfunktionen geschlossen werden.

Das oben geschilderte Vorgehen unter Einsatz der in dieser Arbeit entwickelten Methode zur UML-basierten quantitativen Aufgabenbeschreibung wurde beispielhaft für die folgenden zwei repräsentativen Teilaufgaben aus der interaktiven bildgestützten Szenenanalyse angewandt:

- Die Systemvoreinstellung, welche ausschließlich der Einstellung des Systems sowie dem Anlegen und Konfigurieren von Dateien für die Bearbeitung der Hauptaufgabe *Visuelle Bildanalyse* dient. Diese Teilaufgabe umfasst ausschließlich Systembedienungsaufgaben und erfordert ein hohes Maß an Leistung, welches zur Bearbeitung der Hauptaufgabe *Visuelle Bildanalyse* verloren geht.

- Das Zählen von Objekten unterschiedlichen Typs in Bereichen am Beispiel des Zählens von Fahrzeugen auf Parkplätzen. Bei dieser Aufgabe muss der Bildauswerter parallel zu einer kognitiv anspruchsvollen Bildanalyseaufgabe (Hauptaufgabe) das Bildauswertesystem bedienen (Nebenaufgabe).

Beide Teilaufgaben wurden durch ihre Belastungsmessgrößen als stark belastend identifiziert. Es wurden im nächsten Schritt nach dem oben beschriebenen Vorgehen Assistenzfunktionen ermittelt und die UML-basierten quantitativen Aufgabenbeschreibungen einschließlich der Belastungsmessgrößen für das Zusammenwirken des Bildauswerters und des computergestützten Systems unter der Annahme der Verfügbarkeit der konzipierten Assistenzfunktionen erstellt. Für beide Teilaufgaben versprach der Vergleich der Belastungsmessgrößen eine deutliche Entlastung des Bildauswerters durch den Einsatz der Assistenzfunktionen. Die Assistenzfunktionen wurden als Erweiterung des Bildauswertesystems ERDAS implementiert, wobei alle Assistenzfunktionen, welche den Bildauswerter bei einer bestimmten Teilaufgabe unterstützen, der Einfachheit halber als Assistent bezeichnet wurden.

Durch die Auslegung des *Voreinstellungsassistenten* wird dem Bildauswerter ein großer Teil der Systemvoreinstellungen abgenommen, ein aufgabenorientierter Systemzugang ermöglicht und gewährleistet, dass im Rahmen der assistenzunterstützten Systemvoreinstellung jene Assistenten bzw. Assistenzfunktionen ermittelt werden, welche den Bildauswerter während der Bearbeitung seiner Hauptaufgabe entlasten. Ein Beispiel für einen Assistenten, der den Bildauswerter bei der

Bearbeitung seiner Hauptaufgabe entlastet, ist der *Zählassistent*. Er unterstützt den Bildauswerter beim Zählen von Objekten unterschiedlichen Typs in einem vorgegebenen Gebiet.

In einer empirischen Untersuchung wurde die Leistungssteigerung bei der Aufgabenbearbeitung im Falle des *Voreinstellungsassistenten* mit acht und im Falle des *Zählassistenten* mit sechs Versuchspersonen untersucht. Ergänzend zu den objektiven Daten, welche sich aus der Anzahl der korrekt, falsch und nicht bearbeiteten Aufgabenteile sowie der für die Aufgabenbearbeitung benötigten Zeit zusammensetzten, wurde auch die subjektiv empfundene Beanspruchung der Versuchspersonen durch die Aufgabenbearbeitung erfasst. Die Versuchsergebnisse zeigten für beide untersuchten Teilaufgaben sowohl eine deutliche Leistungssteigerung als auch eine deutliche Reduktion der Beanspruchung durch den Assistenzeinsatz. Durch den Einsatz des Voreinstellungsassistenten konnten die Versuchspersonen das System viel schneller einstellen; die nun verfügbare Zeit kann für die Bearbeitung der Hauptaufgabe genutzt werden. Durch den Einsatz des Zählassistenten wurden sowohl die Zählergebnisse verbessert als auch die dafür aufzuwendende Zeit verkürzt, also eine deutliche Leistungssteigerung für die Hauptaufgabe erreicht. Dabei konnte für alle Versuchspersonen, unabhängig von ihren Kenntnissen, die oben beschriebene Leistungserhöhung nachgewiesen werden. Erfasst wurde der Kenntnisgrad bei der Bildauswertung und der bei der Bedienung des Bildauswertesystems ERDAS. Somit darf aus den Ergebnissen der empirischen Untersuchung geschlossen werden, dass sich das in dieser Arbeit entwickelte Vorgehen unter Nutzung der in dieser Arbeit entwickelten UML-basierten Methode zur quantitativen Aufgabenbeschreibung für eine gezielte Entlastung des Menschen durch den Einsatz von Assistenzfunktionen und eine daraus resultierende Leistungssteigerung für die Hauptaufgabe eignet.

Mit der in dieser Arbeit entwickelten UML-basierten Methode zur quantitativen Aufgabenbeschreibung steht nicht nur eine Methode zur Verfügung, welche den gezielten Einsatz von Assistenzfunktionen in bestehende computergestützte Systeme zur Leistungserhöhung der Hauptaufgabe ohne die vorherige Implementierung oder Simulation der Assistenzfunktionen ermöglicht. Diese Methode ermöglicht zudem, bereits in der Entwurfsphase eine günstige Aufgabenteilung zwischen dem Menschen und dem computergestützten System vorzunehmen. Sie ermöglicht aber auch eine Entlastung und daraus resultierende Leistungssteigerung des Menschen bei der Aufgabenbearbeitung an bestehenden computergestützten Systemen durch die Integration von bereits geplanten oder bereits verfügbaren Komponenten ohne deren vorherige Implementierung bzw. Integration zu überprüfen.

Nachteil am bisherigen Vorgehen bei der Erstellung einer UML-basierten quantitativen Aufgabenbeschreibung ist, dass alle quantitativen Belastungsmessgrößen, welche während der Aufgabenbeschreibung in „Notizzettel" eingetragen wurden, für die jeweils betrachtete Teilaufgabe interaktiv, also per Hand, aufzusummieren sind. Bereits heute stehen Entwicklern unterschiedliche Werkzeuge zur Erstellung von UML-Diagrammen zur Verfügung. Die Erweiterung eines solchen Werkzeugs zur UML-basierten quantitativen Aufgabenbeschreibung um eigens dafür vorgesehene Grafikelemente zur Erfassung der Belastungsmessgrößen und das automatische Summieren für beliebig zu wählende Teilaufgaben würde Fehler bei der Summenbildung ausschließen, eine zeitliche Ersparnis nach sich ziehen und die Attraktivität des Einsatzes dieser neuen Methode deutlich erhöhen.

Im Rahmen dieser Arbeit wurde das Bildauswertesystem ERDAS um eine Assistenz erweitert, welche dem Bildauswerter eine aufgabenbezogene Systemnutzung ermöglicht und seine Leistung für die zwei in dieser Arbeit betrachteten Teilaufgaben „Systemvoreinstellung" und „Objekte in vorgegebenem Bereich zählen" deutlich erhöht. Eine systematische Erweiterung dieser Assistenz entsprechend dem in dieser Arbeit vorgeschlagenen Vorgehen würde vermutlich für die ERDAS-Nutzer eine große Entlastung darstellen und große Leistungsvorteile mit sich bringen.

Anhang A: Ergänzende Informationen zum Model Human Processor

Weitere wichtige Erkenntnisse zur Informationsverarbeitung nach [Card et al. 1983] lauten:

1. Das kognitive Teilsystem kann mehrerer Dinge gleichzeitig gewahr werden, es kann jedoch nur eine Sache auf einmal bearbeiten. Diese Aussage entspricht der Aussage aus [Schumacher 1981], dass der Mensch mehrere Forderungen auf einmal wahrnehmen kann, diese jedoch seriell abgearbeitet werden.

2. Das Langzeitgedächtnis ist ein „Read fast, write slow"-System, d.h., Informationen sind schnell zugreifbar, wenn die richtigen Chunks vorhanden sind. Der Mensch muss sich jedoch mit einer Information länger (ca. 7 sec) und mehrmals auseinandersetzen, um sich diese zu merken, d.h., um diese in das Langzeitgedächtnis aufzunehmen.

3. Einzeloperationen dauern gleich lange, unabhängig, ob sie in einer Gesamtaufgabe eingebettet sind oder einzeln durchgeführt werden.

4. Vieles der Komplexität des menschlichen Verhaltens rührt nicht von der Komplexität des Menschen selbst, sondern von der Komplexität der Aufgabenumgebung, in welcher die Zielsuche stattfindet.

Wie die Bearbeitungsdauer τ_G von einfachsten Aufgaben (Operatoren) mittels der Prozessorzeiten τ_S (Prozessorzeit des Sensor-Prozessors), τ_K (Prozessorzeit des kognitiven Prozessors) und τ_M (Prozessorzeit des motorischen Prozessors) aus dem MHP berechnet werden kann, zeigen die folgenden drei Beispiele, welchen folgende Aufgaben zu Grunde liegen: Es sind jeweils zwei unterschiedliche Werte, welche dem Menschen hintereinander auf dem Monitor gezeigt werden, miteinander zu vergleichen. Stimmen die beiden Werte überein, ist eine bestimmte Taste zu drücken, stimmen sie nicht überein, ist eine andere Taste zu drücken.

1. Vergleichen von zwei Buchstaben: $\tau_G = \tau_S + \tau_K + \tau_M$
2. Vergleichen von zwei Wörtern: $\tau_G = \tau_S + 3\tau_K + \tau_M$
3. Vergleichen von zwei Zeichenketten: $\tau_G = \tau_S + 4\tau_K + \tau_M$

[Card & al. 1983] wiesen durch Experimente nach, dass die oben exemplarisch dargestellte Berechnung von Bearbeitungszeiten auf Basis der Prozessorzeiten τ_S, τ_K und τ_M ungenauere Ergebnisse liefert, als die in GOMS (*Goals, Operators, Methods and Selection Rules*, siehe Abschnitt 3.2.1.3, S. 44 f.) angewandte Methode. In GOMS wird die Berechnung der für die Aufgabendurchführung benötigten Zeit auf Basis von Operatoren durchgeführt, wobei dazu die für einen Operator aufzuwendende Zeit zuerst in Experimenten ermittelt wird. [Card et al. 1983] nehmen an, dass GOMS deswegen bessere Ergebnisse liefert, da außer den bekannten kognitiven Prozessen zusätzliche kognitive Prozesse zum Nachdenken während der Durchführung von Operatoren notwendig sind, welche bei der oben aufgezeigten Berechnung von Bearbeitungszeiten auf Prozessorebene nicht in ausreichender Form berücksichtigt werden.

Anhang B: Fähigkeiten des Menschen bei der Wahrnehmung und Interpretation von Bildsignaturen

Die Wahrnehmung und Interpretation von optischen Bildern trainiert der Mensch schon von Kindheit an. Luft- und Satellitenbilder unterscheiden sich jedoch von den dem Menschen aus dem täglichen Leben vertrauten Bildern, weil sie

- aus einer für den Menschen ungewohnten Perspektive aufgenommen werden,

- teilweise in Frequenzbereichen aufgenommen werden, welche dem Menschen, da sie außerhalb des von ihm wahrgenommenen Frequenzspektrums liegen, nicht vertraut sind und

- die Oberfläche der Erde in ungewohntem Maßstab und ungewohnter Auflösung darstellen.

Die Fähigkeit, die im Folgenden beschriebenen grundlegenden Objektcharakteristiken und Objektrelationen gezielt wahrnehmen und korrekt interpretieren zu können, erwirbt der Bildauswerter im Rahmen seiner Ausbildung und verfestigt und erweitert sie im Laufe seiner Berufslaufbahn [Lillesand & Kiefer 2000].

Objektumrisse geben Hinweise auf die Gestalt von Objekten. Im Falle eines Stereobildes gibt auch die Höhe Information über die Objektform. Manche Objekte haben eine so typische Objektform, dass sie auf Grund dieser sofort erkannt werden (Abbildung B.1).

Abbildung B.1: Das Pentagon in Washington (links, IKONOS-Satellitenbildausschnitt, ©SpaceImage) und der Karlsruher Hafen (rechts, IRS-1C Satellitenbildausschnitt, ©Euromap) zeichnen sich durch ihre signifikante Objektform aus.

Wie der Objektumriss kann die Schattenumrandung Informationen zur Objektform geben. So können z.B. durch den Objektschatten Brückensilhouetten oder Turmformen erkannt werden (Abbildung B.2).

Abbildung B.2: Optische Bilder von einer Industrieanlage bei Karlsruhe (links, RMK-Bildausschnitt) und dem Washington Monument (rechts, IKONOS-Bildausschnitt, ©SpaceImage). Der Bildschatten unterstützt bei der Rekonstruktion der Form des Industriegebäudes und der Form des Monuments.

Ein Objekt darf immer nur mit dem Wissen über den Maßstab analysiert werden. Der Maßstab eines Bildes kann aus Objekten mit bekannten Größen abgeleitet werden. So können auf Grund der Größe der Fahrzeuge auf den Parkplätzen im linksseitigen Bild aus Abbildung B.2 Rückschlüsse auf die Größe der Industrieanlage gezogen werden. Ist dies nicht möglich, so ist ein Maßstab einzublenden oder eine Messfunktion einzusetzen.

Die Auflösung stellt eine Grenze für die Erkennbarkeit von Objekten dar. Deutlich zeigen das die Beispielbilder in Abbildung B.3. Während bei einer Auflösung von 10 cm die Fahrzeugstruktur noch deutlich wahrgenommen werden kann, ist bei einer Auflösung von 50 cm bereits die Entdeckung von dunklen Fahrzeugen vor dem dunklen Hintergrund schwierig.

Abbildung B.3: Fahrzeuge auf einem Parkplatz, aufgenommen bei einer Auflösung von 10 cm, 25 cm und 50 cm (aus ©www.fas.org).

Muster entstehen durch die räumliche Anordnung von Objekten. Die Wiederholung von Formen oder Beziehungen ist für viele Objekte charakteristisch, sowohl bei künstlichen als auch bei natürlichen Objekten. Beispiele für Muster, die auf die abgebildeten Objekte schließen lassen, sind Häuserreihen in Siedlungen oder Fahrzeuge auf einem Parkplatz. Die beiden Beispielbilder in Abbildung B.4 zeigen, wie auf Grund der Anordnung von Bäumen auf künstlich gepflanzten oder natürlich gewachsenen Waldbestand geschlossen werden kann.

Abbildung B.4: Die Muster in den Bildern lassen darauf schließen, dass im linken Bildausschnitt künstlicher Wald und im rechten Bild natürlicher Waldbestand abgebildet ist. Beide Bildausschnitte stammen aus einem IKONOS-Bildausschnitt, aufgenommen von ©SpaceImage.

Als Textur wird die Frequenz der Tönungsänderung bezeichnet. Textur wird durch die Ansammlung einheitlicher Merkmale erzeugt, welche nicht oder kaum mehr auflösbar sind, um als getrennte Merkmale im Bild wahrgenommen zu werden. Abbildung B.5 zeigt Texturbeispiele für Wasser, Felder und Wald.

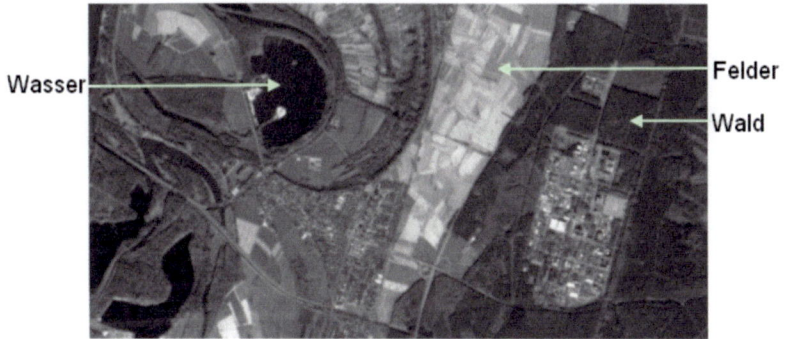

Abbildung B.5: Bildausschnitt eines IRS-1C-Bildes (©Euromap) von unbebautem und bebautem Gelände. Auf Grund der Textur kann im Bild z.B. auf die Objekttypen Wasser, Felder und Wald geschlossen werden.

Tönung und Farbe geben ebenfalls Aufschluss über die abgebildeten Objekte. So wird in einem Luft- oder Satellitenbild der Farbe grün sofort Vegetation und der Farbe blau Wasser zugewiesen. Assoziationen stellen einen logischen Bezug zwischen einem Objekt und seiner Umgebung dar. So wird z.B. nach Fahrzeugen auf Straßen und Parkplätzen gesucht und nicht in einer Parkanlage und geradlinige Flussverläufe lassen auf Abfallen des Geländes schließen. Der Standort eines Objekts stellt einen Bezug zu einer topographischen oder geographischen Lage her. Umgekehrt kann von der Lage auf die dort zu erwartenden Objekte geschlossen werden. Zum Beispiel wachsen bestimmte Baumsorten nur in bestimmten Regionen.

In manchen Fällen können erst auf Grund der Attribute Farbe, Form und Assoziationen korrekte Rückschlüsse auf die abgebildeten Objekte gezogen werden. So wird in Abbildung B.6 auf Grund dieser Attribute im linken Bild der weiße Bildanteil Schneebedeckung und im rechten Bild Schaumkronen auf Wellen im Meer zugeordnet.

Abbildung B.6: Erst auf Grund der Tönung und Farbe kann im linken Bildausschnitt sofort auf schneebedecktes Land am Meer und im rechten Bildausschnitt auf Land am Meer mit Schaumkronen geschlossen werden. Die Bildausschnitte stammen aus IKONOS-Bildern von ©SpaceImage.

Die gezielte Wahrnehmung und korrekte Interpretation der oben aufgeführten Objektcharakteristiken und Objektrelationen setzt voraus, dass der Bildauswerter ein gutes Wissen über die auszuwertende Szene, die darin erwarteten Objekte und das bildgebende System besitzt.

Anhang C: Voreinstellungs- und Zählassistent

Anhang C.1: Der aufgabenbezogene Voreinstellungsassistent (*Task Assistant*)

Auf der ersten Dialogseite des *Task Assistant* (siehe Abbildung 4.12, S. 97) hat der Bildauswerter zu entscheiden, welche Bildauswertetätigkeiten er durchführen will. Mittels der Checkboxen *Detection*, *Recognition* und *Analysis* kann der Bildauswerter die zu bearbeitende(n) Tätigkeit(en) *Objektentdeckung*, *Objekterkennung* oder *Objektanalyse* auswählen.

Hat der Bildauswerter auf der ersten Dialogseite als Tätigkeit *Objektentdeckung* (Detection) ausgewählt, erscheint nach Auswahl der Schaltfläche *Next* die Dialogseite mit den Voreinstellungsmöglichkeiten für die *Objektentdeckung* (Abbildung C.1).

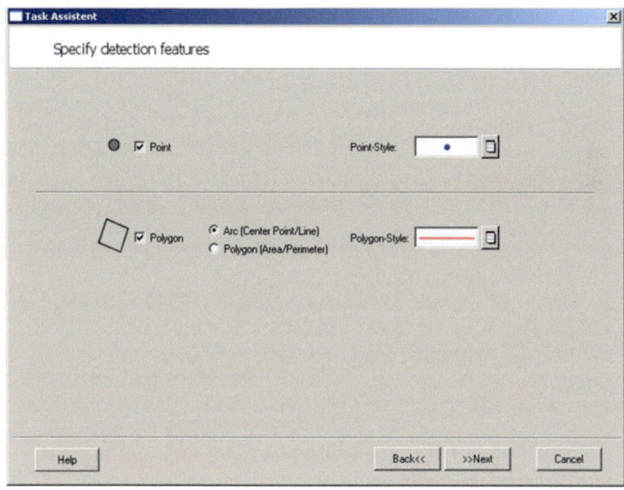

Abbildung C.1: Einstellungsmöglichkeiten für die Tätigkeit *Objektentdeckung* durch den aufgabenbezogenen Voreinstellungsassistenten (*Task Assistant*).

Auf dieser Seite spezifiziert der Bildauswerter die Eigenschaften der Symbolik, welche er für die Markierung der zu entdeckenden Objekte einsetzen möchte. Ist es sein Ziel, entdeckte Objekte durch Punkte zu markieren, kann er dies über die dementsprechende Checkbox anwählen. Das Layout des Punktsymbols kann er über das rechts neben der Checkbox befindliche Auswahlmenü vornehmen. Ist es das Ziel des Bildauswerters, flächenhafte Objekte mittels Polygonen zu markieren, kann er dies ebenfalls über eine Checkbox anwählen. Danach werden ihm zwei Alternativen geboten: Polygone, welche über ihren Mittelpunkt und eine umschreibende Linie repräsentiert werden, oder Polygone, die über ihre Fläche und ihren Umfang repräsentiert werden. Entscheidet sich der Bildauswerter für die zweite Alternative - also Polygone, welche über ihre Fläche und ihren Umfang repräsentiert werden - deaktiviert der Assistent die Möglichkeit der Punktmarkierung. Grund dafür ist, dass für das Einzeichnen von Polygonen, bei denen Fläche und Umfang erfasst werden, *ArcCoverage*-Dateien anzulegen sind, welche keine Punkterfassung ermöglichen. Im Gegensatz dazu können Punkte und Linien in *Shape*-Dateien gespeichert werden, welche wiederum kein Erfassen von Flächen- und Umfangsdaten ermöglichen. Mit Assistenzeinsatz muss sich der Bildauswerter über diese Wahlmöglichkeiten keine Gedanken machen.

Hat der Bildauswerter auf der ersten Dialogseite des *Task Assistant* neben der Tätigkeit *Objektentdeckung* (*Detection*) auch die Tätigkeit *Objekterkennung* (*Recognition*) ausgewählt, erscheint die Seite mit den Voreinstellungsmöglichkeiten für die *Objekterkennung* (Abbildung C.2).

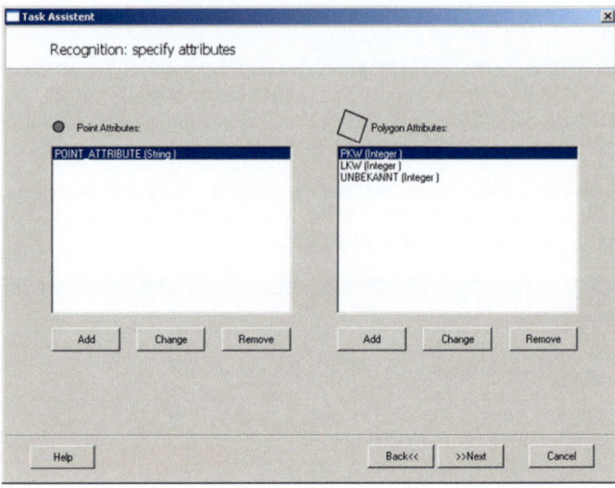

Abbildung C.2: Einstellungsmöglichkeiten für die Tätigkeit *Objekterkennung* durch den *Task Assistant*.

Auf dieser Seite werden die Attribute für die zu erkennenden Objekte festgelegt, wobei nur jene Symbolform aktiviert ist und mit Attributen versehen werden kann, die in der vorherigen Dialogseite (siehe Abbildung C.1) ausgewählt wurde. Attribute sind Eigenschaften der Punkte und Polygone im dementsprechenden Vektorlayer. Attribute haben einen Bezeichner und können vom Typ *String*, *Integer*, *Real* oder *Date* sein. Durch die Anwahl der Schaltfläche *Add* wird eine neue Bedienoberfläche geöffnet, welche das Hinzufügen eines neuen Attributs ermöglicht, wobei die Namen der Attribute entsprechend der ERDAS-Vorgaben in Großbuchstaben konvertiert werden. Nach der Anwahl der Schaltfläche *Change* können Attribute geändert werden und nach der Anwahl der Schaltfläche *Remove* können Attribute gelöscht werden.

Gibt der Bildauswerter als die von ihm durchzuführende Tätigkeit neben der *Objektentdeckung und -erkennung* auch die *Objektanalyse* an und definiert er mindestens ein Polygonattribut vom Typ *Integer*, erhält er auf einer folgenden Dialogseite die Möglichkeit, als durchzuführende Handlung das Zählen anzuwählen. Hat der Bildauswerter das Zählen ausgewählt und daher die dazu vorgesehene Checkbox markiert, erscheint nach der Anwahl der Schaltfläche *Next* die Seite mit den Einstellmöglichkeiten für die Zählaufgabe (Abbildung C.3). Hier kann jedem Attribut, welches auf der Dialogseite für die Erkennungseinstellungen einen *Integer*-Wert zugewiesen bekommen hat, ein Symbol zugeordnet werden, mit welchem der Bildauswerter während der Bearbeitung der Zählaufgabe die zu zählenden Objekttypen markieren kann. Aus diesem Grund sind auf der in Abbildung C.3 dargestellten Dialogseite alle Attribute wieder zu finden, welche auf der Dialogseite für die Erkennungseinstellungen (Abbildung C.2) den Wertetyp *Integer* zugewiesen bekommen haben.

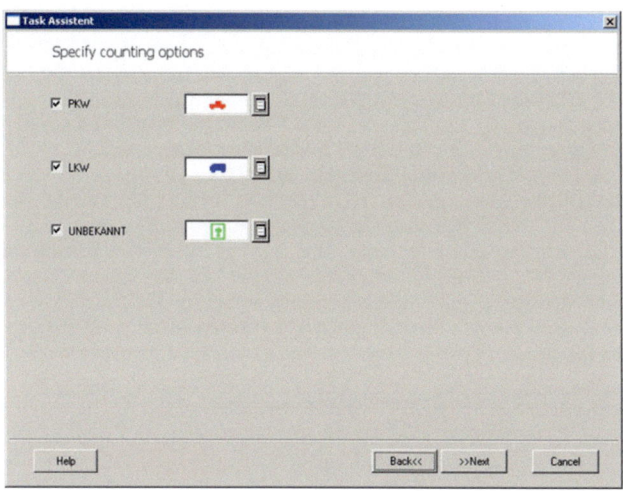

Abbildung C.3: Einstellungsmöglichkeiten für die Analysetätigkeit *Zählen*. Neben Grundformen (Kreis, Dreieck etc.), können auch Piktogramme für die Objektmarkierung angewählt werden.

Auf der folgenden Dialogseite (Abbildung C.4) kann der Bildauswerter den Pfad zum Eingabe- und Ausgabeverzeichnis ändern, wobei der Pfad bereits mit dem im Grundeinstellungsassistenten (*Basic Settings*) angegebenen Pfad zum Standardein- und Ausgabeverzeichnis vorbelegt ist. Mit der Schaltfläche *Save a Standard* können alle Einstellungen, die im Laufe der aufgabenbezogenen Voreinstellung festgelegt wurden, gespeichert und, wie bereits in Abschnitt 4.3.1 (S. 92 f.) erläutert, als Voreinstellungsstandard bei einer späteren Bildauswertung geladen werden.

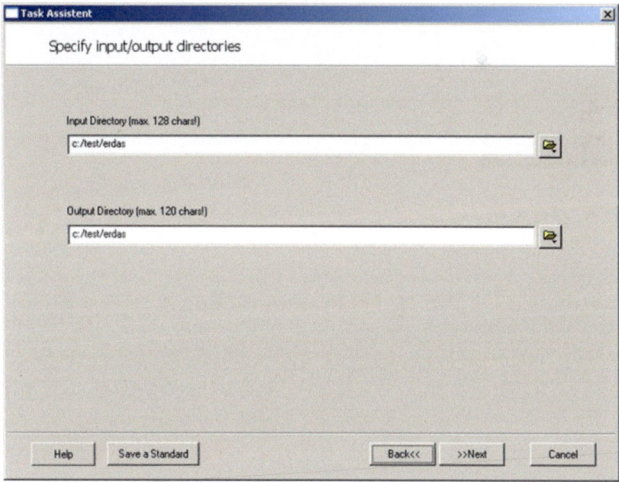

Abbildung C.4: Einstellmöglichkeiten für den Ein- und Ausgabepfad und Auswahlmöglichkeit zur Speicherung eines Voreinstellungsstandards nach Anwahl der Schaltfläche *Save a Standard*.

Auf der letzten Dialogseite des *Task Assistant* (Abbildung C.5) muss der Bildauswerter das Bild auswählen, mit welchem er die zuvor spezifizierte Aufgabe zu bearbeiten hat. Dazu werden ihm alle Bilder angeboten, welche sich im von ihm angegebenen Eingabeverzeichnis befinden, und vom Typ *IMG*, *JPG* oder *TIFF* sind. Im Weiteren kann der Bildauswerter den vom Assistenten vorgeschlagenen Namen für den zu erstellenden Vektorlayer ändern; der bereits eingetragene Namensvorschlag entspricht dem Namen des ausgewählten Bildes. Durch die Anwahl der Schalt-fläche *Finish* wird vom Voreinstellungsassistenten das Bild, soweit es noch nicht im *IMG*-Format vorliegt, in das ERDAS-intern benötigte *IMG*-Format konvertiert und im Ausgabeverzeichnis ein Vektorlayer mit den vom Bildauswerter ausgewählten Eigenschaften unter dem vorgegebenen Namen und eine dementsprechende Symboldatei angelegt. Wenn vom Bildauswerter Attribute angegeben wurden, wird zudem eine Attributetabelle mit den vorgegebenen Attributen erstellt. Abschließend wird, ebenfalls vom Voreinstellungsassistenten, die ERDAS-Bilddarstellung gestar-tet, das auszuwählende Bild geladen und optimiert dargestellt und der Zählassistent gestartet, falls das Zählen im Rahmen der Voreinstellungen als durchzuführende Handlung ausgewählt wurde.

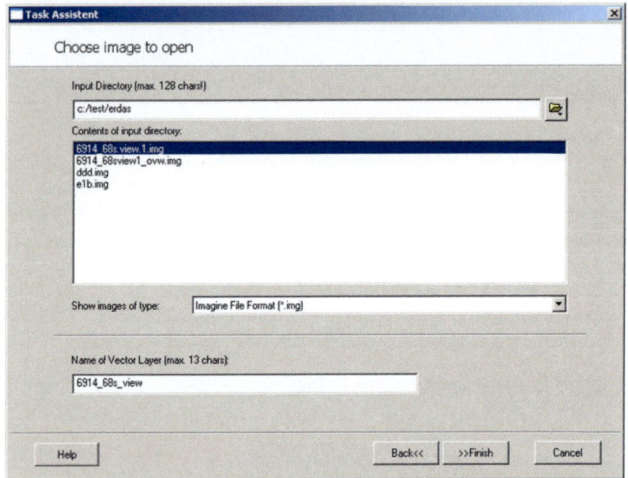

Abbildung C.5: Auswahlmöglichkeit für das zu bearbeitende Bild und den Namen des im Rahmen der Bild-auswertung zu erstellenden Layers.

Anhang C.2: Zählassistent

Dem Bildauswerter stellt sich der Zählassistent als eigene Bedienoberfläche mit dem Titel *Coun-ting Tools* dar. Abbildung C.6 zeigt die ERDAS-Bilddarstellung mit dem Zählassistenten. Wenn notwendig, kann der Bildauswerter während der Bildauswertung die Bedienoberfläche des Zähl-assistenten schließen und es über ein pull-down-Menü, das durch Drücken der rechten Maustaste im Bildbereich aufgerufen wird, wieder öffnen.

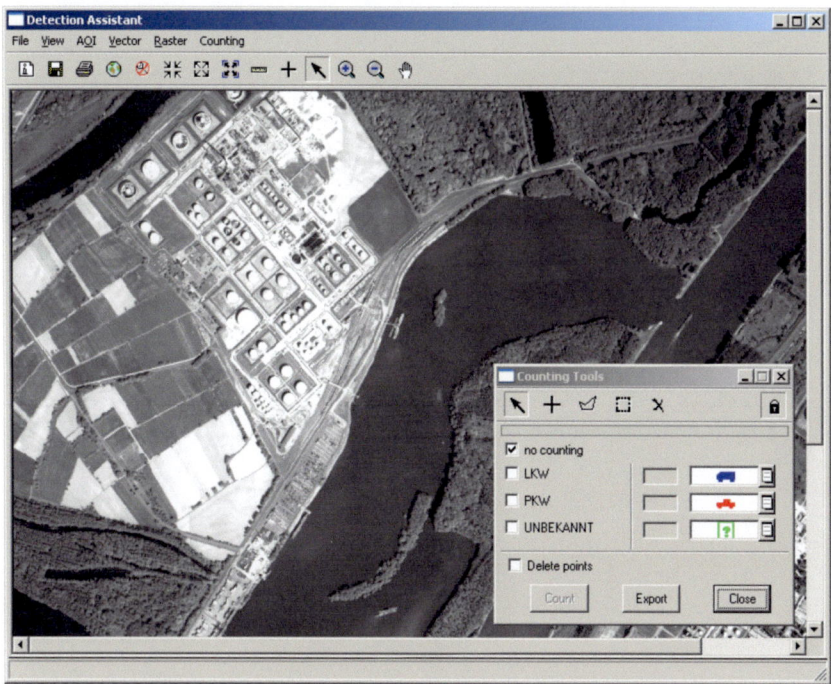

Abbildung C.6: Die ERDAS-Bilddarstellung mit der Bedienoberfläche des Zählassistenten (*Counting Tools*).

In der Symbolleiste des Zählassistenten werden unterschiedliche Werkzeuge angeboten, wobei diese sich aus einer ausgewählten Menge von ERDAS-eigenen Werkzeugen zusammensetzen und auch durch die in ERDAS gebräuchlichen Symbole repräsentiert werden:

↖ dient dem Selektieren einzelner Vektorelemente (Polygone oder Punkt-Symbole),

+ dient dem Erstellen von Punkt-Symbolen,

◁ dient dem Erstellen von Polygonen,

⬚ dient dem Selektieren mehrerer Vektorelemente in einem rechteckigen Bereich,

✗ dient dem Löschen von Vektorelementen,

🔒 erlaubt das mehrmalige Benutzen eines ausgewählten Werkzeugs.

Im mittleren Bereich des Zählassistenten liegen Checkboxen und Stilwähler, die anzeigen, welche Objekttypen durch welche Symbolik mit dem Zählassistenten markiert und damit gezählt werden können. Ist die Checkbox *no counting* selektiert, werden Standard-Symbole gesetzt, welche für die Entdeckung von unklassifizierten Objekten zur Verfügung stehen. Wird dagegen eine der Checkboxen für ein bestimmtes zu zählendes Objekt selektiert, so werden im Weiteren Punkte mit dem Punktstil (Symbol) gesetzt, den der rechts neben der Checkbox liegende Stilwähler darstellt.

Die Textfelder, die zwischen den Checkboxen und Stilwählern liegen, zeigen nach der Aktivierung eines Polygons und der dadurch ausgelösten Assistenzfunktion „Objekttypen zählen" die Anzahl der markierten Objekttypen an, welche zu diesem Zeitpunkt innerhalb dieses Polygons liegen. Abbildung C.7 zeigt auf der linken Seite einen markierten Parkplatzbereich und darin einige in Abhängigkeit von ihrem Typ unterschiedlich markierte Fahrzeuge. Auf der rechten Seite ist das den Parkplatzbereich berandende Polygon durch vorheriges Markieren aktiviert, was durch die gelbe Färbung des Polygons und in der Bedienoberfläche des Zählassistenten durch einen gelben Querbalken dargestellt wird. Die Zählergebnisse werden in den Textfeldern des *Counting Tools* angezeigt.

Abbildung C.7: Setzen von Zählpunkten auf einem mit einem Polygon markierten Parkplatz (links) und Anzeige der Zählergebnisse nach dem Markieren des Polygons (rechts).

Ist das Polygon im selektierten Zustand, ist es dem Bildauswerter möglich, die Ergebniszahlen zu verifizieren und sie, wenn notwendig, händisch zu ändern, bevor er das Zählergebnis durch Drücken der Schaltfläche *Count* von einer Assistenzfunktion in die Attributetabelle eintragen lässt. Ist dabei die Checkbox *Delete points* selektiert, werden nach dem Eintragen der Zählwerte in die Attributetabelle alle Punktmarkierungen innerhalb des markierten Polygons gelöscht. Auch kann der Bildauswerter Zählwerte, die er ohne Objektmarkierung (Markierungsfunktion) ermittelt hat, nach der Polygonselektierung in die jeweiligen Textfelder eintragen, um sie im Weiteren durch das Aktivieren der Schaltfläche *Count* durch den Zählassistenten in die Attributetabelle eintragen zu lassen.

Wählt der Bildauswerter in der Bedienoberfläche des Zählassistenten die Schaltfläche *Export* aus, werden die Zählwerte aller zuvor ausgezählten Polygone in eine vom Bildauswerter vorgegebene Textdatei in einem zu *MS Excel* kompatiblen Format exportiert. Dadurch wird der Bildauswerter von einer aufwendigen Datenaufbereitung und deren anschließendem Export entlastet. Diese Exportfunktion ist nach der Einteilung von Assistenzfunktionen nach Abbildung 4.6 (S. 90) eine Datenaufbereitungs- und Datenexportassistenz.

Anhang D: Personenbezogene Versuchsergebnisse

Im Folgenden werden die Versuchsergebnisse für die Untersuchung der Teilaufgabe „Fahrzeuge auf Parkplätzen zählen" für die sechs Versuchspersonen im Detail aufgeführt. Folgende Daten sind spaltenweise von links nach rechts dargestellt: Assistenzeinsatz (Assistenz), Parkplatznummer (Nr.), Anzahl der gezählten PKW (PKW), Anzahl der falsch und nicht gezählten PKW (A_f), Anzahl der gezählten LKW (LKW), Anzahl der falsch und nicht gezählten LKW (A_f), Anzahl der gezählten Anhänger (Anh.), Anzahl der falsch und nicht gezählten Anhänger (A_f), Anzahl der gezählten Fahrzeuge (fahrzeugtyp-unabhängig) (Fahrzeuge), Anzahl der falsch und nicht gezählten Fahrzeuge (fahrzeugtyp-unabhängig) (A_f), Bearbeitungszeit (t). Die zusammengefassten Versuchsergebnisse sind durch folgende Daten am Ende der Tabelle dargestellt: die Summe der falsch gezählten PKW (A_f PKW), die Summe der falsch gezählten LKW (A_f LKW), die Summe der falsch gezählten Anhänger (A_f Anh.) und die Summe aller fahrzeugtyp-unabhängigen falsch gezählten Fahrzeuge (A_f Fahrzeuge). Die Ergebnisse sind sowohl für die Aufgabenbearbeitung mit als auch ohne Assistenzunterstützung aufgeführt. Die ersten vier grau gefärbten Zeilen zeigen die Versuchsergebnisse für die Trainingsphase. Diese werden in den zusammengefassten Ergebnissen nicht berücksichtigt.

Versuchperson V1
Versuchgruppe: G2
Bildauswertekenntnisse: Experte
ERDAS-Kenntnisse: Experte

Assistenz	Nr.	PKW	A_f	LKW	A_f	Anh.	A_f	Fahrzeuge	A_f	t(sec)
mit	1	54	0	1	1	0	0	55	1	61
ohne	1	54	0	0	0	1	1	55	1	72
mit	2	1	0	3	0	7	0	11	0	27,5
ohne	2	1	0	3	0	7	0	11	0	38,5
mit	3	35	0	3	0	1	0	39	0	88,7
ohne	3	40	5	3	0	1	0	44	5	81,8
mit	4	142	0	1	0	0	0	143	0	230,5
ohne	4	144	0	3	2	0	0	147	1	427,9
mit	5	3	0	1	0	0	0	4	0	13,6
ohne	5	3	0	0	1	1	0	4	0	20,7
mit	6	144	0	7	0	2	0	153	0	358
ohne	6	149	0	6	0	0	0	155	0	391
mit	7	0	0	79	0	2	0	81	0	110,8
ohne	7	0	0	79	0	4	0	83	1	153
mit	8	10	0	1	0	21	0	32	0	57,4
ohne	8	9	0	1	0	21	0	31	0	122,8
mit	9	5	0	79	0	1	0	85	0	75,1
ohne	9	5	0	79	0	1	0	85	0	91
mit	10	4	0	0	0	0	0	4	0	9,1
ohne	10	4	0	0	0	0	0	4	0	18
mit	11	105	0	7	0	0	0	112	1	225,5
ohne	11	99	6	5	0	0	0	104	9	389,4
mit	12	0	0	86	0	0	0	86	0	101,5
ohne	12	0	0	86	0	0	0	86	0	103,2
mit	A_f PKW	0		A_f LKW	0	A_f Anh.	0	A_f Fahrzeuge	1	1270,2
ohne	A_f PKW	11		A_f LKW	3	A_f Anh.	0	A_f Fahrzeuge	16	1798,8

Anhang D: Personenbezogene Versuchsergebnisse

Versuchperson V2

Versuchgruppe: G1
Bildauswertekenntnisse: Experte
ERDAS-Kenntnisse: Anfänger

Assistenz	Nr.	PKW	A_f	LKW	A_f	Anh.	A_f	Fahrzeuge	A_f	t(sec)
mit	1	54	0	0	0	0	0	54	0	55,1
ohne	1	54	0	0	0	0	0	54	0	64,1
mit	2	1	0	3	0	7	0	11	0	26,6
ohne	2	1	0	3	0	7	0	11	0	62,4
mit	3	36	1	3	0	1	0	40	1	107,3
ohne	3	35	0	3	0	1	0	39	0	111,3
mit	4	145	0	0	1	0	0	145	0	125,7
ohne	4	138	4	1	0	0	0	139	4	303,8
mit	5	3	0	1	0	0	0	4	0	15,5
ohne	5	3	0	1	0	0	0	4	0	39,1
mit	6	150	0	7	0	0	0	157	0	188,4
ohne	6	148	0	6	0	0	0	154	0	360
mit	7	0	0	81	0	1	1	82	0	148
ohne	7	0	0	82	0	0	2	82	0	209,2
mit	8	11	0	1	0	21	0	33	0	102,3
ohne	8	11	0	1	0	21	0	33	0	127,3
mit	9	5	0	80	0	0	1	85	0	90,4
ohne	9	5	0	79	0	1	0	85	0	158,5
mit	10	4	0	0	0	0	0	4	0	9,3
ohne	10	4	0	0	0	0	0	4	0	18,9
mit	11	112	0	4	0	0	0	116	0	142,7
ohne	11	110	0	4	0	0	0	114	0	368,1
mit	12	0	0	86	0	0	0	86	0	58,9
ohne	12	0	0	86	0	0	0	86	0	117
mit		A_f PKW	1	A_f LKW	1	A_f Anh.	2	A_f Fahrzeuge	1	988,5
ohne		A_f PKW	4	A_f LKW	0	A_f Anh.	2	A_f Fahrzeuge	4	1813,2

Versuchperson V3

Versuchgruppe: G2
Bildauswertekenntnisse: Fortgeschritten
ERDAS-Kenntnisse: Anfänger

Assistenz	Nr.	PKW	A_f	LKW	A_f	Anh.	A_f	Fahrzeuge	A_f	t(sec)
mit	1	54	0	0	0	0	0	54	0	110,8
ohne	1	54	0	0	0	0	0	54	0	69,6
mit	2	1	0	2	1	7	0	10	1	43,6
ohne	2	1	0	2	1	7	0	10	1	79,3
mit	3	35	0	3	0	1	0	39	0	111,5
ohne	3	35	0	3	0	1	0	39	0	110,7
mit	4	142	0	1	0	2	2	145	0	210,1
ohne	4	143	0	1	0	0	0	144	0	259,7
mit	5	3	0	0	1	1	0	4	0	14,4
ohne	5	3	0	0	1	1	0	4	0	22,8
mit	6	154	0	0	5	5	3	159	0	232
ohne	6	140	3	3	2	5	3	148	0	394,5
mit	7	0	0	81	0	3	0	84	2	73,8
ohne	7	0	0	80	0	2	0	82	0	272,6
mit	8	10	0	1	0	22	0	33	0	86
ohne	8	10	0	0	1	22	0	32	0	136,4
mit	9	5	0	79	0	1	0	85	0	163,9
ohne	9	4	1	80	0	1	0	85	0	265
mit	10	2	2	2	2	0	0	4	0	32,3
ohne	10	2	2	2	2	0	0	4	0	162,3
mit	11	109	0	5	0	0	0	114	0	250,6
ohne	11	101	4	10	2	0	0	111	2	327,2
mit	12	0	0	86	0	0	0	86	0	105,9
ohne	12	0	0	83	3	0	0	83	3	320,7
mit		A_f PKW	2	A_f LKW	8	A_f Anh.	5	A_f Fahrzeuge	2	1280,5
ohne		A_f PKW	10	A_f LKW	11	A_f Anh.	3	A_f Fahrzeuge	5	2271,9

Versuchperson V4

Versuchgruppe: G1
Bildauswertekenntnisse: Experte
ERDAS-Kenntnisse: Experte

Assistenz	Nr.	PKW	A_f	LKW	A_f	Anh.	A_f	Fahrzeuge	A_f	t(sec)
mit	1	54	0	0	0	0	0	54	0	56,2
ohne	1	54	0	0	0	0	0	54	0	49,5
mit	2	1	0	3	0	7	0	11	0	40,7
ohne	2	1	0	3	0	7	0	11	0	53,5
mit	3	35	0	3	0	1	0	39	0	61,2
ohne	3	35	0	3	0	1	0	39	0	131,6
mit	4	145	0	0	1	0	0	145	0	142,9
ohne	4	136	6	3	2	3	3	142	1	430
mit	5	3	0	0	1	1	0	4	0	12,6
ohne	5	3	0	0	1	1	0	4	0	40,9
mit	6	144	0	5	0	1	0	150	0	154,5
ohne	6	144	0	4	1	5	3	153	0	518,3
mit	7	0	0	74	4	5	1	79	1	125
ohne	7	0	0	65	13	1	1	66	14	351
mit	8	10	0	2	1	21	0	33	0	69,6
ohne	8	10	0	2	1	21	0	33	0	193,2
mit	9	5	0	79	0	1	0	85	0	89,8
ohne	9	4	1	79	0	2	1	85	0	286,1
mit	10	4	0	0	0	0	0	4	0	12,4
ohne	10	4	0	0	0	0	0	4	0	19
mit	11	111	0	5	0	0	0	116	0	128,8
ohne	11	116	2	0	0	0	0	116	0	255
mit	12	1	1	84	2	1	1	86	0	114,2
ohne	12	0	0	85	1	0	0	85	1	150,7
mit		A_f PKW	1	A_f LKW	9	A_f Anh.	2	A_f Fahrzeuge	1	911
ohne		A_f PKW	9	A_f LKW	19	A_f Anh.	8	A_f Fahrzeuge	16	2375,8

Versuchperson V5

Versuchgruppe: G2
Bildauswertekenntnisse: Fortgeschritten
ERDAS-Kenntnisse: Fortgeschritten

Assistenz	Nr.	PKW	A_f	LKW	A_f	Anh.	A_f	Fahrzeuge	A_f	t(sec)
mit	1	54	0	0	0	0	0	54	0	71,1
ohne	1	54	0	0	0	0	0	54	0	63,3
mit	2	1	0	3	0	7	0	11	0	46,7
ohne	2	1	0	3	0	7	0	11	0	88,2
mit	3	35	0	3	0	1	0	39	0	82,8
ohne	3	35	0	3	0	1	0	39	0	100,1
mit	4	142	0	2	1	2	2	146	0	414,8
ohne	4	140	2	1	0	2	2	143	0	247,4
mit	5	3	0	1	0	0	0	4	0	24,4
ohne	5	3	0	0	1	1	0	4	0	18,1
mit	6	148	0	8	1	2	0	158	0	214,5
ohne	6	150	0	8	1	2	0	160	0	328,6
mit	7	0	0	75	3	6	2	81	0	176
ohne	7	0	0	85	3	8	4	93	11	199,9
mit	8	9	0	1	0	19	2	29	2	56,1
ohne	8	10	0	2	1	21	0	33	0	164,6
mit	9	5	0	79	0	1	0	85	0	92
ohne	9	4	1	82	2	2	1	88	3	463,4
mit	10	3	1	0	0	1	1	4	0	20,7
ohne	10	4	0	0	0	0	0	4	0	133
mit	11	103	2	9	1	1	1	113	0	188,6
ohne	11	108	0	10	2	2	2	120	4	610,8
mit	12	0	0	84	2	1	1	85	1	96,3
ohne	12	0	0	75	11	1	1	76	10	132,6
mit		A_f PKW	3	A_f LKW	8	A_f Anh.	9	A_f Fahrzeuge	3	1366,2
ohne		A_f PKW	3	A_f LKW	21	A_f Anh.	10	A_f Fahrzeuge	28	2398,5

Versuchperson V6

Versuchgruppe: G1
Bildauswertekenntnisse: Fortgeschritten
ERDAS-Kenntnisse: Experte
Bemerkung: Auf Grund von Aufzeichnungsproblemen der Versuchsauswertung konnte der Versuch 11 nicht gewertet werden

Assistenz	Nr.	PKW	A_f	LKW	A_f	Anh.	A_f	Fahrzeuge	A_f	t(sec)
mit	1	54	0	0	0	0	0	54	0	67
ohne	1	0	54	54	54	0	0	54	0	27,6
mit	2	1	0	3	0	7	0	11	0	61,9
ohne	2	1	0	3	0	7	0	11	0	127,5
mit	3	35	0	3	0	1	0	39	0	71,6
ohne	3	30	3	2	1	2	1	34	3	113,6
mit	4	144	0	1	0	0	0	145	0	123,5
ohne	4	144	0	0	1	0	0	144	0	185,3
mit	5	3	0	1	0	0	0	4	0	23,4
ohne	5	3	0	1	0	0	0	4	0	89,9
mit	6	155	0	6	0	0	0	161	0	238,1
ohne	6	155	0	7	0	0	0	162	0	306,9
mit	7	0	0	86	4	0	2	86	4	104,3
ohne	7	0	0	80	0	2	0	82	0	159,4
mit	8	9	0	1	0	20	1	30	1	89,7
ohne	8	10	0	2	1	20	1	32	0	172,9
mit	9	0	5	84	4	1	0	85	0	215,4
ohne	9	0	5	73	6	7	6	80	5	338,9
mit	10	4	0	0	0	0	0	4	0	13,4
ohne	10	4	0	0	0	0	0	4	0	35,4
mit	11									
ohne	11									
mit	12	0	0	84	2	0	0	84	2	58
ohne	12	0	0	86	0	0	0	86	0	89,1
mit		A_f PKW	5	A_f LKW	10	A_f Anh.	3	A_f Fahrzeuge	7	937,4
ohne		A_f PKW	8	A_f LKW	9	A_f Anh.	8	A_f Fahrzeuge	8	1491,4

Begriffsverzeichnis

Begriffe zum Thema „Assistenz"

Hilfe:	Wissensbasierte Unterstützung des Menschen bei der Aufgabenbearbeitung im Mensch-Maschine-System.
Assistenz:	Wissens- und kontextbasierte Unterstützung des Menschen bei der Aufgabenbearbeitung im Mensch-Maschine-System.
Assistenzfunktion:	Computergestützte Funktion, die dem Menschen Teile besonders belastender Aufgaben abnimmt.
Assistent:	Menge von Assistenzfunktionen, die den Menschen bei der Bearbeitung einer bestimmten Menge von Teilaufgaben unterstützt.

Begriffe zum Thema „Aufgabe"

Aufgabe:	Gibt das globale Ziel und den Zweck der zu verrichtenden Arbeit vor (DIN 33400).
Aufgabenstruktur:	Umfasst die Teilziele einer Aufgabe und gliedert diese hierarchisch (Zielstruktur) oder zeitlich (Arbeitsablauf).
Aufgabenbeschreibung:	Stellt die Aufgabenstruktur in textueller oder graphischer Form dar und wird in der Literatur auch als Aufgabenmodell bezeichnet.
Quantitative Aufgabenbeschreibung:	Ordnet Aufgabenabschnitten (Teilaufgaben) objektive quantitative Größen zu, welche Rückschlüsse auf die Belastung des Menschen bei der Bearbeitung der Teilaufgaben ermöglichen.
Belastungsmessgrößen:	Quantitative Größen, welche Rückschlüsse auf die Belastung des Menschen bei der Bearbeitung von Teilaufgaben ermöglichen.

Begriffe zum Thema „Szenenanalyse"

Szenenanalyse:	Erkennung der Objekte und ihrer Beziehungen in einer Szene.
Bildgestützte Szenenanalyse:	Analyse der Szene auf Basis eines unmittelbaren Bildes. Bildgestützte Szenenanalyse erlernt der Mensch von Kindheit an, es ist eine ihm antrainierte und von ihm gut beherrschte Fähigkeit.
Interaktive bildgestützte Szenenanalyse:	Analyse der Szene auf Basis eines mittelbaren Bildes unter Einsatz eines interaktiven Systems mit dem Ziel, Informationen über Objekte oder Situationen in bestimmten geographischen Gebieten zu ermitteln. Die interakti-

ve bildgestützte Szenenanalyse umfasst die Hauptaufgabe *Visuelle Bildanalyse* und die Nebenaufgabe *Systembedienung*.

Bildauswertung: Synonym für den Begriff bildgestützte Szenenanalyse.

Visuelle Bildanalyse: Analyse (Inspektion) eines mittelbaren Bildes mit dem Ziel, die benötigte Information über die abgebildete Szene aus dem Bild abzuleiten. Visuelle Bildanalyse umfasst die Bildwahrnehmung, die Bildinterpretation und die Szeneninterpretation.

Bildauswertesystem: Interaktives System zur bildgestützten Szenenanalyse.

Abkürzungsverzeichnis

A	Anzahl der zu bearbeitenden Teilaufgaben
A_f	Anzahl der falsch bearbeiteten Teilaufgaben
A_n	Anzahl der nicht bearbeiteten Teilaufgaben
AO(H)	Anzahl aller abgeschlossenen Operationen für die Tätigkeit bzw. Handlung mit der Hierarchienummer H
CCT	Cognitive Complexity Theory
$D(MI_p(H))$	Merkdauer für die Informationsmenge $MI_p(H)$
EMHP	Extended Model Human Processor
EML	ERDAS Macro Language
GIS	Geographisches Informationssystem
GOMS	Goals, Operators, Methods and Selection Rules
H	Hierarchienummer für die Teilaufgabe T(H)
HTA	Hierarchical Task Analysis
L	Leistung
MABA-MABA	Men-are-better-at / Machines-are-better-at
MHP	Model Human Processor
$MI_p(H)$	Zu merkende Informationsmenge während des p-ten Aufgabenabschnitts
MIMG	Modell der Informationsverarbeitung des menschlichen Gedächtnisses
MMS	Mensch-Maschine-System
NASA TLX	NASA Task Load Index
NI(H)	Anzahl aller Nutzinformationen der Teilaufgabe T(H)
RMK	Reihenmesskamera
SI(H)	Anzahl aller Störinformationen der Teilaufgabe T(H)
t	die zur Aufgabenbearbeitung benötigte Zeit
T(H)	Teilaufgabe mit der Hierarchienummer H
UML	Unified Modeling Language

Literaturverzeichnis

Albertz 2001,
 Albertz, J.: Einführung in die Fernerkundung, Grundlagen der Interpretation von Luft- und Satellitenbildern. Darmstadt, Wissenschaftliche Buchgesellschaft 2001

Anderson & Lebiere 1998,
 Anderson, J.; Lebiere, C.: The Atomic Components of Thought, Mahwah New Jersey, Lawrence Erlbaum, 1998

Anderson 2000,
 Anderson, J.R.: Cognitive Psychology and its Implications, New York, World Publishers, 2000

Annett & Stanton 2000,
 Annett, J.; Stanton, N.A.: Task Analysis, London NY, Taylor & Francis, 2000

Baber & Stanton 2004,
 Baber, C.; Stanton, N.A.: Task Analysis for Error Identification. In: The Handbook of Task Analysis for Human-Computer Interaction, (Hrsg.) Diaper, D.; Stanton, N., Mahwah NJ London, Lawrence Erlbaum Associates, 2004, S. 367-380

Balzert 2001,
 Balzert, H.: Lehrbuch der Software-Technik, Software-Entwicklung. 2. Auflage, Heidelberg Berlin, Spektrum Akademischer Verlag, 2001

Berger et al. 2005,
 Berger, A.; Peinsipp-Byma, E.; Heinze, N.; Roller, W.: Nutzerzentrierter Integrationsprozess von automatischen Bildauswertungsverfahren. In: Zustandserkennung und Systemgestaltung, 6. Berliner Werkstatt Mensch-Maschine-Systeme, (Hrsg.) Urbas, L.; Steffens, C., Berlin, Fortschritt-Berichte VDI Mensch-Maschine-Systeme, Reihe 22, 2005, S. 143-148

Bödcher et al. 2004,
 Bödcher, A.; Oortmann, H.; Fischer, O.; Adrian, O.: Effiziente Bediensystemgestaltung für Pumpensteuerungen. In: ATP – Automatisierungstechnik Praxis, Reihe 9, 2004, S. 56-60

Bortz 1993,
 Bortz, J.: Statistik für Sozialwissenschaftler. 4. Auflage, Berlin Heidelberg, Springer-Verlag, 1993

Blum et al. 1988,
 Blum, E.-J.; Enkelmann, W.; Krüger, W.; Nirschl, G.; Schnörr, C.: Erarbeitung eines maschinellen Kopiloten zur Unterstützung des Fahrers im Übergangsbereich zwischen Autobahn und Innenstadt. Abschlussbericht zum EUREKA – Verbundprojekt PROMETHEUS – PHASE I A, Bericht des Fraunhofer IITB, Berichtsnr. A 1261, Karlsruhe, Fraunhofer Institut für Informations- und Datenverarbeitung, 1988

Bomsdorf & Szwillus 2001,
 Bomsdorf, B.; Szwillus, G.: UML und Aufgabenmodellierung: Softwaretechnik und HCI im Dialog. Workshop auf der Mensch & Computer 2001

Booch et al. 1999,
   Booch, G.; Rumbaugh, J.; Jacobson, I.: Das UML-Benutzerhandbuch. New York (u.a), Addison-Wesley, 1999

Card et al. 1983,
   Card, S.K.; Moran, T.P.; Newell, A.: The Psychology of Human-Computer Interaction. Hillsdale New Jersey London, Lawrence Erlbaum Associates, 1986

Charwat 1994,
   Charwat, H. J.: Lexikon der Mensch-Maschine-Kommunikation. München Wien, R. Oldenbourg, 1994

Chen et al. 2004,
   Chen, W.; Wang, C.; Zhang, H.: Road Network Extraction in High Resolution SAR Images. In: Geoscience and Remote Sensing Symposium, IGARS Proceedings, IEEE International, Volume 6, 2004, S. 3806-3809

Dahm 2006,
   Dahm, M.: Grundlagen der Mensch-Computer-Interaktion. Unified Feature Syndicate, 2006

Diaper & Stanton 2004,
   Diaper, D.; Stanton, N. (Hrsg.): The Handbook of Task Analysis für Human-Computer Interaction. Mahwah NJ, Lawrence Erlbaum Associates, 2004

Dzindolet et al. 2002,
   Dzindolet, M .T.; Pierce, L .G.; Beck, H.P.; Dawe, L.A.: The Perceived Utility of Human and Automated Aids in a Visual Detection Task. In: Human Factors, Volume 44, Number 1, 2002, S. 79-94

Eckstein & Irvine 2001,
   Eckstein, B.A.; Irivine, J.: Evaluating the Benefits of Assisted Target Recognition. In: Proceedings 30th Applied Imagery Pattern Recognition Workshop (AIPR), 2001, S. 39-45

Edgar et al. 2004,
   Edgar, N.; Haaland, K.; Li, J.; K. Peter: Eclipse User Interface Guidelines. Version 2.1, http://www.eclipse.org/articles/Article-UI-Guidelines/Contents.html, letztes Update: Februar 2004

Endres & Gething 2005,
   Endres, G.; Gething, M.: Jane's Aircraft Recognition Guide. 4. Auflage, 2005

Entin et al. 1996,
   Entin, E.B.; Entin, E.E.; Servaty, D.: Optimising Aided Target-Recognition Performance. In: Proceedings of the Human Factors and Ergonomics Society, 40th Annual Meeting 1996, S. 233-237

ERDAS 2003-A,
   ERDAS Macro Language, Reference Manual, ERDAS IMAGINE V8.7, GIS & Mapping. Atlanta, Leica Geosystems GIS & Mapping LLC, 2003

ERDAS 2003-B,
   Imagine Developers' Toolkit. Leica Geosystems, White Paper, 2003

Fischer 2005,
  Fischer, Y.: Anthropotechnische Analyse eines Systems zur Luft- und Satellitenbildauswertung. Fraunhofer IITB Bericht 10638, Karlsruhe, Fraunhofer Institut für Informations- und Datenverarbeitung, 2005

Focus 1995,
  Wo Sie am besten leben, Erster gesamter Vergleich der Lebensqualität: Forscher analysieren Umwelt, Gesundheit, Wohlstand, Versorgung, Sicherheit und Kultur in allen Städten und Landkreisen. FOCUS 40/1995, Forschung & Technik, 1995

Friedrich 2005,
  Friedrich, I.: Konzeption und exemplarische Realisierung eines Assistenzsystems für die interaktive Bildauswertung. Diplomarbeit, Fachhochschule Karlsruhe, Fachbereich Informatik, 2005

Forbrig et al. 2004,
  Forbrig, P.; Dittmar, A.; Reichart, D.; Sinnig, D: From Models to Interactive Systems - Tool Support and XIML. In: Proc. Workshop #4 Making Model-Based User Interface Practical, Funchal, IUI/CADUI 2004

Fowler 2004,
  Fowler, M.: UML konzentriert, Eine kompakte Einführung in die Standard-Objektmodellierungssprache UML 2.0. München (u.a.), Addison-Wesley, 2004

Geis & Hartwig 1998,
  Geis, T.; Hartwig, R.: Auf die Finger geschaut - Neue ISO-Norm für benutzergerechte interaktive Systeme. In: ct, Reihe 14, 1998, S. 168-171

Geisler et al. 1999,
  Geisler, J.; Kerker, R.; Littfaß, M.: RecceMan – Ein interaktives Werkzeug für die Unterstützung und Weiterbildung in der Bildauswertung. In: Fraunhofer IITB Mitteilungen 1999, Karlsruhe, Fraunhofer Institut für Informations- und Datenverarbeitung, S. 41-46

Geisler & Eck 1999,
  Geisler, J.; Eck, R.: COBALT – Computer-basierter Leuchttisch für multimodale Interaktion und Bildauswertung. In: Jahresbericht des Fraunhofer IITB, Karlsruhe, Fraunhofer Institut für Informations- und Datenverarbeitung, 1999, S. 28-29

Geisler & Peinsipp-Byma 2005,
  Geisler, J.; Peinsipp-Byma, E: Wenn Bedienung stört: Überlastung des Arbeitsgedächtnisses durch Bedienaufgaben am Beispiel der interaktiven Bildauswertung. In: Komfort als Entwicklungskriterium in der Systemgestaltung, DGLR-Bericht 2005-05, Hrsg. Grandt, M.; 2005, 47. Faschausschusssitzung Anthropotechnik, S. 41-53

Geisler 2006,
  Geisler, J.: Leistung des Menschen am Bildschirmarbeitsplatz: Das Kurzzeitgedächtnis als Schranke menschlicher Belastbarkeit in der Konkurrenz von Arbeitsaufgabe und Systembedienung. Dissertation an der Fakultät für Informatik der Universität Karlsruhe (TH), Universitätsverlag Karlsruhe, 2006

Grote et al. 1998,
   Grote, G.; Wäfler, T.; Ryser, C.; A. Windischer: Unterstützung menschlicher Kontrolle in hochautomatisierten Arbeitssystemen durch komplementäre Systemgestaltung. In: Entscheidungshilfe und Assistenz in Mensch-Maschine-Systemen, 2. Berliner Werkstatt Mensch-Maschine-Systeme, (Hrsg.) H.-P. Willumeit; H. Kolrep, Düsseldorf, VDI, 1998, S. 283 – 251

Goodstein 1981,
   Goodstein, L.P.: Discriminative Display Support for Process Operators. In: Human Detection and Diagnosis of System Failures, (Hrsg.) Rasmussen, J.; Rouse, W.B., New York, Plenum Press, 1981, p.433-449

Hamacher et al. 2001,
   Hamacher, N.; Zieren, J.; Marrenbach, J.; Kraiss, K.F.: Generierung normativer Benutzermodelle aus SDL-Spezifikationen. In: 4. Berliner Werkstatt Mensch-Maschine-Systeme „Bedienen und Verstehen", (Hrsg.) Marzi, R.; Karavezyris, V.; Erbe, H.-H.; Timpe, K.-P., Berlin, Fortschrittberichte VDI, Reihe 22, Band 13, 2001, S. 86-100

Hoffman & Markman 2001,
   Hoffman, R.R.; Markman, A.B.: Interpreting Remote Sensing Imagery. In: Human Factors, Lewis Publishers, CRC Press LLC, 2001

Hothem et al. 1996,
   Hothem, D.; Irvine, J. M.; Mohr, E.; K. B. Buckley: Quantifying Image Interpretability for Civil Users. In: ASPRS/ACSM Annual Convention & Exhibition, Volume I, Baltimore, Maryland, Remote Sensing & Photogrametry, Technical Papers, 1996, S. 292-296

Huber 2003,
   Huber, A.: Interaktive agentenbasierte Bedienassistenz, Konzeption und Implementation eines Agenten für die Bedienung technischer Systeme. Berlin, Logos, 2003

Irvine & Leachtenauer 1996,
   Irvine, J. M.; Leachtenauer, J.C.: A Methodology for Developing Image Interpretability Rating Scales. In: ASPRS/ACSM Annual Convention & Exhibition, Volume I, Baltimore, Maryland, Remote Sensing & Photogrametry, Technical Papers, 1996, S. 273-279

Iwainsky & Wilhelm 1994,
   Iwainsky, A.; Wilhelm, W.: Lexikon der Computergraphik und Bildverarbeitung. Braunschweig, Wiesbaden, Vieweg, 1994

Jäger et al. 2004,
   Jäger, U.; Maier-Herburger, H.; Stahl, C.; Heinze, N.; D. Willersinn: IR and SAR Automatic Target Detection Benchmarks. In: Unmanned Ground Vehicles Technology IV, Proceedings of the SPIE, Volume 5426, 2004, S. 400-408

Jeckle et al. 2004,
   Jeckle, M.; Rupp, C.; Hahn, J.; Zengler, B.; Queins, S.: UML 2 glasklar. München Wien, Hanser Verlag, 2004

Johannsen 1993,
   Johannsen, G.: Mensch-Maschine-Systeme. Berlin Heidelberg New York, Springer-Verlag, 1993

Kieras & Polson 1985
Kieras, D.E.; Polson, P.G.: An Approach to the Formal Analysis of User Complexity. In: International Journal of Man-Machine-Studies, Volume 22, 1985, S. 365-394

Kindsmüller et al. 2002,
Arbeitskreis: Einsatz von Modellierung und Simulation in Mensch-Maschine-Systemen – Transparenz gestalten. In: 4. Berliner Werkstatt Mensch-Maschine-Systeme „Bedienen und Verstehen", (Hrsg.) Marzi, R.; Karavezyris, V.; Erbe, H.-H.; Timpe, K.-P., Berlin, Fortschrittberichte VDI, Reihe 22, Band 13, 2001, S. 318-329

Klausmann et al. 1999,
Klausmann, P.; Peinsipp-Byma, E.; Roller, W.; Saur, G.; Willersinn, D.: Assessment of Machine Assisted Target Detection. In: Society of Photo-Optical Instrumentation Engineers-SPIE, Bellingham/Wash, SPIE Proceedings Series 3718, 1999, S. 430-436

Knublauch et al. 2000,
Knublauch, H.; Rose, T.; Sedlmayer, M.: JavaBeans und Enterprise JavaBeans zur Implementierung von Multi-Agenten Plattformen. Positionspapier für das 2. Kolloquium des DFG-Schwerpunktprogramms „Intelligente Softwareagenten und betriebswirtschaftliche Anwendungsszenarien", 2000

Kobsa 2004,
Kobsa, A.: Adaptive Verfahren – Benutzermodellierung. In: Grundlagen der Information und Dokumentation, (Hrsg.) Kahlen, R.; Seeger, T.; Strauch D., München 2004, S. 299-302

Kraiss 1998,
Kraiss, K.-F.: Benutzergerechte Automatisierung – Grundlagen und Realisierungskonzepte. In: at – Automatisierungstechnik 46, R. Oldenbourg, 1998, S. 457-467

Leachtenauer 1996,
Leachtenauer, J.C.: A Methodology for Developing Image Interpretability Rating Scales. In: ASPRS/ACSM Annual Convention & Exhibition, Volume I, Baltimore, Maryland, Remote Sensing & Photogrametry, Technical Papers, 1996, S. 262-272

Leuchter et al. 2004,
Leuchter, S.; Schulze-Kissing, D.; Urbas, L.: Entwurfsunterstützung durch Bedienermodellierung im Kraftfahrzeug-Bereich. In: Verlässlichkeit der Mensch-Maschine-Interaktion, (Hrsg.) Grandt, M., DGLR-Bericht, 46. Fachausschusssitzung Anthropotechnik, 2004, S. 8-95

Lillesand & Kiefer 2000,
Lillesand, T.M.; Kiefer, R.W.: Remote Sensing and Image Interpretation. 4. Auflage, New York Chichester (u.a.), John Wiley & Sons, 2000

Mallot 2000,
Mallot, H.A.: Sehen und die Verarbeitung visueller Information. In: Computational Intelligence, (Hrsg.) Bibel, W.; Kruse, R., Braunschweig Wiesbaden, Friedrich Viehweg & Sohn Verlagsgesellschaft mbH, 2000

Marr 1980,
Marr, D.: Vision – A Computational Investigation onto the Human Representation and Processing of Visual Information. Library of Congress Cataloguing in Publication Data, 1980

Marrenbach et al. 2000,
 Marrenbach, J.; Maaßen, D.; Kraiss, K.-D.: Formale Methode zur Evaluierung der
 Gebrauchstauglichkeit von technischen Systemen. In: Bewertung von Mensch-Maschine-
 Systemen. 3. Berliner Werkstatt Mensch-Maschine-Systeme, (Hrsg.) Timpe, K.-P.; Willu-
 meit H.-P.; Kolrep, H., Düsseldorf, Fortschrittberichte VDI, 2000, S. 283 - 296

Nirschl 1990,
 Nirschl, G.: Verfahren zur integrierten Gestaltung und Bewertung von Mensch-Maschine-
 Dialogen im Kraftfahrzeug, basierend auf einem Entwicklermodell des Fahrerwissens.
 Fortschritt-Berichte VDI, Informatik/Kommunikationstechnik, Nr. 142, 1990

Norman 1990,
 Norman, K.L.: The Psychology of Menu Selection, Designing Cognitive Control at the
 Human/Computer Interface. New Jersey, Ablex Publishing Corporation Norwood, 1990

Norman & Panizzi 2004,
 Norman, K.L.; Panizzi, E.: Levels of Automation and User Participation in Usability Test-
 ing. HCIL-2004-17, Univercity of Maryland, Human-Computer Interaction Lab, 2004

Ormerod et al. 2000,
 Ormerod, T. C.; Richardson, J.; Shepert, A.: Enhancing the Usability of a Task Analysis
 Method: a Notation and Environment for Requirements Specification. In: Task Analysis,
 (Hrsg.) Annett, J.; Stanton, N.A., London New York, Taylor & Francis, 2000, S. 114-135

Oestereich 2004,
 Oestereich, B.: Objektorientierte Softwareentwicklung – Analyse und Design mit der UML
 2.0. Oldenburg, Wissenschaftsverlag GmbH, 2004

Pfendler & Schweingruber 1996,
 Pfendler, C.; Schweingruber, J.: Übersicht über rechnergestützte Methoden zur Beanspru-
 chungsermittlung. Forschungsbericht Nr. 467, Wachtberg, FGAN - Forschungsinstitut für
 Funk und Mathematik, 1996

Pinz 1994,
 Pinz, A.: Bildverstehen, Wien, Springer, 1994

Preim 1999,
 Preim, B.: Entwicklung interaktiver Systeme, Grundlagen, Fallbeispiele und innovative Anwendungsfelder. Berlin Heidelberg (u.a), Springer-Verlag, 1999

Rauterberg 1996,
 Rauterberg, M.: How to Measure Cognitive Complexity in Human-Computer Interaction.
 In: Cybernetics and Systems 96, Volume II, Wien, Austrian Society for Cybernetic Studies,
 1996

Rohman 1997,
 Rohman, S.E.: Wissensbasierte Unterstützung bei der Benutzung komplexer technischer
 Systeme, angewendet auf die Arbeit von Piloten auf dem Flight Management System
 (FMS). Aachen, Shaker Verlag, 1997

Saur & Krüger 2004,
 Sauer, G.; W. Krüger: Automatische Feingeokodierung von SAR-Bildern mittels robuster
 Karte-zu-Bild-Registrierung. In: 24. Wissenschaftlich-Technische Jahrestagung der Deut-
 schen Gesellschaft für Photogrammetrie und Fernerundung (DGPF), 2004, S. 105-112

Schumacher & Geiser 1978,
Schumacher, W.; Geiser, G.: Petri nets as a modeling tool for discrete concurrent tasks. In: 14th Annual Conference on Manual Control, University of Southern California, Los Angeles, NASA Conference Publications, 1978, S. 161-175

Schumacher 1981,
Schumacher, W.: Bedienungsstrategien des Menschen bei konkurrierenden Forderungen in Mensch-Maschine-Systemen. In: Fortschritt-Berichte der VDI, Düsseldorf, Reihe 10, Nr. 11, 1981

Sheridan 2002,
Sheridan, T. B.: Humans and Automation: System Design and Research Issues. In: HFES Issues in Human Factors and Ergonomics Series, Volume 3, 2002

Shneiderman & Plaisant 2005,
Shneiderman, B.; Plaisant, C.: Designing the User Interface: Strategies for Effective Human-Computer Interaction. 4. Auflage, Addison-Wesley Publishing Company, 2005

Syrbe 1970,
Syrbe, M.: Anthropotechnik, eine Disziplin der Anlagenplanung. In: Elektrotechnische Zeitschrift, Ausgabe A, Band 91, Heft 12, 1970, S. 692-697

Syrbe 1995,
Syrbe, M.: Über die Notwendigkeit einer Systemtheorie in der Wissenschaftsdisziplin Informatik. In: Informatik-Spektrum, Band 18, Heft 18, 1995, S. 222-227

Syrbe 2004,
Syrbe, M.: Anthropotechnik/Ergonomie als Basiswissen. Vorlesung Fakultät für Informatik, Universität Karlsruhe (TH), Karlsruhe, Fraunhofer Institut für Informations- und Datenverarbeitung IITB, 2004

Syrbe & Beyerer 2007,
Syrbe, M.; Beyerer, J.: Mensch-Maschine-Wechselwirkungen, Anthropotechnik. In: Hütte - Das Ingenieurwissen, (Hrsg.) Czichos, H.; Hennecke M., 33. Auflage, Berlin, Springer, in Vorbereitung, geplante Veröffentlichung 2007

Timpe et al. 2002,
Timpe, K.-P.; Jürgensohn, T.; Kolrep, H.: Mensch-Maschine-Systemtechnik. Konzepte, Modellierung, Gestaltung, Evaluation. Düsseldorf, Symposion Publishing, 2002

Volkslexikon 1981,
Farbiges großes Volkslexikon in zwölf Bänden. Mannheim, Bibliographisches Institut AG, 1981

Walther 2003,
Walther, J.: Analyse von Programmsystemen zur Luft- und Satellitenbildauswertung. Diplomarbeit im Fachbereich Physikalische Technik/Informatik, Zwickau, Westsächsische Hochschule, 2003

Wandmacher 1997
Wandmacher, J.: Ein Werkzeug für GOMS-Analysen zur Simulation und Bewertung von Prototypen beim Entwurf. In: Prototypen für Benutzungsschnittstellen – Grundlagen, Techniken, Erfahrungen, Tagungsband Pb' 97: Prototypen für Benutzungsschnittstellen, (Hrsg.) G. Szwillus, Paderborn, FB Mathematik1997, S. 35-42

Wooldridge et al. 1995,
    Wooldridge, M.; Jennings, N.R.: Agent Theories, Architectures, and Languages: A Survey,
    Department of Computing. In: ECAI-94 Workshop on Agent Theories, Berlin, Springer,
    1995, S. 1-39